Wettbewerbstheorie und Wettbewerbspolitik

Von

Dr. Rainer Olten

Universitätsprofessor
für Volkswirtschaftslehre

2., unwesentlich veränderte Auflage

R. Oldenbourg Verlag München Wien

Die Deutsche Bibliothek - CIP-Einheitsaufnahme

Olten, Rainer:
Wettbewerbstheorie und Wettbewerbspolitik / von Rainer
Olten. – 2., unwes. veränd. Aufl. – München ;
Wien : Oldenbourg, 1998
ISBN 3-486-24733-6

Rosenheimer Straße 145, D-81671 München
Telefon: (089) 45051-0, Internet: http://www.oldenbourg.de

Gedruckt auf säure- und chlorfreiem Papier
Gesamtherstellung: R. Oldenbourg Graphische Betriebe GmbH, München

ISBN 3-486-24733-6

Vorwort

JOHN MAYNARD KEYNES beginnt das Vorwort zur englischen Ausgabe seiner „General Theory" mit der Bemerkung: „Dieses Buch richtet sich in erster Linie an meine Fachgenossen. Ich hoffe, daß es auch anderen verständlich sein wird." Und ein großer zeitgenössischer Ökonom, JOHN KENNETH GALBRAITH, läßt in seinem Roman „Baisse" eine Professorin sagen: „Sie dürfen niemals vergessen, mein Lieber, daß akademisches Ansehen auf dem Gebiet der Wirtschaftswissenschaften nicht dadurch erreicht wird, daß man vorführt, wie die Welt funktioniert. Das hat schon Keynes gewußt. Hätte er seine Allgemeine Theorie durchweg verständlich geschrieben, wäre sie nicht zur Kenntnis genommen worden. ... Und wen man nicht versteht, den bewundert man in besonderem Maße. Alle sind bestrebt, so zu tun, als hätten sie seine Geheimnisse ergründet. Dies erhebt ihn über alle." (Galbraith 1992, S. 59)

Im Gegensatz dazu richtet sich dieses Buch in erster Linie nicht „an meine Fachgenossen", ich hoffe vielmehr, daß es allen anderen Lesern verständlich sein wird. Denn der Hauptzweck dieses Buches ist nicht „die Behandlung schwieriger theoretischer Fragen und nur in zweiter Linie die Anwendung dieser Theorie auf die Wirklichkeit" (Keynes), sondern die verständliche Einführung in die Grundlagen der marktwirtschaftlichen Wettbewerbstheorie und der Wettbewerbspolitik, auch auf die Gefahr hin, daß dieser Autor nicht „bewundert" wird.

Der Wettbewerbsprozeß ist eine fundamentale Basis des marktwirtschaftlichen Systems, mit dem sich nicht nur die Fachleute auseinandersetzen sollten. Wir alle sind handelnde Subjekte in der Wettbewerbswirtschaft, deswegen sollten auch Nichtfachleute die theoretischen Grundlagen des Wettbewerbs, seine Gefährdungen und die wirtschaftspolitischen Möglichkeiten, dies zu verhindern, kennen und verstehen.

Bei der Darstellung der verschiedenen Wettbewerbstheorien und wettbewerbspolitischen Leitbilder kam es mir auch darauf an zu zeigen, wie zunächst eine ganze Generation von Wissenschaftlern mit dem Leitbild der „vollkommenen Konkurrenz" in die Irre gelaufen ist, weil sie den Blick vor der Realität verschlossen hat. Dann aber wurde mit der „Theorie des dynamischen Wettbewerbsprozesses" ein Muster gefunden, das den Wettbewerb realistisch erklärt: Der marktwirtschaftliche Wettbewerb ist ein dynamischer Prozeß von Vorstoß und Verfolgung in Raum und Zeit.

Bewußt habe ich in den verschiedenen Kapiteln auf dogmenhistorische und wirtschaftsgeschichtliche Entwicklungen hingewiesen, um anzudeuten, daß der Prozeß der Erkenntnisgewinnung über den marktwirtschaftlichen Wettbewerb recht schwierig war und nicht gradlinig verlaufen ist. Die Zitate aus wichtigen wettbewerbstheoretischen Werken sollen dies unterstreichen. Daß der Prozeß der Erkenntnisgewinnung auch heute noch nicht abgeschlossen ist, muß angesichts der Komplexität der Materie und der Dynamik der wirtschaftlichen Entwicklung nicht besonders betont werden.

Die Behandlung der Wettbewerbspolitik beschränkt sich bewußt auf die Politik gegen Wettbewerbsbeschränkungen, und zwar am Beispiel der Wettbewerbspolitik in Deutschland. Die wettbewerbspolitischen Möglichkeiten in anderen Ländern (z.B. USA, Frankreich, Japan) darzustellen, hätte den Umfang dieses Buches überschritten. Die Politik gegen unlautere Wettbewerbshandlungen der Marktteilnehmer wird nicht behandelt, weil sie nichts für einen freien funktionsfähigen Wettbewerbsprozeß bewirken kann und soll.

Zu danken habe ich meinem Kollegen PROF. DR. BERNHARD NAGEL, Kassel, für wertvolle Anregungen, meinen Mitarbeitern, DIPL.-ANGL. SUSANNE RADDATZ und DIPL.-OEC. DETLEF KOCH, und last but not least meiner Frau, die die Alternativkosten dieses Mal als ziemlich hoch empfunden hat.

Rainer Olten

Inhaltsübersicht

Abbildungsverzeichnis

1 Wesen, Voraussetzungen und Funktionen des marktwirtschaftlichen Wettbewerbs

1 Wesen, Voraussetzungen und Funktionen des marktwirtschaftlichen Wettbewerbs

Funktionsfähiger Wettbewerb gilt als die zentrale Voraussetzung für das Funktionieren eines marktwirtschaftlichen Systems und die Realisierung seiner Vorteile. Die Idee von der Koordination einzelwirtschaftlicher Pläne auf den Märkten durch den Wettbewerb wurde bereits vor 220 Jahren von der klassischen Nationalökonomie, insbesondere von ADAM SMITH (1723 - 1790), als Ordnungsprinzip der Marktwirtschaft und als Gegenposition zum Merkantilismus entwickelt. In seinem „System der natürlichen Freiheit und Gerechtigkeit" (Kurz 1991, S. 11), das der Ökonom und Moralphilosoph in seinem Hauptwerk (Reichtum der Nationen, 1776) entworfen hat, ist Wettbewerb die Voraussetzung dafür, daß die Entscheidungs- und Handlungsfreiheit der grundsätzlich egoistisch agierenden Wirtschaftssubjekte nicht in Chaos und Anarchie endet, sondern zu ökonomisch optimalen **und** sozial gerechten Marktergebnissen führt.

> „Adam Smiths 'Wealth of Nations' aus dem Jahre 1776 kann als der historische Moment aufgefaßt werden, bei dem der Wettbewerb als allgemeines Prinzip des Wirtschaftens voll erkannt wurde. Dies ist zugleich die Geburtsstunde der Wirtschaftswissenschaft. Seither ist die Frage nach der adäquaten Rolle von Staat und Wettbewerb eines der zentralen Themen dieser Wissenschaft." (v. Weizsäcker 1988, S. 12)

1.1 Wesen des marktwirtschaftlichen Wettbewerbs

Wettbewerb liegt vor, wenn mehrere Interessenten das gleiche Ziel verfolgen, es aber nicht gleichzeitig erreichen können. Diese allgemeine Wettbewerbsdefinition trifft auf viele Bereiche des gesellschaftlichen Lebens zu: Wettbewerb gibt es im Sport (um den Sieg), in der Politik (um die Macht), in Institutionen (um die höhere Position), in der Liebe (um den begehrten Partner).

Den Begriff „marktwirtschaftlichen Wettbewerb" oder synonym: Konkurrenz zu definieren, fällt den Wirtschaftswissenschaften offensichtlich schwer. Manche Autoren verzichten bewußt auf eine Definition, weil, wie z.B. HERDZINA meint, „eine allgemein akzeptierte Definition des Phänomens 'Wettbewerb' nicht existiert". (1991, S. 11 f.) Jedoch könne der marktwirtschaftliche Wettbewerbsbegriff durch folgende **Verhaltens-, Prozeß- und Strukturelemente** gekennzeichnet werden: (Herdzina 1991, S. 9 ff.)

- die Existenz eines **Marktes**, d.h. einer irgendwie gearteten Form des Zusammentreffens von Angebots- und Nachfrageplänen,

- mindestens zwei **Anbieter** oder **Nachfrager**,
- ein gemeinsames **Marktobjekt**,
- **rivalisierendes** (antagonistisches) **Verhalten** der Anbieter oder Nachfrager um ein bestimmtes Ziel,
- dessen bessere Verwirklichung durch ein Marktsubjekt zu Lasten der Zielerreichung der anderen Marktsubjekte auf der gleichen Marktseite geht.

Eine Reihe von Autoren (z.B. Müller/Pöhlmann, 1977, S. 139 f.) bezieht sich auf die Definition von BORCHARDT und FIKENTSCHER: „Wirtschaftlicher Wettbewerb ist das selbständige Streben sich gegenseitig im Wirtschaftserfolg beeinflussender Anbieter oder Nachfrager (Mitbewerber) nach Geschäftsverbindungen mit Dritten (Kunden) durch Inaussichtstellen möglichst günstiger Geschäftsbeziehungen.“ (Borchardt/Fikentscher, 1957, S. 15) SCHMIDT (1993, S. 1 f.) bezieht sich auf SCHUSTER (1973, S. 20): Wettbewerb ... „ist das Streben von zwei oder mehr Personen bzw. Gruppen nach einem Ziel ..., wobei der höhere Zielerreichungsgrad des einen i.d.R. einen geringeren Zielerreichungsgrad des(r) anderen bedingt ... .“

Unter **marktwirtschaftlichem Wettbewerb** verstehen wir also ein rivalisierendes Streben mehrerer Wirtschaftssubjekte (Unternehmen, Haushalte), als Anbieter oder Nachfrager auf konkreten Märkten durch bestimmte Aktivitäten einen größeren Erfolg (meßbar an Umsatz, Gewinn, Rentabilität, Einkommen, Ausgaben, Nutzen) als die Rivalen zu erzielen. Dieses Rivalisieren der Wirtschaftssubjekte um vorteilhaftere Ergebnisse, das i.d.R. zu Lasten der Konkurrenten geht, muß sich im Rahmen der gesetzlichen Ordnung und der gewohnheitsmäßigen Grenzen - innerhalb von „Spielregeln“ - vollziehen. Diese allgemeine Definition des Begriffes „Wettbewerb“ wird in den folgenden Abschnitten inhaltlich ausgefüllt: Es gibt verschiedene Arten des Wettbewerbs, unterschiedliche Wettbewerbsintensitäten und verschiedene Ziele, Funktionen und Wirkungen.

Sobald an die Stelle von Rivalitätsbeziehungen beim Einsatz der marktbezogenen Aktionsparametern **solidarisches** Verhalten tritt, fehlt es an Wettbewerb und dementsprechend an der Steuerungskraft seiner volkswirtschaftlichen Aufgaben. Deswegen müssen zunächst die **Voraussetzungen** erwähnt werden, unter denen marktwirtschaftlicher Wettbewerb entstehen kann. Im Vordergrund der weiteren Überlegungen steht der Wettbewerb auf den **Gütermärkten** (Märkte für Konsumgüter, Energie, Rohstoffe, Vorprodukte, Investitionsgüter und Dienstleistungen), der Wettbewerb auf den Faktor- und Finanzmärkten (Arbeits-, Immobilien-, Kapital-, Devisen- und Geldmärkte) soll nicht betrachtet werden.

1.2 Wettbewerbsvoraussetzungen

Wettbewerb kann nur entstehen, wenn in einer Marktwirtschaftsgesellschaft bestimmte rechtliche und institutionelle Bedingungen vorliegen und Anbieter und Nachfrager fähig und gewillt sind, sich wettbewerblich zu verhalten. Zu den äußeren Bedingungen gehört eine Rechtsordnung, die den Wirtschaftssubjekten bestimmte Eigentums- und Verfügungsrechte (property rights) über Güter und Dienstleistungen zuerkennt, die Möglichkeit eröffnet, unternehmerisch tätig zu sein (Gewerbefreiheit, Investitionsfreiheit), die freie Wahl des Tauschpartners zuläßt (Vertragsfreiheit, Konsumfreiheit), ein funktionsfähiges Währungs- und Bankensystem gewährleistet (stabiles Geldsystem) und den Wettbewerb vor Beschränkungen schützt (**Wettbewerbsfreiheit**). Wir unterscheiden Anbieterwettbewerb und Nachfragerwettbewerb, je nachdem, ob das Angebot größer als die Nachfrage oder die Nachfrage größer als das Angebot ist.

Wettbewerb auf der Anbieterseite stellt sich ein, wenn mehrere Anbieter eines vergleichbaren Marktobjekts die Möglichkeit und den Willen zu wettbewerblichem Verhalten haben; sie müssen über eine „Wettbewerbsgesinnung" („spirit of competition") verfügen. Die **Anbieter** müssen auf

- transparenten Märkten ihre Chancen erkennen können,
- frei in ihren Entscheidungen sein,
- ein Gewinnmaximum (Verlustminimum) anstreben wollen,
- über technische, ökonomische und kreative Ressourcen verfügen,
- flexibel und schnell auf Veränderungen der Nachfrage und Aktionen der Konkurrenz reagieren und
- bereit sein, den Erfolg im ökonomischen „Kampf" suchen zu wollen, ihm also nicht in Form von Wettbewerbsbeschränkungen ausweichen.

Wettbewerb auf der Nachfrageseite besteht, wenn mehrere Nachfrager ein Ziel auf dem Markt anstreben, es aber nicht gleichzeitig gleich gut erreichen können. Die **Nachfrager** müssen

- sich auf transparenten Märkten informieren können und wollen,
- weitgehend frei in ihren Entscheidungen sein,
- über finanzielle Ressourcen verfügen,
- flexibel und schnell auf Wettbewerbsaktionen reagieren und sich nicht von vornherein auf einen Anbieter oder ein bestimmtes Produkt festlegen wollen (Nachfragebeweglichkeit),
- den Nutzen bzw. ihr Einkommen erhöhen bzw. maximieren wollen.

Wirksamer Wettbewerb kann dauerhaft nur erhalten bleiben, wenn für neue Anbieter und Nachfrager die Chance des Markteintritts besteht. Sind die **Markteinl-**

trittsschranken zu hoch (z.B. in der Automobilindustrie, Energieerzeugung, Flugzeugindustrie), besteht die Gefahr, daß durch den Auslese- und Konzentrationsprozeß immer weniger Anbieter auf dem Markt auftreten und ein Zustand eintritt, der als „friedliches Oligopolverhalten" oder schließlich als Dauermonopol charakterisiert werden kann.

BERG weist darauf hin, daß die Funktionsfähigkeit des Wettbewerbs auch beeinträchtigt werden kann, wenn zu hohe **Marktaustrittsschranken** bestehen. Marktaustrittsbarrieren verhindern, daß sich das Angebot an eine rückläufige Nachfrage anpaßt (z.B. Stahlindustrie, Werften, Textilindustrie). Die Existenz von Marktaustrittsbarrieren kann z.B. mit der Erwartung der Unternehmen erklärt werden, der Staat werde den durch eine Strukturkrise bedrängten Unternehmen mit Erhaltungssubventionen helfen, um Arbeitsplätze zu sichern. (Berg 1990, S. 244 f.)

Häufig ist auch zu beobachten, daß sich die bedrängten Unternehmen mit Gewerkschaften und Arbeitnehmern zu einer „unheiligen Subventionsforderungsallianz" zusammenschließen, um den Staat zu zwingen, durch Strukturwandel eigentlich schon verlorene Arbeitsplätze zu erhalten. Die Unternehmen versäumen es auf diese Weise, durch Entwicklung neuer Produkte und Produktionsverfahren Absatzchancen auf wachsenden Märkten zu schaffen. Der Wettbewerb erlahmt.

Die erwähnten **Wettbewerbsvoraussetzungen** Markttransparenz, Entscheidungsfreiheit, ausreichende Ausstattung mit finanziellen, technischen und personellen Ressourcen, Wille zur wettbewerblichen Auseinandersetzung, Flexibilität und offene Märkte sind in der Literatur nicht unumstritten, soweit damit ein geschlossener Katalog gemeint ist. Offensichtlich ist jedoch, daß marktwirtschaftlicher Wettbewerb nicht entsteht oder sich seine Wirkungen verschlechtern, wenn eine der genannten Voraussetzungen nicht gegeben sind.

1.3 Ziele der Wirtschaftspolitik und Funktionen des Wettbewerbs

Kaum ein Gebiet der Volkswirtschaftslehre ist theoretisch so umstritten, wird so kontrovers diskutiert, wie der Komplex Wettbewerbstheorie und Wettbewerbspolitik. Es begann im vorigen Abschnitt bereits bei der Definition des Wettbewerbsbegriffes; die Frage, unter welchen Bedingungen Wettbewerb entstehen kann, wird ebenso gegensätzlich beantwortet wie das Problem, welche Ziele der marktwirtschaftliche Wettbewerb erfüllen soll. Die Auseinandersetzungen gehen noch tiefer: Es ist sogar umstritten, ob funktionsfähiger Wettbewerb ein eigenständiges **Ziel** im Rahmen der Marktwirtschaft ist oder ein **Instrument**, mit dessen Funktionen bestimmte Ziele erreicht werden können bzw. sollen, und ob jemand, der sich mit dem Phänomen des marktwirtschaftlichen Wettbewerbs wissenschaftlich auseinandersetzt, die marktwirtschaftliche Ordnung bejahen darf oder sie nur als „Datum“ betrachten soll.

Die Kontroversen erklären sich aus unterschiedlichen wissenschaftstheoretischen und gesellschaftspolitischen Grundpositionen der jeweiligen Forscher. Es geht um die spätestens seit der im VEREIN FÜR SOCIALPOLITIK im vorigen Jahrhundert geführten **Werturteilsdebatte** um die Streitfrage, ob die Wirtschaftswissenschaft als Teil der Gesellschaftswissenschaft selbständig Ziele definieren und sich zu ihnen bekennen kann (normative Ökonomik), oder ob die Ziele der Wirtschafts- und Gesellschaftspolitik, also auch der Wirtschaftsordnungspolitik, von einem politischen System definiert werden, die die Wirtschaftswissenschaften als Datum betrachten müssen (positive Ökonomik).

Das Dilemma zwischen **positiver** und **normativer Ökonomik** wird besonders bei der Wettbewerbstheorie deutlich: Funktionsfähiger marktwirtschaftlicher Wettbewerb ist eine fundamentale Voraussetzung für funktionierende Marktprozesse und gute Marktergebnisse; bei anderen Wirtschaftsordnungen (z.B. zentral geleiteten Volkswirtschaften) stellt sich das Wettbewerbsproblem in dieser Form nicht. Die Entscheidung für ein **marktwirtschaftliches** System ist jedoch eindeutig eine politische Wertentscheidung. Die Entscheidung des Wissenschaftlers, sich mit Problemen des Wettbewerbs zu befassen, impliziert, nach den Zielen und der Funktionsfähigkeit des Wettbewerbs im marktwwirtschaftlichen System zu fragen und nach Bedingungen und wettbewerbspolitischen Möglichkeiten zu suchen, wie diese Ziele möglichst optimal zu erreichen sind. Damit bekennt sich der Wissenschaftler zu einer politischen Wertentscheidung und er gibt mit diesem Bekenntnis auch kund, daß seine Arbeit praktische politische Relevanz haben soll. Wettbewerbstheorie soll hier mit COX/HÜBENER als „praktisch-normative“ Wissenschaftsdisziplin verstanden werden, die „die bekenntnishafte Einführung der Wertprämissen als Grundlage abzuleitender Mittel und Maßnahmen der Politik“ ausdrücklich bejaht und damit Gefahr läuft, „daß die präskriptiv-normativ formulierte Wettbewerbsnorm keine intersubjektive Gültigkeit beanspruchen kann, sondern eine personengebundene Wertaussage darstellt“. (Cox/Hübener 1981, S. 20 ff.)

Aus diesem Grund soll die theoretische Auseinandersetzung, ob marktwirtschaftlicher Wettbewerb ein wirtschaftspolitisches Ziel an sich ist (Eucken, Hoppmann) oder bestimmte Ziele realisieren soll, die die Funktionsfähigkeit der marktwirtschaftlichen Ordnung verbessern oder nur bestimmte Funktionen möglichst optimal erfüllen soll (z.B. Kantzenbach, Schmidt), an dieser Stelle nicht geführt werden. Die praktisch-normative Wettbewerbstheorie geht von selbständigen Wettbewerbszielen aus, die positive Ökonomik von Wettbewerbsfunktionen, die das

Funktionieren der Marktwirtschaft fördern. Die einen bekennen sich ausdrücklich oder implizite zur marktwirtschaftlichen Ordnung, die anderen orientieren sich an einer vom politischen System vorgegebenen ordnungspolitischen Grundentscheidung als Datum für die Wissenschaft.

Für die weiteren Überlegungen gehen wir von der Tatsache aus, daß sich in der Bundesrepublik Deutschland alle relevanten gesellschaftlichen Gruppen, im übrigen auch in der Europäischen Union und allen westlichen Industrieländern, zu den folgenden zwei **wirtschaftspolitischen Primärzielen** bekennen:

- **Sicherung der ordnungspolitischen Grundentscheidung**, d.h. in Deutschland die Sicherung der Prinzipien der Sozialen Marktwirtschaft,
- **Erhöhung der sozialökonomischen Wohlfahrt**.

Diese **wirtschaftspolitischen Primärziele** sind aus den obersten gesellschaftspolitischen Zielen abgeleitet, die GIERSCH - in alphabetischer Reihenfolge - mit Freiheit, Frieden, Gerechtigkeit, Sicherheit und Wohlstand bezeichnet. (1960, S. 68 ff.) Wirtschaftspolitische Primärziele „als grundlegende Leitlinien des wirtschaftspolitischen Handelns" (Körner 1977, S. 28) dienen der Realisierung der gesellschaftlichen Oberziele oder Grundwerte, müssen jedoch für die praktische Wirtschaftspolitik durch Sekundärziele und Zwischenziele weiter konkretisiert werden.

Ohne auf die verschiedenen Systeme wirtschaftspolitischer Sekundärziele einzugehen (vgl. eine Übersicht bei Schmidt 1979, S. 36 ff.), soll nun gefragt werden, auf welche Weise wirksamer Wettbewerb bestimmte wirtschaftspolitische Sekundärziele und dadurch auch die wirtschaftspolitischen Primärziele zu fördern im Stande ist. Es geht also um die Frage, ob, und wenn dies der Fall ist, auf welche Weise und unter welchen Bedingungen, der Wettbewerb die Wirtschaftsordnung der Sozialen Marktwirtschaft und damit die ökonomische Freiheit sichert und den individuellen und gesellschaftlichen Wohlstand fördert.

Unter „**Funktionen**" des Wettbewerbs sind die **Wirkungen** zu verstehen, die vom Wettbewerb ausgehen und das Verhalten der Marktsubjekte - und dadurch auch die Marktprozesse, Marktstrukturen und Marktergebnisse - verändern. Sind diese Veränderungen im Sinne der wirtschaftspolitischen Primärziele und der gesellschaftspolitischen Oberziele positiv, kann man vom funktionsfähigen oder wirksamen Wettbewerb sprechen.

Auch die Systematisierung der Wettbewerbsfunktionen ist - im Gegensatz z.B. zu den Funktionen des Geldes - in der Literatur keineswegs einheitlich. HERDZINA (1991, S. 34) unterscheidet:

1. die Freiheitsfunktion,
2. die Entdeckungs- bzw. Fortschrittsfunktion,

3. die Anpassungs- bzw. Allokationsfunktion,
4. die Verteilungsfunktion.

KANTZENBACH (1967, S.16 ff.) und SCHMIDT (1993, S. 28) unterscheiden:

1. **statische** Wettbewerbsfunktionen:
   a) nachfragebezogene Angebotszusammensetzung (Konsumentensouveränität),
   b) marktleistungsbedingte (leistungsgerechte) Einkommensverteilung,
   c) optimale Faktorallokation
2. **dynamische** Wettbewerbsfunktionen:
   a) Durchsetzung des technischen Fortschritts,
   b) Anpassungsflexibilität.

AHRNS/FESER(1985, S. 38 ff.) unterscheiden:

1. die Lenkungs- (Steuerungs-)Funktion,
   a) Koordinationsfunktion,
   b) Allokationsfunktion,
2. die Anreizfunktion,
3. die Verteilungsfunktion,
4. die Freiheitsfunktion.

Einen Überblick über die verschiedenen Funktionssystematiken des Wettbewerbs gibt umseitig Abb. 1-1.

BARTLING (1993, S. 17 ff.) stellt fest, daß über die Funktionen, die vom Wettbewerb erwartet werden können, in der Wettbewerbstheorie heute grundsätzlich Einigkeit besteht, auch wenn sie unterschiedlich benannt und systematisiert werden. Er teilt die Funktionen in drei **Kategorien** ein:

- **Klassisch-politische Wettbewerbsfunktionen:** Hier geht es einmal um die Begrenzung staatlicher Macht gegenüber den Privaten, was auch in den heutigen Demokratien ein wichtiges Thema ist. Was der Wettbewerb zufriedenstellend regeln kann, muß der Staat nicht reglementieren. Die Vorteilhaftigkeit des Wettbewerbs entsteht vor allem dadurch, daß der Wettbewerb durch seine Anreiz- und Kontrollfunktionen wirtschaftliche Leistung immer wieder herausfordert, überprüft und positiv wie negativ sanktioniert.

- **Statische Wettbewerbsfunktionen:** Sie beziehen sich auf die Lenkung der Produktionsfaktoren, auf die Ausrichtung der Produktion nach den Käuferpräferenzen und die marktgerechte Einkommensverteilung.

- **Dynamische Wettbewerbsfunktionen:** Unter Wettbewerbsbedingungen besteht ein dauernder Anreiz für die Wettbewerber, sich durch Innovationen, aber auch Imitationen Vorteile zu verschaffen. „Insofern führt Wettbewerb als ständiger Suchprozeß und Entdeckungsverfahren aus sich selbst heraus zu Änderungen gesamtwirtschaftlicher Daten, die für die Verbraucherversorgung vorteilhaft sind. ... Ganz allgemein sorgt der Wettbewerb für eine effiziente Anpassung an Änderungen der gesamtwirtschaftlichen Daten."

Wettbewerbs-funktionen	nach AHRNS/FESER	nach HERDZINA	nach KANTZENBACH
Freiheitsfunktion	Freiheitsfunktion	Freiheitsfunktion	
Kontrollfunktion			
Lenkungsfunktionen	Lenkungsfunktion Steuerungsfunktion		
Koordinations- und Anpassungsfunktion	Koordinations-funktion	Anpassungs- bzw.	nachfragebezogene Angebotszusammen-setzung, Anpassungsflexibilität
Allokationsfunktion	Allokationsfunktion	Allokationsfunktion	optimale Faktorallokation
Anreiz- und Auslesefunktion	Anreizfunktion	Entdeckungs- bzw. Fortschrittsfunktion	Durchsetzung des technischen Fortschritts
Verteilungsfunktion	Verteilungsfunktion	Verteilungsfunktion	marktleistungbedingte Einkommensverteilung

Abb. 1-1: Wettbewerbsfunktionen

Es bestehen allerdings unterschiedliche Auffassungen über das Gewicht, das die einzelnen Funktionen i.S. eines „funktionsfähigen" Wettbewerbs haben sollen. Um die Funktionen des Wettbewerbs im nächsten Abschnitt möglichst **konkret** beschreiben zu können, unterstellen wir folgende **Systematik der Wettbewerbsfunktionen**:

I. die Freiheitsfunktion,

II. die Kontrollfunktion,

III. die Lenkungsfunktionen:

   1. die Koordinations- und Anpassungsfunktion,
   2. die Allokationsfunktion,
   3. die Anreiz- und Auslesefunktion,

IV. die Verteilungsfunktion.

1.3.1 Die Freiheitsfunktion

Freiheit ist die Grundlage für ein humanes Leben der Menschen in einer Gesellschaft. Dieses gesellschaftspolitische Oberziel ist in den Verfassungen aller demokratischen Staaten als Menschen- bzw. Grundrecht verankert. „Jeder hat das Recht auf freie Entfaltung seiner Persönlichkeit." (Art. 2, 1 GG) Aber: Die Freiheit des Einzelnen endet dort, wo sie die Freiheit des anderen einschränkt. Deswegen muß sich die Gesellschaft eine gemeinsame verbindliche Rechtsordnung geben, die mit staatlicher Hoheitsgewalt durchgesetzt wird. Aus diesem Grund schränkt Art. 2 des Grundgesetzes die individuelle Freiheit im zweiten Halbsatz auch wieder ein: „...soweit er nicht die Rechte anderer verletzt und nicht gegen die verfassungsmäßige Ordnung oder das Sittengesetz verstößt." Man unterscheidet die formale und die materiale Freiheit:

- Unter **formaler** Freiheit versteht man in einer rechtsstaatlichen Demokratie die „prinzipielle Gleichheit des staatsbürgerlichen Status" vor dem Gesetz (Giersch 1960, S. 72) und den Schutz der individuellen Freiheit vor der Unterdrückung durch andere oder vor willkürlichen Zwängen durch den Staat. Freiheit wird in diesem Sinne als „Fehlen von Handlungszwang" interpretiert.
- Die **materiale** Freiheit umfaßt die Möglichkeiten, im Rahmen der formalen Freiheit „selbst gesteckte Ziele" zu verwirklichen, sich eigene Wünsche zu erfüllen. Freiheit wird nun als „individuelle Möglichkeiten zum Handeln" interpretiert.

Der Wettbewerb eröffnet den Menschen Freiheitsräume, die ohne ihn nicht vorhanden wären. HOPPMANN spricht in diesem Zusammenhang von der Wettbewerbsfreiheit, die sich als Freiheit im **Austauschprozeß** und als Freiheit im **Parallelprozeß** darstellt. Einmal vergrößert der Wettbewerb den Marktteilnehmern die Zahl der wählbaren Alternativen auf der anderen Marktseite: Die Nachfrager können unter verschiedenen Angeboten auswählen, die Anbieter können sich auf bestimmte Nachfragergruppen konzentrieren, andere ausschließen. Zum anderen eröffnet der Wettbewerb die Möglichkeiten zu kreativem Handeln auf derselben Marktseite: Die Anbieter und Nachfrager haben vielfältige Möglichkeiten, ihre unterschiedlichen Aktionsparameter frei einzusetzen.

Diese Freiheitsspielräume sind in einem marktwirtschaftlichen System, d.h. einer Wirtschaftsordnung mit dezentraler Planung, Privateigentum und Marktkkoordination, weitaus größer als in einer Zentralverwaltungswirtschaft. Da aber die marktwirtschaftliche Koordination das wettbewerbliche Verhalten der Marktteilnehmer unbedingt voraussetzt, sichert der Wettbewerb die ökonomische Freiheit im marktwirtschaftlichen System selbst. Unter diesem Aspekt kann man von der **Freiheitsfunktion** des Wettbewerbs sprechen, die das wirtschaftspolitische Primärziel (Sicherung der ordnungspolitischen Grundentscheidung) und das gesellschaftspolitische Oberziel (Freiheit als individueller Handlungs- und Gestaltungsfreiraum) fördert. Der marktwirtschaftliche Wettbewerb **dient** der Freiheit.

Betrachtet man die Freiheitsspielräume, die der Wettbewerb den Wirtschaftssubjekten eröffnet, kann man wie HOPPMANN von der **Wettbewerbsfreiheit** sprechen. Wettbewerb **ist** wirtschaftliche Freiheit, die durch entsprechende rechtliche Rahmenbedingungen und eine freiheitsermöglichende Wettbewerbspolitik gesichert werden muß. „Wettbewerb überläßt es jedem, seine Fähigkeiten und Mittel für seine eigenen, frei gewählten Zwecke einzusetzen. Wettbewerb setzt also voraus, daß Freiheit zum Wettbewerb erstens besteht und zweitens auch erhalten bleibt." (Hoppmann 1967, S. 231) HOPPMANN betrachtet die Wettbewerbsfreiheit als ein eigenständiges ordnungspolitisches Ziel.

Totale Wettbewerbsfreiheit kann es ebenso wenig geben wie totale Freiheit an sich. Die wettbewerblichen Aktionsparameter müssen ihrerseits durch rechtliche Rahmenbedingungen und moralische und sittliche Normen begrenzt werden. Die Freiheit im Wettbewerb darf nicht zu Einschränkungen anderer Wettbewerber führen. Ein Beispiel für die Relativierung der Freiheit im Wettbewerb ist die Generalklausel im deutschen „Gesetz gegen den unlauteren Wettbewerb" (UWG) vom 7. Juni 1909: „Wer im geschäftlichen Verkehre zu Zwecken des Wettbewerbes Handlungen vornimmt, die gegen die guten Sitten verstoßen, kann auf Unterlassung und Schadensersatz in Anspruch genommen werden." (§ 1 UWG)

1.3.2 Die Kontrollfunktion

In engem Zusammenhang mit der Freiheitsfunktion des Wettbewerbs ist seine **Kontrollfunktion** zu sehen. In einem System dezentraler Planung und Lenkung müssen neben dem Staat, der für die Einhaltung der rechtlichen Rahmenbedingungen sorgt, systemimmanente Institutionen und Instrumente existieren, die das Verhalten der Wirtschaftssubjekte kontrollieren. In der Marktwirtschaft gibt es zwei Kontrollverfahren: der **Interessenkonflikt** zwischen Anbietern und Nachfragern und der **Wettbewerb** unter den Anbietern bzw. Nachfragern.

Die Marktsubjekte der beiden Marktseiten kontrollieren sich zum einen gegenseitig, indem sie einfach ihre Interessen als Anbieter und Nachfrager verfolgen; analog zu HOPPMANN könnte man dies die **„Kontrolle im Austauschprozeß"** nennen: Unterstellen wir rationales ökonomisches Verhalten, dann möchte der Anbieter das Marktobjekt zu einem möglichst hohen Preis verkaufen, der Nachfrager möchte es möglichst preiswert erwerben. Wenn die Marktteilnehmer am Zustandekommen von Verträgen interessiert sind, werden sie zu Kompromissen bereit sein und den Interessen der Marktgegenseite entgegenkommen. Überhöhte Preisforderungen eines Anbieters oder zu niedrige Preisvorstellungen eines Nachfragers haben keine Chance auf dem Markt. Die Kontrolle im Austauschprozeß ist auch bei ein- oder zweiseitigen Monopolen wirksam.

Der Wettbewerb, das zweite marktwirtschaftliche Kontrollinstrument, sorgt für die Kontrolle der Marktteilnehmer auf der gleichen Marktseite, d.h. der Wettbewerber unter sich. Man könnte dies als **„Kontrolle im Parallelprozeß“** bezeichnen: Wer auf Wettbewerbsmärkten erfolgreich sein will, muß sich an der Leistungsfähigkeit und den Aktionen seiner Wettbewerber orientieren und sich auch an ihnen messen lassen.

FRANZ BÖHM, der ordoliberale Markttheoretiker, hat den Wettbewerb „als das genialste Entmachtungsinstrument der Geschichte“ bezeichnet und damit sicher seine Kontrollfunktion im Auge gehabt. Beide marktwirtschaftlichen Kontrollverfahren sind der planwirtschaftlich-bürokratischen Kontrolle überlegen, denn es können keine Klassen mit unterschiedlichen Rechten und Privilegien entstehen, es sind keine bürokratischen Verfahren erforderlich, und Täuschung und Betrug sind ausgeschlossen bzw. werden durch die Rechtsordnung ausreichend sanktioniert. In der Marktwirtschaft ist jeder Marktteilnehmer gleichzeitig Kontrolleur und Kontrollierter, und es kontrollieren nur diejenigen, deren Interessen unmittelbar betroffen sind. In dieser Beziehung kann von der **Kontrollfunktion** des Wettbewerbs gesprochen werden, denn ohne den Wettbewerb werden die Marktteilnehmer nicht ausreichend kontrolliert.

1.3.3 Die Lenkungsfunktionen

1.3.3.1 Die Koordinations- und Anpassungsfunktion

Der Wettbewerb koordiniert in der Marktwirtschaft den Bedarf mit der Produktion in der Weise, daß auf den Märkten langfristig nur die Waren und Dienstleistungen in der Art, Qualität und Quantität angeboten werden, wie sie der Nachfrage entsprechen (Koordinationsfunktion). Und der Wettbewerb sorgt dafür, daß sich im Zeitverlauf die Produktion an den sich verändernden Bedarf anpaßt (Anpassungsfunktion). Voraussetzung für die optimale Koordination ist ein **funktionsfähiges Preissystem,** welches die Knappheitsgrade der jeweiligen Güter anzeigt. Dieses Preissystem kann nur unter den Bedingungen eines wirksamen Wettbewerbs die richtigen Informationen bereitstellen.

Die Markt- und Preistheorie erklärt, unter welchen Bedingungen ein Marktgleichgewicht entsteht und welche Ergebnisse bei den jeweiligen Marktformen realisiert werden. Unter den Bedingungen des Modells der „vollkommenen Konkurrenz" werden Angebot und Nachfrage optimal koordiniert: Das Gleichgewicht stellt sich automatisch (von selbst) durch den Wettbewerb ein, die nachgefragte und die angebotene Menge entsprechen sich, es entstehen weder Angebots- oder Nachfrageüberschüsse, der Umsatz ist mengen- und wertmäßig maximal. Das an sich statische Marktgleichgewicht paßt sich dynamisch an veränderte Bedingungen an: Steigt die Nachfrage, dann wird der steigende Marktpreis mehr Anbieter auf diesen Markt lenken, die zusätzliche Nachfrage wird befriedigt; sinkt die Nachfrage, dann wird der Marktpreis sinken und einige Anbieter werden diesen Markt verlassen.

Über diese preistheoretischen Erklärungen hinaus kann die Koordinations- und Anpassungsfunktion des Wettbewerbs auch sehr praktisch beschrieben und erfahren werden. Der Wettbewerb sorgt dafür, daß der einzelne Anbieter sich um die Nachfrager „bemüht", ihren Vorstellungen entgegenkommt, seine Produktion möglichst auf die Wünsche seiner Abnehmer einstellt und sich ihnen anpaßt. Der Wettbewerb sorgt dafür, daß die Produktion bedarfskonform ist. Produkte, die nicht das Interesse der Verwender finden, können nicht abgesetzt werden. Ein Pkw der Marke „Trabant" hätte in einer Wettbewerbswirtschaft keine Chance.

Darüber hinaus sorgt der Wettbewerb für eine **Beschleunigung** des Koordinationsprozesses. Wer einmal verfolgt hat, wie langwierig sich Vertragsverhandlungen im bilateralen Monopol (z.B. bei den Tarifverhandlungen zwischen Gewerkschaften und Arbeitgeberverbänden) gestalten, wird erkennen, daß eine Marktwirtschaft ohne die beschleunigende Wirkung des Wettbewerbs nicht funktionieren kann. Deswegen sprechen wir von der **Koordinations- und Anpassungsfunktion** des Wettbewerbs.

1.3.3.2 Die Allokationsfunktion

Die **Allokationsfunktion** ist mit der Koordinations- und Anpassungsfunktion unmittelbar verknüpft, hat aber auch ihre eigenständigen Wirkungen. Der Wettbewerb sorgt dafür, daß die Faktorleistungen (der Produktionsfaktoren Arbeit, Umwelt und Produktivkapital) in der Kombination eingesetzt werden, daß ein Maximum an Produktivität entsteht, und in die Einsatzbereiche gelenkt werden, wo sie entsprechend der Güternachfrage am dringendsten benötigt werden.

Unternehmen suchen - besonders unter Wettbewerbsdruck - langfristig immer nach der **Minimalkostenkombination** der eingesetzten Faktorleistungen. Sie werden versuchen, relativ teure Faktorleistungen durch relativ preiswertere zu substituieren, wenn dies technisch möglich ist. Wenn man unterstellt, daß auch die Preise auf den Faktormärkten (Löhne, Zinsen, Mieten, Pachten) die relative Knappheit der Faktoren reflektieren und die Unternehmen die zusätzlichen Faktorkosten mit ihren Grenzproduktivitäten vergleichen und nur so viele Faktoreinheiten einsetzen, bis die Grenzkosten den Grenzproduktivitäten bzw. Grenzwertprodukten entsprechen, sorgt der Wettbewerb dafür, daß eine bestimmte Produktionsmenge mit dem Produktivitätsmaximum bzw. dem Faktorkostenminimum hergestellt wird. Die Produktionsfaktoren werden also in den Produktionsbereichen mit der Menge eingesetzt, mit der sie ein Höchstmaß an Leistung entfalten können.

Aber auch im **Anpassungsprozeß** sorgt der Wettbewerb für eine optimale Allokation der Produktionsfaktoren: Wenn sich z.B. durch eine Veränderung der Bedarfsstruktur die Nachfrage vom Markt des Gutes x auf den Markt für das Gut y verlagert, verschiebt sich über die Veränderung der Güterpreise die Produktion vom schrumpfenden Markt zum wachsenden Markt. Diesem Anpassungsprozeß muß die Allokation der Faktorleistungen folgen: Produktionsfaktoren werden vom schrumpfenden Markt abgezogen und in die Produktion für Güter des wachsenden Marktes eingesetzt.

Der Wettbewerb sorgt also auch dafür, daß langfristig die Faktorleistungen stets dorthin gelenkt werden, wo sie entsprechend der Güternachfrage am dringendsten gebraucht bzw. am wirksamsten eingesetzt werden können. Daß diese Allokation im einzelnen Fall auf Schwierigkeiten stößt (z.B. bei der Verlagerung von Arbeitskräften) oder zu umweltpolitisch unerwünschten Ergebnissen führt, weil die Faktorpreise der Umweltleistungen den Knappheitsrelationen nicht entsprechen, ändert prinzipiell nichts an dieser Funktion des Wettbewerbs.

1.3.3.3 Die Anreiz- und Auslesefunktion

Aus der Definition des Begriffes Wettbewerb ergibt sich bereits, daß er die auf einer Marktseite rivalisierenden Marktteilnehmer zu wirtschaftlichen Leistungen anhält. Um zum Ziel zu gelangen, müssen die Wettbewerber ihre Leistungskraft ständig unter Beweis stellen, weil von der anderen Marktseite grundsätzlich diejenigen bevorzugt werden, die höhere Leistungen erbringen können. Der Terminus „Wettbewerbsdruck" ist in diesem Zusammenhang durchaus angebracht.

Leistungsfähigkeit auf der **Angebotsseite** bedeutet: Herstellung bedarfskonformer Produkte, kostenminimale Produktion, ausreichende Anpassungsflexibilität und Durchsetzung des technischen Fortschritts durch eine entsprechende Innovations- und Imitationsfähigkeit und -bereitschaft. Leistungsfähigkeit auf der **Nachfrageseite** bedeutet die Fähigkeit und die Bereitschaft, den Bedarf mit entsprechender

Kaufkraft auszustatten und - auf den Faktormärkten - ein entsprechendes Einkommen zu erzielen.

Mit der **Anreizfunktion** ist die **Auslesefunktion** des Wettbewerbs unmittelbar verknüpft: Im Wettbewerbsprozeß wird eine Auslese ausschließlich nach dem Kriterium der wirtschaftlichen Leistungsfähigkeit getroffen. Marktteilnehmer, die den im Wettbewerbsprozeß geschaffenen Leistungsstandard nicht erfüllen, werden automatisch gezwungen, aus dem Markt auszuscheiden. So sorgt der Wettbewerb dafür, daß immer nur die Leistungsfähigsten zum Zuge kommen und die unwirtschaftlich oder am Bedarf vorbei produzierenden Anbieter, aber auch die leistungsschwachen Nachfrager den Markt verlassen müssen.

So betrachtet, ist die Anreiz- und Auslesefunktion des Wettbewerbs wirtschafts- und gesellschaftspolitisch zwiespältig zu beurteilen: Auf der einen Seite sind diese Funktionen gesellschaftlich nützlich, weil sie das wirtschaftspolitische Primärziel „Steigerung der Wohlfahrt" und die gesellschaftspolitischen Oberziele „Wohlstand" und „Freiheit" wirkungsvoll unterstützen. Man sollte aber auch erkennen, daß durch die Anreizfunktion gravierende wettbewerbspolitische Probleme entstehen, weil die Marktteilnehmer durch **Beschränkungen des Wettbewerbs** diesem Wettbewerbsdruck entgehen wollen (und können), und daß die Auslesefunktion **soziale Probleme** erzeugt, weil immer die schwächeren Anbieter oder Nachfrager vom Markt verdrängt werden. Deswegen muß festgestellt werden, daß die Auslesefunktion des Wettbewerbs das wirtschaftspolitische Primärziel „Soziale Marktwirtschaft" und das gesellschaftspolitische Oberziel „Gerechtigkeit" gefährdet. Dieses Dilemmas waren sich die Väter der „Sozialen Marktwirtschaft" durchaus bewußt: Die freie Wettbewerbswirtschaft erzeugt aus sich heraus wirtschafts- und sozialpolitische Probleme, die nur durch eine entsprechende Wettbewerbs-, Mittelstands- und Sozialpolitik des Staates gemildert werden können.

1.3.4 Die Verteilungsfunktion

Die Verteilungsfunktion ist mit der Allokationsfunktion des Wettbewerbs verknüpft. Die Kreislauftheorie erklärt, wie im volkswirtschaftlichen Produktionsprozeß die Leistungen der Produktionsfaktoren Arbeit, Umwelt und Produktivkapital in verwendungsfähige Güter transformiert werden. Die Faktorleistungen werden auf den Faktormärkten von den Haushalten angeboten und von den Produzenten (Unternehmen und Staat) nachgefragt. Die Vergütung für die Nutzung der Faktorleistungen, Löhne, Zinsen, Mieten, Pachten, Abschreibungen und Gewinne, stellen für die Produzenten (Faktor-) **Kosten**, für die Haushalte jedoch (Faktor-) **Einkommen** dar. Im Produktionsprozeß entstehen also Kosten und Einkommen stets zur gleichen Zeit, in gleicher Höhe und - volkswirtschaftlich gesehen - stets im

Marktwert der Produkte. Einkommen entsteht nur durch Produktion, und es wird während des Produktionsprozesses an die an der Produktion beteiligten Wirtschaftssubjekte verteilt. Da Art und Höhe der bezogenen Faktoreinkommen von der Art und dem Umfang der Faktorleistungen bestimmt wird, spricht man von der **funktionalen Einkommensverteilung** oder der Primärverteilung.

Ist die funktionale Einkommensverteilung auch gerecht? Die Vorstellungen darüber, ob die Einkommen gerecht verteilt worden sind, wird von unterschiedlichen, auch divergierenden **Prinzipien** geprägt. Wir unterscheiden

- das Prinzip der **Leistungsgerechtigkeit**: Die Einkommen sollen dem Marktwert der Leistung entsprechen, für die sie gezahlt werden;
- das Prinzip der **Gleichheit**: Für gleiche Leistungen soll auch das gleiche Einkommen gezahlt werden;
- das Prinzip der **Bedarfsgerechtigkeit**: Wer aufgrund seiner sozialen und ökonomischen Situation einen objektiv höheren Bedarf hat (z.B. eine große Familie), soll auch ein höheres Einkommen beziehen;
- das Prinzip der **Opfergerechtigkeit**: Wer eine Leistung unter höheren Opfern erbringen muß als andere (z.B. wegen einer körperlichen Behinderung), darf nicht benachteiligt werden.

Die Systematik von den **drei** Produktionsfaktoren ist in marktwirtschaftlich-kapitalistischen Systemen heute herrschende Lehre. Es muß allerdings festgestellt werden, daß diese Systematik eine Wertentscheidung, eine ideologische Festlegung, darstellt. Aber es ist heute auch unumstritten, daß über den wettbewerbsbestimmten Verteilungsprozeß die Prinzipien der Bedarfsgerechtigkeit und der Opfergerechtigkeit nicht verwirklicht werden können. Die Ergebnisse der funktionalen Einkommensverteilung müssen durch eine an diesen zusätzlichen Prinzipien orientierte **Umverteilungspolitik** korrigiert werden.

2 Wettbewerbstheorien

2 Wettbewerbstheorien

Wenn Wettbewerb als zentrale Voraussetzung für ein funktionsfähiges marktwirtschaftliches System gilt und man gleichzeitig weiß, daß sich dieser Wettbewerb nicht von selbst einstellt, sondern vielmehr durch Wettbewerbsbeschränkungen ständig gefährdet ist, wird **Wettbewerbspolitik** notwendig. Wie für jedes politische Konzept müssen auch für die Wettbewerbspolitik Ziele formuliert werden, die in ihrer Summe ein **wettbewerbspolitisches Leitbild** ergeben: Es stellt sich nun die Frage, wie der Wettbewerb aussehen soll, der in einer Marktwirtschaft seine Funktionen optimal erfüllt?

Die Definition eines wettbewerbspolitischen Leitbildes setzt eine bestimmte **Theorie** über den Wettbewerb voraus, d.h. ein System von wissenschaftlich begründeten Aussagen, die bestimmte Tatsachen, Erscheinungen oder Prozesse und die ihnen zugrunde liegenden Gesetzmäßigkeiten erklären können. Mit den Wettbewerbstheorien haben sich auch die wettbewerbspolitischen Leitbilder historisch entwickelt.

2.1 Überblick

In der wirtschaftspolitischen Konzeption des **klassischen Liberalismus,** wie sie in England von ADAM SMITH (1723 - 1790), DAVID RICARDO (1772 - 1823), JAMES MILL (1773 - 1836), in Frankreich von JEAN BAPTISTE SAY (1767 - 1832) u.a. Ende des 18. Jahrhunderts entwickelt wurde, gilt der **freie Leistungswettbewerb** als das dominierende ökonomische Anreiz-, Steuerungs- und Kontrollinstrument. Nicht der Staat soll bestimmen, was produziert und verbraucht werden kann, sondern jeder einzelne Unternehmer und jeder einzelne Konsument. Die Koordination der einzelwirtschaftlichen Pläne soll sich auf Märkten unter wettbewerblichen Bedingungen durch die **freie Preisbildung** vollziehen. Auf Preisveränderungen reagieren Anbieter und Nachfrager in der Weise, daß sie sich langfristig durch „Probieren und Korrigieren" an die „richtigen" Mengen, Preise, Produkte und Produktqualitäten herantasten. Langfristig stellt sich ein Zustand ein, der sowohl einzelwirtschaftlich als auch gesamtwirtschaftlich ein Optimum darstellt.

Die klassische Marktwirtschaftstheorie wurde durch die Realität des **sozialen Elends des Frühkapitalismus** in der ersten Hälfte des 19. Jahrhunderts zunehmend erschüttert. Mit den Ursachen dieses sozialen Problems beschäftigte sich vor allen Dingen KARL MARX (1818 - 1883), der mit seiner Theorie prophezeite, daß sich das System der freien Wettbewerbswirtschaft zwangsläufig zum „Monopolkapitalismus" entwickle und nur durch eine Revolution der „ausgebeuteten" und „verelendeten“ Arbeiterklasse überwinden ließe. Das Grundübel der Ausbeutung, das Privateigentum am Produktivkapital, könne nur durch den Sozialismus, d.h. durch seine Abschaffung, beseitigt werden.

Der Marxschen Ausbeutungsthese setzte die bürgerliche Nationalökonomie u.a. die **subjektive Wertlehre** (Grenznutzentheorie) und die **Grenzproduktivitätstheorie** entgegen. Auf der Grundlage dieser Theorien wurde das mikroökonomische Verhalten der Marktteilnehmer neu beschrieben, und die **neoklassische Preistheorie** suchte nach dem Bedingungen für ein Gleichgewicht zwischen Angebot und Nachfrage auf den Güter- und Faktormärkten. Es wurden theoretische Bedingungen definiert, unter denen ein „vollkommener Wettbewerb“ zu einem optimalen Marktgleichgewicht führen könne. Die **Theorie der „vollkommenen Konkurrenz“** (perfect competition) setzte allerdings Bedingungen für den Wettbewerb voraus, die - so mußte man später erkennen - entweder unrealistisch oder utopisch waren und den Wettbewerb eher behinderten als ihn förderten. Auch die Versuche von JOAN ROBINSON (1903 - 1983) oder EDWARD H. CHAMBERLIN (1899 - 1967), mit einer Theorie der „imperfect competition“ bzw. „monopolistic competition“ zu begründen, daß die Wettbewerbspolitik Marktunvollkommenheiten zu minimieren habe, endeten in einer wettbewerbstheoretischen und wettbewerbspolitischen Sackgasse.

Den „Quantensprung“ in der Wettbewerbstheorie leitete der Amerikaner JOHN MAURICE CLARK im Jahr 1940 (deutsche Fassung 1968) mit seinem Konzept der **„workable competition“** ein. Der Wettbewerb wird nun (wieder) als ein „dynamischer Prozeß“ in Zeit und Raum interpretiert, als ein Prozeß von Vorstoß und Verfolgung, von Aktion und Reaktion, den erst Marktunvollkommenheiten ermöglichen. „Rückblickend können wir feststellen, daß CLARKS Ansatz aus dem Jahre 1940 mit seiner positiven Bewertung gewisser Marktunvollkommenheiten der entscheidende Markstein für die Entwicklung einer dynamischen Wettbewerbstheorie in den folgenden Jahrzehnten gewesen ist.“ (Schmidt 1993, S. 10.)

In der weiteren Entwicklung dieses Ansatzes beziehen CLARK und beispielsweise HELMUT ARNDT die - bis dahin nur im Zusammenhang mit der Konjunkturtheorie diskutierten - SCHUMPETERSCHEN Thesen zur „Konkurrenz der neuen Ware, der neuen Technik, der neuen Versorgungsquellen, des neuen Organisationstyps“ (Schumpeter 1975, S. 121) in die Wettbewerbstheorie ein. Die Ideen vom Pionierunternehmer, von der Innovation, der Imitationen folgen, und die Idee vom „Prozeß der schöpferischen Zerstörung“ fanden Eingang in die dynamische Wettbewerbstheorie.

Parallel hierzu entwickelten die Vertreter des **Ordoliberalismus** in Deutschland, besonders WALTER EUCKEN (1891 - 1950), die „Theorie des vollständigen Wettbewerbs", die allerdings eher eine allgemeine ordnungspolitische Intention verfolgte und kein spezifisches wettbewerbspolitisches Leitbild definiert hat.

Aus der modernen und in ihrer allgemeinen Form auch akzeptierten dynamischen Wettbewerbstheorie und dem aus den USA kommenden Ansatz der „industrial organisation" wurden in den sechziger und siebziger Jahren vier theoretisch kontroverse wettbewerbspolitische Leitbilder entwickelt, auf die im dritten Kapitel eingegangen werden soll. Zunächst stehen die verschiedenen Wettbewerbstheorien im Vordergrund.

2.2 Die klassische dynamische Wettbewerbstheorie

2.2.1 Der ökonomische Liberalismus

Mit der klassischen Nationalökonomie wurde zum erstenmal in der Geschichte eine **ganzheitliche Erklärung** wirtschaftlicher Zusammenhänge und Prozesse entwickelt, wobei man sich - im Sinne der Aufklärungsphilosophie - darum bemühte, theoretische Erkenntnisse frei von subjektiven Zielen mit Hilfe der logischen Deduktion zu gewinnen. Dennoch wirkten die klassischen Ökonomen, allen voran ADAM SMITH, mit ihren Theorien auch **politisch**, indem sie mit dem „System der natürlichen Freiheit" dem merkantilistischen Wirtschaftssystem des Feudalabsolutismus eine Antithese gegenüberstellten. Der Merkantilismus legte der Wirtschaft zunehmend bürokratische Fesseln an, der Staat unterdrückte und bevormundete die Bürger. „Der Staat versteht sich selbstherrlich als alles verwaltende Obrigkeit." (Ott/Winkel 1985, S. 14) ADAM SMITH kritisiert den **Merkantilismus** folgendermaßen :

> „Er hemmt den Fortschritt der Nation zu wirklichem Reichtum und wirklicher Größe, statt ihn zu beschleunigen, und vermindert den wirklichen Wert des jährlichen Produktes seines Bodens und seiner Arbeit, statt ihn zu vermehren. (Smith 1913 II, S. 160)

Der **ökonomische Liberalismus** begründete theoretisch, daß freie Bürger, die durch ihren natürlichen Egoismus motiviert, aber auch durch Gesetze und Moral kontrolliert, den individuellen und auch den gesellschaftlichen Wohlstand besser befördern können, als der Staat es durch Wirtschaftspolitik und Dirigismus vermag. Unter den Bedingungen des Wettbewerbs werden die einzelwirtschaftlichen Pläne auf Märkten so koordiniert, daß ein individuelles und gesellschaftliches Optimum realisiert werden kann. Freiheit, Wohlstand und Gerechtigkeit werden am ehensten erreicht, wenn man den Bürgern einen großen Freiheitsspielraum gewährt, ihnen aber auch die Verantwortung für ihr Handeln überträgt.

> „Räumt man also alle Begünstigungs- oder Beschränkungssysteme völlig aus dem Wege, so stellt sich das klare und einfache System der natürlichen Freiheit von selbst her. Jeder Mensch hat, solange er nicht die Gesetzes der Gerechtigkeit übertritt, vollkommene Freiheit, sein Interesse auf seine eigene Weise zu verfolgen und seine Industrie sowohl als sein Kapital mit der Industrie und den Kapitalien anderer Menschen oder anderer Klassen von Leuten in Konkurrenz zu bringen.“ (Smith 1913 II, S. 160)

Der **Staat** soll sich auf drei Aufgaben konzentrieren: Er soll Sicherheit und Ordnung herstellen, öffentliche Güter bereitstellen, die der private Sektor aus Mangel an Gewinnaussichten nicht produzieren würde, und „eine genaue Rechtspflege“ aufrechterhalten, d.h. die freie Verfügbarkeit des Einzelnen über seine Arbeit und sein Eigentum garantieren, Vertrags-, Konsum-, Berufs-, Gewerbe-, Niederlassungs- und Wettbewerbsfreiheit schützen.

Ausgehend von der bereits von DAVID HUME (1711 - 1776), dessen Werk ADAM SMITH sehr stark beeinflußt hat, formulierten These, daß die **menschliche Arbeit** - und nicht die Natur, wie die Physiokraten in Frankreich annahmen - die Quelle des individuellen und gesellschaftlichen Wohlstands sei, suchte ADAM SMITH nach Wegen, die menschliche Arbeit effektiver zu gestalten, ihre Produktivität zu erhöhen. Er erkannte zwei sich gegenseitig bedingende Möglichkeiten: die Arbeitsteilung (Stecknadelbeispiel, Hufnagelbeispiel) und der Einsatz von Maschinen, d.h. Produktivkapital.

Arbeitsteilige Produktion bedingt den Austausch der Produkte auf Märkten. Es ist deshalb konsequent, wenn sich die klassischen Ökonomen sehr intensiv mit den Problemen von Wert und Preis der Güter, von Angebot und Nachfrage, der Preisbildung und der Marktkoordination über den Wettbewerb auseinander gesetzt haben. Dies ist die eigentliche wissenschaftliche Leistung von ADAM SMITH: Er erkannte die produktivitätssteigernden Potentiale der ökonomischen Freiheit und der Industrialisierung und er entdeckte den freien Wettbewerb als gesamtwirtschaftliches Kontroll-, Koordinations- und Steuerungsinstrument auf den Märkten.

2.2.2 Marktpreis und natürlicher Preis

Die klassische Theorie unterscheidet den Marktpreis und den natürlichen Preis eines Gutes. Der **Marktpreis** ergibt sich durch das Zusammenspiel von tatsächlichem Angebot und wirksamer Nachfrage auf dem Markt:

> „Der Marktpreis einer Ware (wird) bestimmt durch das Verhältnis zwischen der Quantität, welche wirklich zu Markte gebracht wird, und der Nachfrage derer, welche ihren natürlichen Preis ... zu bezahlen geneigt sind.“ (Smith 1913 I, S. 31)

Der **natürliche Preis** entspricht dem Wert der durchschnittlichen Faktoraufwendungen, die zur Herstellung des Gutes erforderlich sind und ihren Besitzern als Einkommen die Reproduktionskosten - nicht mehr und nicht weniger - ersetzen.

> „Wenn der Preis einer Ware weder höher noch niedriger ist, als er sein muß, um die Grundrente, den Arbeitslohn und den Gewinn des auf Erzeugung, Bereitung und Feilbietung verwendeten Kapitals nach ihrem natürlichen Satze zu bezahlen, so wird die Ware für den Preis verkauft, welchen man ihren natürlichen nennen kann." (Smith 1913 I, S. 31)

Mit dieser Definition vollzieht SMITH einen für die ökonomische Werttheorie entscheidenden Schritt von der physischen Arbeitswertlehre, die er mit seinem berühmten Beispiel „Ein Biber ist zwei Hirsche wert" verdeutlicht, zur monetären Faktorkostenlehre, zur „Wertfaktoren-Theorie". (Immler 1985, S. 84 f.) Ein Gut entsteht durch den kombinatorischen Einsatz von bestimmten physischen Einsatzmengen der Produktionsfaktoren Arbeit, Boden und Kapital; die Höhe des (objektiven) Wertes des Gutes wird bestimmt durch die **Preise** der Produktionsfaktoren. Lohn, Bodenrente, Zins und Gewinn sind die Bestandteile des Tauschwertes und gleichzeitig die Einkommen der Faktorbesitzer. Der langfristige Durchschnitt der Faktorpreise kann gewissermaßen als „natürlicher" Faktorpreis definiert werden. Die natürlichen Faktorpreise können sich langfristig ändern, sie hängen vom gesellschaftlichen Zustand und den wirtschaftlichen, sozialen und technologischen Bedingungen und Entwicklungen ab, die ADAM SMITH als exogene Größen betrachtet. Der natürliche Preis eines Gutes, der auf den natürlichen Faktorpreisen dieses Gutes beruht, entspricht dem Wert des Gutes und gilt als „gerechter" Preis, weil jeder, der an der Produktion des Gutes mitwirkt, seinen gerechten Anteil erhält.

2.2.3 Der dynamische Wettbewerbsprozeß der Preisbildung

Die klassische Ökonomie geht bei der Erklärung des Tauschwertes (d.h. des Marktpreises) davon aus, daß die wirksame (also mit Kaufkraft ausgestattete) Nachfrage auf ein tatsächliches Güterangebot trifft. Ist das Angebot kleiner als die wirksame Nachfrage, bildet sich zunächst ein Marktpreis, der **über** dem natürlichen Preis liegt, weil die Nachfrager sich im Wettbewerb befinden und sich gegenseitig überbieten. **Langfristig** jedoch vollzieht sich ein gegenläufiger Anpassungsprozeß: Weil der Marktpreis im Verhältnis zum natürlichen Preis relativ hoch ist, erzielen die Anbieter einen Zusatzgewinn, der weitere Konkurrenten auf die Produktion dieses Gutes und auf diesen Markt lenkt. Das Güterangebot steigt und der Marktpreis sinkt, bewegt sich in die Richtung des natürlichen Preises (vgl. Abb. 2-1).

Der Marktpreis kann durchaus **unter** den natürlichen Preis sinken. Werden im Verhältnis zur wirksamen Nachfrage zu viele Güter angeboten, dann drückt der Wettbewerb der Anbieter den Marktpreis nach unten. Aber auch durch diese Konstellation wird ein gegenläufiger Anpassungsprozeß eingeleitet: Weil der niedrige Marktpreis bei einigen Anbietern die Kosten nicht mehr deckt, werden sie den Markt verlassen; das Angebot sinkt, der Marktpreis steigt. (An die Möglichkeit, daß bei einem zu niedrigen Marktpreis die wirksame Nachfrage steigen könnte, denkt SMITH nicht, weil er unterstellt, daß nur der natürliche Preis die Kosten der Produktion angemessen deckt.)

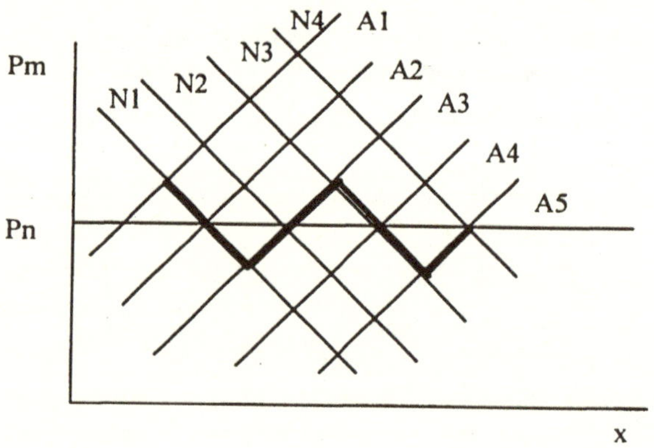

Abb. 2-1: Dynamischer Preisbildungsprozeß der klassischen Theorie

Langfristig bewegen sich die Marktpreise der Güter um ihre natürlichen Preise: „Der natürliche Preis ist also sozusagen der Zentralpreis, gegen den die Preise aller Waren beständig gravitieren." (Smith 1913 I, S. 32) Die durch den Wettbewerb der Anbieter und Nachfrager auf den Märkten verursachten Anpassungsprozesse führen langfristig von selbst, gewissermaßen automatisch, zu optimalen einzelwirtschaftlichen und gesamtwirtschaftlichen Marktergebnissen:

- Die produzierte Menge eines jeden Gutes entspricht der wirksamen Nachfrage bei jedem Gut, es werden weder Überschüsse noch Defizite produziert.
- Die Marktpreise entsprechen ihren natürlichen Preisen, die sich jeweils aus den Faktorkosten zu natürlichen Faktorpreisen zusammensetzen.

Demzufolge ist das optimale Marktergebnis auch verteilungspolitisch gesehen gerecht: Die Nachfrager zahlen gerechte Preise, und die Anbieter und die Besitzer der Produktionsfaktoren werden gerecht entlohnt.

Dies ist das berühmte Bild von der **„invisible hand"**, die dafür sorgt, daß einzelwirtschaftliches Erwerbsstreben nicht nur zu einzelwirtschaftlichem Wohlstand, sondern auch zum „Reichtum der Nationen" beiträgt, ohne daß es der einzelne merken oder beabsichtigen würde:

> „... so arbeitet auch jeder notwendig dahin, das jährliche Einkommen der Nation so groß zu machen, als er kann. Allerdings ist es in der Regel weder sein Streben, das allgemeine Wohl zu fördern, noch weiß er auch, wie sehr er dasselbe befördert. ... indem er diesen seinen Gewerbsfleiß so leitet, daß sein Produkt den größten Wert erhalte, beabsichtigt er lediglich seinen eigenen Gewinn und wird in diesen wie in vielen anderen Fällen von einer unsichtbaren Hand geleitet, daß er einen Zweck befördern muß, den er sich in keiner Weise vorgesetzt hatte. ... Verfolgt er sein eigenes Interesse, so befördert er das der Nation weit wirksamer, als wenn er dieses wirklich zu befördern die Absicht hätte." (Smith 1913 II, S. 17)

2.2.4 Monopole und Wettbewerbsbeschränkungen

Die klassischen Ökonomen übersehen keineswegs, daß dieser optimale Koordinations- und Preisbildungsprozeß durch zahlreiche Faktoren gestört werden kann, aber diese Faktoren sind nicht dem „System der natürlichen Freiheit" immanent, sondern stören es. So beschreibt ADAM SMITH eindrucksvoll die nachteiligen Wirkungen des **Angebotsmonopols**:

> „Indem die Monopolisten den Markt ständig dadurch schlecht versorgt halten, daß sie die wirksame Nachfrage nie völlig befriedigen, verkaufen sie ihre Waren weit über dem natürlichen Preise und treiben ihre Vorteile, mögen sie nun in Arbeitslohn oder Profit bestehen, weit über den natürlichen Satz hinaus." (Smith 1913 I, S. 34 f.)

ADAM SMITH beklagt sich auch darüber daß sich Anbieter untereinander absprechen, d.h. den Wettbewerb beschränken, und dies gesetzlich auch nicht zu verhindern ist:

> „Leute von demselben Gewerbe kommen selten auch nur zum Vergnügen zusammen, ohne daß ihre Unterhaltung mit einer Verschwörung gegen das Publikum oder einem Plane zur Erhöhung der Preise endigt. Es ist allerdings nicht möglich, solchen Zusammenkünften durch ein Gesetz vorzubeugen, daß sich ausführen ließe oder mit Freiheit und Gerechtigkeit verträglich wäre." (Smith 1913 I, S. 75)

Ebenso können Geschäftsgeheimnisse nicht gerechtfertigte Profite entstehen lassen. Besonders werden die staatlichen Privilegien und die Zunftordnungen der merkantilistischen Wirtschaftspolitik kritisiert, die zu überhöhten Preisen und hohen Marktzutrittsschranken führen. Aus diesen Beispielen können die **Bedingungen für einen funktionsfähigen dynamischen Wettbewerbsprozeß** im klassischen System der natürlichen Freiheit abgeleitet werden. Die optimalen Marktergebnisse können nur unter folgenden Bedingungen entstehen:

- Entscheidungs- und Handlungsfreiheit der Anbieter und Nachfrager,
- eine hinreichend große Zahl rivalisierender Marktteilnehmer,
- flexible Güter- und Faktorpreise und eine ausreichende Mobilität der Produktionsfaktoren,
- offene Märkte, d.h. freier Marktzutritt und Marktaustritt,
- ausreichende Markttransparenz und Informationsmöglichkeiten,
- keine Absprachen und Kartelle,
- keine staatlichen Eingriffe und Regulierungen in den Marktprozeß, sondern nur ein Rechtsrahmen zur Sicherung der Freiheit im Staat und der Freiheit vom Staat.

Neben der Unterstützung des optimalen Preisbildungsprozesses fällt dem Wettbewerb in der klassischen Theorie auch die **dynamische** Funktion, den technischen und ökonomischen Fortschritt durchzusetzen, zu. Dies wird durch fortschrittliche Unternehmen erreicht, die neue Technologien, Produkte und Produktionsverfahren, neue Organisationsformen durchsetzen und neue Märkte erschließen. Wenn solche Unternehmen zeitlich begrenzte Monopolgewinne erzielen, ist dies als Lohn für die Pionierleistungen durchaus gerechtfertigt, wie es A. SMITH z.B. beim Aufbau neuer Handelsbeziehungen im Ausland beschreibt.

Man kann feststellen, daß die klassische Ökonomie die **Bedeutung des Wettbewerbs** für die Funktionsfähigkeit des marktwirtschaftlichen Systems in vollem Umfang erkannt hat. Der Wettbewerb als Motor für die Steigerung der Produktivität und des „Reichtums der Nationen“, als Instrument, ökonomisch optimale und gerechte Marktergebnisse zu erzielen und den wirtschaftlichen und technischen Fortschritt zu erzwingen. Wenn auch die These von der Harmonie einzel- und gesamtwirtschaftlicher Interessen heute insgesamt nicht mehr akzeptiert werden kann, so sind doch viele Elemente der modernen dynamischen Wettbewerbstheorie bei den Klassikern bereits zu entdecken. ADAM SMITH interpretiert den Wettbewerb nicht als einen auf ein statisches Gleichgewicht zielenden Anpassungsprozeß, sondern als einen dynamischen Prozeß aus vorstoßender Aktion und imitierenden oder überholenden Reaktionen der Wettbewerber. Allerdings glaubt SMITH, daß sich die aus diesem Prozeß ergebenden Vorsprungsgewinne und Marktanteilszuwächse jeweils nur kurzfristig halten lassen; der Markt findet stets wieder zum „natürlichen Preis", zum Normalzustand des natürlichen Gleichgewichts, zurück. (Neumann 1982, S. 40 ff.)

Aber die Klassiker haben noch nicht nach den Bedingungen gefragt, unter denen dieser funktionsfähige Wettbewerb entstehen kann und wie er aussehen soll. Dieses Problem stand im Zentrum der weiteren Überlegungen, die zur neoklassischen statischen Theorie der vollkommenen Konkurrenz geführt haben. Ein fast hundert Jahre währender Irrweg, den die Wettbewerbstheorie gegangen ist. „Die wohlfahrtstheoretischen Folgerungen, die an das klassische Konzept des freien Wettbewerbs geknüpft wurden, führten zur Erarbeitung der Voraussetzungen des stationären Gleichgewichtsmodells der vollständigen Konkurrenz und damit zu einer weitgehenden Preisgabe der ursprünglichen wirtschaftsphilosophischen Basis." (Schmidt 1993, S. 5)

2.3 Die neoklassische statische Theorie der vollkommenen Konkurrenz

2.3.1 Die Folgen der Industrialisierung und des Frühkapitalismus in der Analyse von Karl Marx

Nachdem in der ersten Hälfte des 19. Jh. die negativen sozialen Folgen der Industrialisierung und des Laissez-faire-Kapitalismus offenkundig geworden waren, hatte KARL MARX die tatsächlichen und vermeintlichen Fehler dieses Systems erkannt und die zwangsläufige Ablösung des kapitalistischen Wirtschaftssystems durch den Sozialismus prophezeit und theoretisch begründet. Die Marxsche „Theorie des wissenschaftlichen Sozialismus" beruht im wesentlichen auf folgenden Hypothesen:

- Die **dialektische Interpretation der Menschheitsgeschichte**, wonach die Entwicklung der menschlichen Gesellschaften stets durch die Auseinandersetzung zweier gegensätzlicher Klassen vorangetrieben werde: Die Klasse der Ausgebeuteten kämpft gegen die Klasse der Ausbeuter, bis es den Ausgebeuteten gelingt, durch eine Revolution die gesellschaftlichen Verhältnisse zu ihren Gunsten zu verändern und die gesellschaftspolitischen Gründe ihrer Ausbeutung zu beseitigen. Aber auch das neue Gesellschaftssystem ist durch zwei gegensätzliche Klassen geprägt.

- Die **Arbeitswertlehre**, wonach die menschliche Arbeit die einzige wertschöpfende Kraft ist, und der Wert eines Gutes dem Maß an (gesellschaftlich notwendiger) Arbeit entspricht, das zu seiner Reproduktion aufgewendet werden muß (objektivistische Werttheorie).

- Die **Ausbeutungsthese**, wonach im Kapitalismus die Klasse der Arbeiter (der Proletarier) durch die Klasse der Kapitalisten (der Bourgeoisie) ausgebeutet wird, indem ihnen der Mehrwert ihrer Arbeit vorenthalten wird. Die Arbeiter erhalten mit dem Lohn nur den Tauschwert Ihrer Arbeit, d.h. den Reproduktionskostenwert ihrer Arbeitskraft, aber nicht den Tauschwert der mit ihrer Arbeitskraft hergestellten Produkte, den die Kapitalisten als Profit für sich selbst beanspruchen.

- Die **Akkumulationsthese** und die **Konzentrationsthese**, wonach die Kapitalisten, um den Mehrwert zu realisieren, im scharfen **Wettbewerb** stehen. Das Profitstreben der Kapitalisten führt dazu, daß sie wesentliche Teile des realisierten Mehrwertes immer wieder investieren müssen, um das Verhältnis von Mehrwert zum eingesetzten Gesamtkapital (so bezeichnet MARX die Lohnkosten und Kapitalkosten einer Periode), d.h. die Profitrate zu verbessern. Aber durch den kapitalistischen Wettbewerb gleichen sich die einzelwirtschaftlichen Profitraten immer wieder an, langfristig wird die Profitrate der Kapitalisten sinken. MARX unterstellt, daß sich die Verwertungschancen des Kapitals stetig verschlechtern werden. Die Akkumulation des Kapitals und der kapitalistische Wettbewerb haben zwei gesellschaftliche Folgen: die **Zentralisation** des Kapitals, weil sich nur immer weniger, aber immer größer werdende Unternehmen im Wettbewerb behaupten können, und die **Verelendung** der Arbeiterklasse. Dies führt zwangsläufig zum Zusammenbruch des Wirtschaftssystems.
- Die **Zusammenbruchsthese**: Die Kapitalisten können den Mehrwert nur vergrößern, wenn sie durch Investitionen Arbeitskraft ersetzen, d.h. die Produktivität steigern. Dies führt zu sinkenden Löhnen und steigender Arbeitslosigkeit. Die „industrielle Reservearmee" wird immer größer. Da den Arbeitern immer weniger Einkommen zur Verfügung steht, ergeben sich Absatzkrisen, die den kapitalistischen Konkurrenzkampf verstärken. Kleinere Unternehmen müssen aufgeben, reihen sich nach und nach in die „industrielle Reservearmee" ein. In den großen Unternehmen konzentriert sich das Kapital.

Die Entwicklung führt zwangsläufig dazu, daß das Grundübel des Kapitalismus, das Privateigentum an den Produktionsmitteln, durch eine Revolution abgeschafft und die bürgerliche Eigentumsordnung durch den Sozialismus abgelöst werden wird.

Daß diese Prophezeihung bis heute nicht eingetroffen ist, im Gegenteil, die realsozialistischen Systeme auf der Welt zusammengebrochen sind, liegt nicht daran, daß MARX die Realität des Frühkapitalismus nicht richtig analysiert hat, sondern daß bestimmte gesellschaftspolitische Strategien (Gewerkschaftsbewegung, Sozialpolitik, Soziale Marktwirtschaft, Tarifautonomie, Mitbestimmung) gegen diese Entwicklung erfolgreicher waren. Darüber hinaus haben die realsozialistischen Gesellschaftssysteme mit staatlicher Befehlswirtschaft die Freiheit der Menschen so eingeschränkt und die Menschen und die volkswirtschaftlichen Ressourcen in einer Weise ausgebeutet, daß sie schließlich selbst die Überwindung dieser „staatskapitalistischen" Systeme herbeigeführt haben.

In unserem Zusammenhang ist interessant zu erkennen, wie realistisch KARL MARX den **kapitalistischen Wettbewerbsprozeß** als Auslese-, Verdrängungs- und Konzentrationsprozeß im gesamtwirtschaftlichen Zusammenhang gesehen hat. Für ihn war Wettbewerb zwar der Motor, der letztlich das klassische marktwirtschaftliche System aushöhlte und seinen zwangsläufigen Untergang herbeiführte, aus **wettbewerbstheoretischer** Sicht ist seine Analyse des Wettbewerbsprozesses und der Wettbewerbsbeschränkungen sehr bedeutend, aber von der bürgerlichen Ökonomie weitgehend unbeachtet geblieben.

2.3.2 Eine Reaktion der bürgerlichen Ökonomie: Neoklassische Preistheorie

Interessant ist, wie die bürgerliche Ökonomie auf diese systemsprengende Theorie reagiert hat. Die **historische Schule** (BRUNO HILDEBRAND 1812 - 1886, GUSTAV FRIEDRICH VON SCHMOLLER 1838 - 1917, KARL BÜCHER 1847 - 1930) wandte sich gegen die dialektische Geschichtsinterpretation, indem sie andere Erklärungsmuster und Theorien (z.B. Stufentheorien) für die wirtschaftliche Entwicklung erarbeitete. Die **Kathedersozialisten** (GUSTAV SCHMOLLER 1838 - 1917, ADOLPH WAGNER 1835 - 1917, LUJO BRENTANO 1844 - 1931 u.a.) schlugen u.a. vor, daß die Großfamilie von der sie überfordernden Last der Daseinsvorsorge durch eine staatliche Sozialversicherung entlastet werden sollte. Sie befürworteten im Gegensatz zum klassischen Liberalismus einen begrenzten Staatsinterventionismus. (In diesem Zusammenhang ist die Gründung der deutschen Sozialversicherung im Jahr 1881 zu sehen.) Die **Grenznutzenschule** und die **Neoklassik** wandten sich mit der subjektivistischen Werttheorie gegen die Arbeitswertlehre und mit der Grenzproduktivitätstheorie gegen die Ausbeutungsthese, und sie negierten den volkswirtschaftlichen Konzentrationsprozeß, den KARL MARX so eindrucksvoll beschrieben hat.

2.3.2.1 Bestimmungsfaktoren der Güternachfrage: Grenznutzen und Güterpreis

Nachdem JOHANN HEINRICH GOSSEN (1810 - 1858) den **Grenznutzen** für die ökonomische Theorie entdeckt und mit seinen beiden bekannten Gesetzen die Bedingungen definiert hatte, unter denen ein Haushalt für eine bestimmte Konsumsumme das Nutzenmaximum realisieren kann, entstanden um 1870 unabhängig voneinander drei Werke, die eine **subjektivistische Werttheorie** entwickelten. Der Engländer STANLEY JEVONS (1835 - 1882), der Österreicher CARL MENGER (1840 - 1921) und der Schweizer LÉON WALRAS (1834 - 1910) erklärten übereinstimmend, wenn auch mit unterschiedlichen Begriffssystemen, das **Nachfrageverhalten** nach Gütern aus dem Verhältnis von Grenznutzen und Preis eines Gutes. Solange der Nutzen einer zusätzlich gekauften Gütereinheit, der Grenznutzen ($n = d_N/d_x$) größer als sein Preis (p) ist, kann der Gesamtnutzen (N) noch gesteigert werden. Das **Nutzenmaximum** wird realisiert, wenn ein Haushalt so viele Einheiten der verschiedenen Güter x_1 ... x_i kauft, daß die durch die jeweiligen Marktpreise gewichteten Grenznutzen sich entsprechen (**2. Gossensches Gesetz**).

(1) $$N_{max} = n_1/p_1 = n_2/p_2 = n_3/p_3 \; ..... = n_i/p_i$$

Individuelle Nutzenschätzung und Marktpreis sind auch die die Güternachfrage bestimmenden Determinanten. Da der Grenznutzen eines Gutes mit zunehmendem Verbrauch abnimmt (**1. Gossensches Gesetz**), wird ein Nachfrager immer nur so viele Einheiten eines Gutes kaufen, bis der Nutzen der zuletzt erworbenen Gütereinheit dem Marktpreis entspricht. Mit diesem Argument kann man unter einfachen Prämissen das Nachfrageverhalten auf dem Markt erklären: Mit sinkendem Preis nimmt die nachgefragte Menge zu und umgekehrt (Vgl. Abb. 2-2). Das bekannte **Nachfragegesetz** ist auch in der Realität überprüfbar, obwohl es natürlich Ausnahmen gibt (z.B. Giffenscher Fall, Snobeffekt).

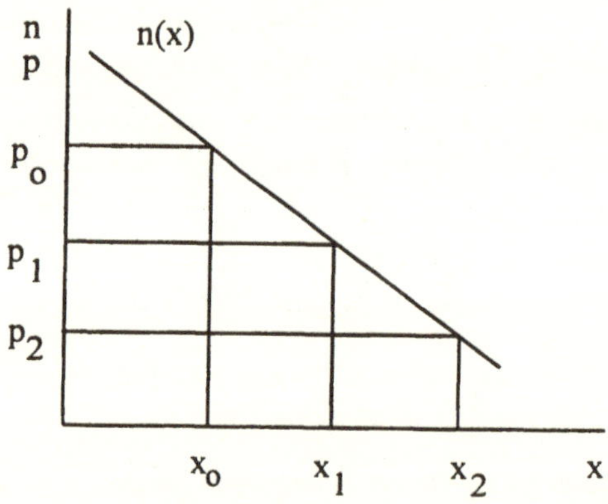

Abb. 2-2: Die Bestimmung der nutzenmaximalen Nachfragemenge nach einem Gut x

2.3.2.2 Bestimmungsfaktoren des Güterangebots: Grenzerlöse und Grenzkosten

Die Grundlagen für die Bestimmung des **Angebotsverhaltens** wurden bereits von ANTOINE AUGUSTIN COURNOT (1801 - 1877) gelegt, von F. W. TAUSSIG (1859 - 1940) und ALFRED MARSHALL (1842 - 1924) weiterentwickelt. Das Güterangebot wird bestimmt durch das Verhältnis von Grenzkosten (k = dk/dx) zu Grenzerlösen (e = de/dx) eines Gutes (vgl. Abb 2-3).

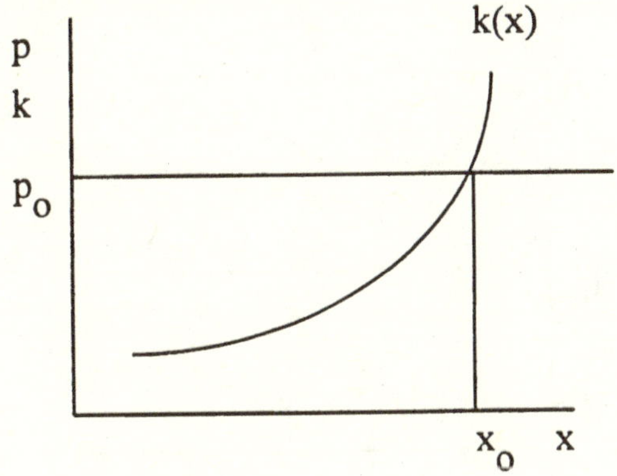

Abb. 2-3: Bestimmung der gewinnmaximalen Angebotsmenge für ein Gut x

Wenn Anbieter ihren **Gewinn maximieren** wollen, müssen sie so viele Gütereinheiten absetzen, bis die zuletzt verkaufte Einheit soviel kostet, wie durch ihren Verkauf erlöst wird (x_0). (Vgl. Abb. 2-3) Dabei werden entsprechend der ertragsgesetzlichen Produktionsfunktion **steigende Grenzkosten** vorausgesetzt.

(2) $G_{max} = de/dx = dk/dx$

Jeder Anbieter kann seine gewinnmaximale Angebotsmenge somit eindeutig bestimmen. Da die Grenzkosten von einer bestimmten Produktionsmenge an steigen (Ertragsgesetz), kann man unter einfachen Prämissen ebenso das Angebotsverhalten erklären: Die angebotene Menge steigt mit steigendem Marktpreis. Auch dieses bekannte **Angebotsgesetz** ist in der Realität nachprüfbar.

2.3.2.3 Die Bestimmungsfaktoren der Faktornachfrage: Grenzproduktivität und Faktorpreis

Für die Nachfrage nach **Produktionsfaktoren** wurde von englischen Nationalökonomen (JOHN BATES CLARK 1847 - 1938 und ALFRED MARSHALL) um 1900 als Antwort auf die sog. „Ausbeutungsthese" von KARL MARX die **Grenzproduktivitätstheorie** entwickelt. MARX unterstellte, daß allein der Produktionsfaktor **Arbeit** wertschöpfende Kraft sei. Die Grenzproduktivitätstheoriker halten dem entgegen, daß **drei Produktionsfaktoren** Arbeit, Boden und Kapital zum Wertschöpfungsprozeß beitragen, und daß deren Faktorleistungen unter Wettbewerbsbedingungen auch entsprechend ihres Marktwertes leistungsgerecht entlohnt werden.

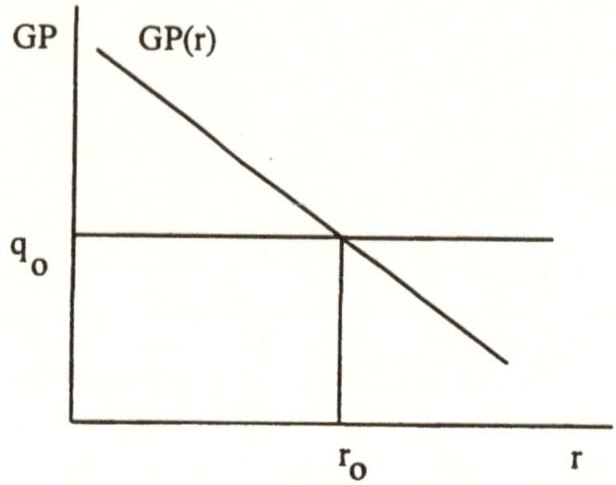

Abb. 2-4: Die Bestimmung der produktivitätsmaximalen Faktormenge eines Produktionsfaktors r

Dabei wird unterstellt, daß die Nachfrager nach Faktorleistungen (r_1 ... r_i) unter dem Druck des Wettbewerbs ökonomisch rational handeln, und daß die Grenzleistungsfähigkeit der Produktionsfaktoren, ihre Grenzproduktivität (GP = dx/dr) mit zunehmendem Einsatz abnimmt. Unter diesen Bedingungen wird ein Produzent nur so viele Einheiten eines Produktionsfaktors einsetzen (r_o), bis die Leistung der zuletzt eingesetzten Faktoreinheit, das Grenzwertprodukt, dem Preis dieser Faktoreinheit (q_o) (z.B. Lohn) entspricht. (Vgl. Abb. 2-4)

Wenn ein Unternehmen auf allen Faktormärkten die Bedingung „Grenzwertprodukt = Grenzkosten" realisiert, erzielt es theoretisch das **Gewinnmaximum** für eine bestimmte Produktionsmenge. Unter Wettbewerbsbedingungen erfüllt diese Regel auch die gesellschaftspolitische Forderung, daß Faktoreinkommen in einer Marktwirtschaft leistungsgerecht und für die gleiche Leistung gleich verteilt werden sollen. Wettbewerb verhindert demzufolge, daß nichtleistungsgerechte Einkommen wie z.B. eine Monopolrente entstehen können. Eine Ausbeutung findet nicht statt.

FUSFELD bemerkt hierzu, daß die Auseinandersetzung mit der bis dahin von allen Ökonomen anerkannten Arbeitswertlehre nicht von wissenschaftlichem Erkenntnisdrang geprägt war, sondern eindeutig **ideologisch** gegen die Theorie von KARL MARX gerichtet war:

„... die Arbeitswerttheorie (war) Teil des anerkannten Kanons volkswirtschaftlicher Ideen, solange sie für die Ideologie des Kapitalismus nützlich war. Als Marx diese

> Funktion zerstörte, wurde sie aufgegeben und durch eine Grenznutzentheorie ersetzt, mit der man die Theorie des freien Marktes unterstützen und außerdem die Marxisten prügeln konnte." (Fusfeld 1975, S. 126)

Damit rückte die Frage, wie sich Preise auf den Güter- und Faktormärkten bilden, in den Vordergrund des wissenschaftlichen Interesses. MARSHALL verband das Grenznutzenprinzip der Nachfrageseite mit dem Grenzkostenprinzip der Angebotsseite auf dem **Gütermarkt** und untersuchte die Bedingungen, unter denen ein Marktgleichgewicht in der Form eines Gleichgewichtspreises zustande kommt.

2.3.3 Das Modell der vollkommenen Konkurrenz

2.3.3.1 Die Prämissen

Für die Entwicklung der Wettbewerbstheorie ist die Tatsache entscheidend, daß die Neoklassiker immer noch von der klassischen Vorstellung ausgingen, eine Volkswirtschaft bestünde aus lauter **kleinen** Anbietern und Nachfragern. Angesichts der gewaltigen Unternehmens- und Kapitalkonzentration in der zweiten Hälfte des 19. Jahrhundert eine ungeheuer blauäugige Vorstellung, wenn man weiß, wie eindrucksvoll KARL MARX den Konzentrationsprozeß bereits beschrieben hatte. Besteht ein Markt aus vielen Marktteilnehmern, dann ist der jeweilige Marktanteil so klein, daß der Einzelne keinen Einfluß auf den Marktpreis haben kann. Die Marktteilnehmer betrachten den Marktpreis als **Datum**, sie können lediglich als **Mengenanpasser** auf den Märkten agieren.

Für das Marktverhalten eines Mengenanpassers und die Marktstruktur eines zweiseitigen Polypols (atomistische Marktstruktur mit vielen Anbietern und Nachfragern) wurde nun nach einem Modell gesucht, in dem die Anbieter und Nachfrager ihre Entscheidungen ausschließlich am vorgegebenen Marktpreis orientieren. Andere Entscheidungsparameter (z.B. Qualität, Standort, Lieferzeit, Präferenzen usw.) wurden systematisch „wegdefiniert". So entstand das **Modell der „vollkommenen Konkurrenz"**, für das folgende Prämissen gesetzt werden:

- **Homogenität der Güter:** Auf dem Markt wird ein Gut gehandelt, das weder Qualitätsunterschiede noch Produktdifferenzierung aufweist.
- **Abwesenheit von Präferenzen:** Alle Marktteilnehmer kennen keine Bevorzugungen zeitlicher, räumlicher oder persönlicher Art.
- **Vollständige Markttransparenz:** Alle Marktteilnehmer sind jederzeit vollständig über das Marktgeschehen informiert.
- **Unendlich hohe Reaktionsgeschwindigkeit:** Alle Marktteilnehmer reagieren sofort auf Veränderungen des Marktpreises.

- **Offene Märkte:** Es bestehen keine Marktzutritts- oder Marktaustrittsschranken; jedes Wirtschaftssubjekt kann als Anbieter oder Nachfrager auf dem Markt auftreten oder ihn verlassen.

2.3.3.2 Das Marktgleichgewicht

Unterstellt man nun ein typisches Verhalten der Nachfrager und Anbieter in bezug auf ein bestimmtes Gut x, kann der Markt mit folgendem Gleichungssystem beschrieben werden:

(3) Nachfrageverhalten: $x_N = x_N(p)$; $x_N = a - bp$, wobei $a > 0$ und $b > 0$;

(4) Angebotsverhalten: $x_A = x_A(p)$; $x_A = c + dp$, wobei $c > 0$ und $d > 0$;

(5) Gleichgewichtsbedingung: $x_N(p) = x_A(p)$

$a - bp = c + dp$

(6) Gleichgewichtspreis: $p_0 = (a - c) / (b + d)$

Die Lösung des Gleichgewichtssystems führt zum **Gleichgewichtspreis p_0**, bei dem die angebotene und die nachgefragte Menge übereinstimmt. Die vollkommene Konkurrenz bewirkt, daß sich ein **statisches Marktgleichgewicht** einstellt. Mit der grafischen Lösung des Modell können die Eigenschaften des Marktgleichgewichts eindrucksvoll demonstriert werden (vgl. Abb. 2-5).

Im **Marktgleichgewicht**

- entspricht die angebotene Menge der nachgefragten Menge, es entsteht weder Überproduktion noch Unterversorgung. „Der Gleichgewichtspreis ist derjenige Preis, der den Markt räumt." (RÖPKE 1961, S. 192)
- Die umgesetzte Menge und der wertmäßige Umsatz sind **maximal**; bei jedem anderen Marktpreis wären verkaufte Menge und Umsatz kleiner; die größte Zahl an Nachfragern und Anbietern können Verträge abschließen.
- Das Marktgleichgewicht stellt sich durch den vollkommenen Wettbewerb **automatisch** (eben: „von unsichtbarer Hand" Adam Smith) ein: Ist der Marktpreis zu hoch, entsteht ein Angebotsüberhang ($x_A > x_N$), und der Anbieterwettbewerb sorgt für Preissenkungen; ist der Marktpreis zu niedrig, entsteht ein Nachfrageüberhang ($x_N > x_A$), und der Nachfragerwettbewerb sorgt für Preiserhöhungen, bis das Gleichgewicht erreicht wird.

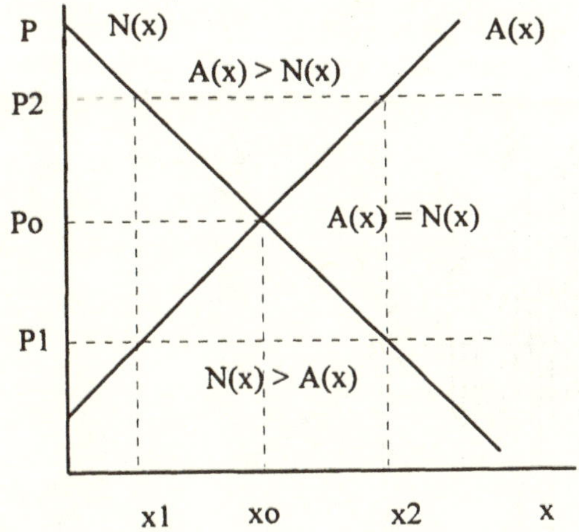

Abb. 2-5: Marktgleichgewicht bei vollkommener Konkurrenz

- Der „vollkommene" Wettbewerb trifft die **„richtige" Auslese** (vgl. Abb. 2-6): Anbieter, die einen zu hohen Preis verlangen, weil sie mit zu hohen Kosten produzieren (Strecke GF), und Nachfrager (Strecke GE), die den Wert des Gutes in Relation zum Gleichgewichtspreis zu gering einschätzen, werden negativ sanktioniert, sie werden vom Markt ausgeschlossen.
- Die Anbieter und Nachfrager, die zum Gleichgewichtspreis Verträge abschließen, werden positiv sanktioniert: Die Anbieter erzielen ein **Gewinnmaximum**, weil sie jeweils ihre gewinnmaximale Menge verkaufen können, und erzielen darüber hinaus (bis auf den letzten Anbieter) eine Produzenten- oder Verkäuferrente. Sie werden noch besser gestellt als sie es erwartet hatten. (Fläche ABG). Die Nachfrager erzielen ein **Nutzenmaximum**, weil sie jeweils ihre nutzenmaximale Menge kaufen können, und erzielen darüber hinaus (bis auf den letzten Nachfrager) eine Konsumenten- oder Käuferrente. Sie werden auch besser gestellt, als sie erwartet hatten (Fläche BCG)

Das Marktgleichgewicht im Modell der vollkommenen Konkurrenz ist ein idealer Zustand. Aber auch Gleichgewichtsstörungen werden souverän gemeistert: Über die dadurch entstehenden Angebots- oder Nachfrageüberhänge findet das Modell stets zu einem neuen Marktgleichgewicht Das System ist stabil. MARSHALL behauptete darüber hinaus, daß **kurzfristig** (bei konstanten Faktorkapazitäten) zwar Gewinne entstehen können, die über die Verzinsung des eingesetzten Geldkapitals (und des Unternehmerlohnes, R.O.) hinausgehen können (Quasirente); in **langfristiger Sicht**, also bei variablen Faktorkapazitäten und offenen Märkten, tendieren diese nichtleistungsbedingten Gewinne gegen Null.

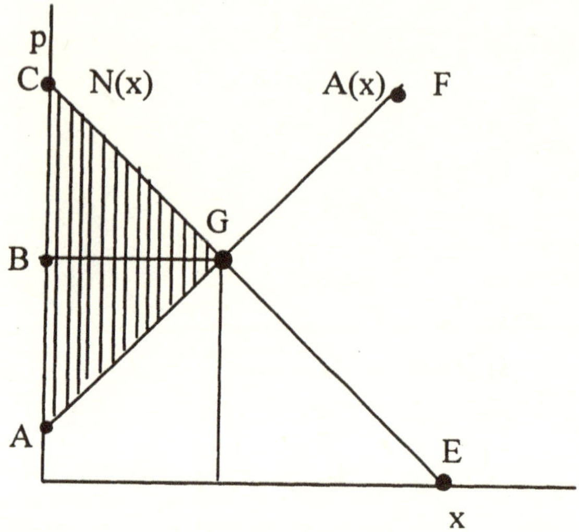

Abb. 2-6: Konsumentenrente und Produzentenrente

Dies bedeutet, daß im Marktgleichgewicht bei vollkommener Konkurrenz auch die Produktionsfaktoren entsprechend ihrer Preise, d.h. ihrer relativen Knappheit, und ihrer Grenzproduktivitäten, d.h. ihrer Leistung, entlohnt werden.

2.3.3.3 Das Angebotsmonopol und die vollkommene Konkurrenz

Die positiven Wirkungen des Wettbewerbs werden in der Preistheorie auch dadurch nachgewiesen, daß der Gleichgewichtslösung bei vollkommener Konkurrenz die Gleichgewichtslösung eines **Angebotsmonopols**, die bereits COURNOT entwickelt hatte, gegenübergestellt wird. Ein Angebotsmonopolist bietet als einziger auf dem Markt ein Gut (x) an, für das keine Substitutionsmöglichkeiten existieren. Er ist mit einer bestimmten Nachfragekurve konfrontiert, die gleichzeitig seine konjekturale Preis-Absatz-Funktion darstellt. Jeder Punkt auf der Nachfragefunktion $x_N(p)$ stellt einen möglichen Absatzplan (definiert durch eine bestimmte Menge und einen bestimmten Preis) dar. Der **Angebotsmonopolist** maximiert seinen Gewinn ohne den Druck des Wettbewerbs unter der Bedingung „Grenzkosten = Grenzerlöse", der **Angebotspolypolist** maximiert seinen Gewinn unter der Bedingung „Grenzkosten = Grenzerlöse = Marktpreis", weil er sich, wie bereits erwähnt, bei vollkommener Konkurrenz als Mengenanpasser verhält (vgl. Abb 2-7).

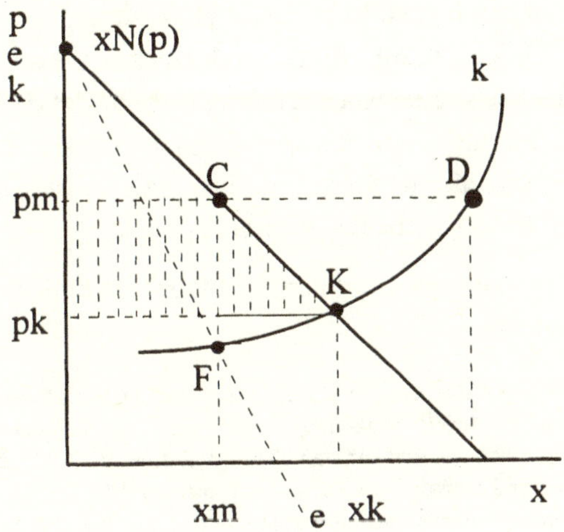

Abb. 2-7: Marktgleichgewicht im Angebotsmonopol und bei vollkommener Konkurrenz

Der **Angebotsmonopolist** maximiert den Gewinn im Schnittpunkt von Grenzerlös- und Grenzkostenkurve (F); er wird die Menge x_m zum Marktpreis p_m verkaufen. Punkt C (der Cournotsche Punkt) repräsentiert den gewinnmaximalen Absatzplan des Angebotsmonopolisten. Der **Mengenanpasser** maximiert im Schnittpunkt von Grenzkosten- und Nachfragekurve (K) den Gewinn; er wird die Menge x_k zum Preis von p_k verkaufen, weil zum Preis x_m unter Konkurrenzbedingungen ein Angebotsüberhang entsteht, durch den der Marktpreis auf p_k sinkt und die abgesetzte Menge auf x_k steigt.

Unter **Konkurrenzbedingungen** wird der Markt mit einer größeren Menge zu einem niedrigeren Preis versorgt. Unter **Monopolbedingungen** verlieren die Nachfrager einen Teil ihrer Konsumentenrente in Höhe der Fläche $p_m C p_k K$, der Monopolist schöpft Konsumentenrente ab und erzielt einen höheren Gewinn. Den gegenüber dem Mengenanpasser erzielten Mehrgewinn bezeichnet man als „**Monopolrente**".

2.3.4 Das Modell der vollkommenen Konkurrenz als wettbewerbspolitisches Leitbild: Theoretischer Anspruch und Realität

Zusammenfassend kann festgestellt werden, daß der Wettbewerb im Modell der vollkommenen Konkurrenz seine Funktionen optimal erfüllt:

- Er koordiniert Angebot und Nachfrage optimal,

- er steuert die Produktion gemäß der Käuferpräferenzen,
- er lenkt die Produktionsfaktoren in die produktivsten Verwendungsbereiche,
- er kontrolliert die Marktteilnehmer auf der gleichen Marktseite
- er trifft eine Auslese zugunsten der wirtschaftlich Stärkeren und
- er sorgt für eine marktleistungsgerechte Einkommensverteilung und verhindert das Entstehen nichtleistungsbedingter Einkommen.

In einem kürzlich erschienenen Lehrbuch für Mikroökonomie wird in diesem Zusammenhang festgestellt:

> „Es ist diese Vorzüglichkeit des Marktergebnisses, die der Marktform der vollständigen Konkurrenz bei freiem Markteintritt und -austritt ihre besondere Bedeutung verleiht. Stellt man sich nämlich vor, daß alle Märkte einer Volkswirtschaft entsprechend organisiert und strukturiert sind, so wird man ähnliche Ergebnisse bei allen Produktions- und Konsumalternativen erwarten dürfen. Das Rationalitätsprinzip wäre quasi flächendeckend gewährt und der ökonomischen Effizienz überall zum Durchbruch verholfen. " (Hillebrand 1992, S. 114)

Diese „Vorzüglichkeit" der Marktergebnisse in der Theorie ist der Grund dafür, daß das Modell der vollkommenen Konkurrenz jahrzehntelang als **Leitbild für die Wettbewerbspolitik** gegolten hat.

Aus heutiger Sicht ist es jedoch unbegreiflich, daß die Ökonomen so lange Zeit ihren Blick vor den Realitäten so verschlossen haben. Die Prämissen für das Modell der vollkommenen Konkurrenz stimmen nur in ganz bestimmten und seltenen Fällen weitgehend mit der Realität überein (z.B. Finanzmärkte), auf den realen Güter- und Faktormärkten sind sie kaum anzutreffen. Und als Leitbild für die Wettbewerbspolitik ist das Modell der vollkommenen Konkurrenz vollkommen ungeeignet, weil seine Prämissen unrealistisch bzw. utopisch sind und den funktionsfähigen Wettbewerb und den technisch-ökonomischen Fortschritt geradezu verhindern:

- **Kleine** Unternehmen können die Vorteile der Massenproduktion nicht realisieren, von ihnen gehen i.d.R. keine Innovationen und kein technischer Fortschritt aus. Wirtschaftswachstum und Wohlstandssteigerung würden mit dieser Marktstruktur kaum zu erzielen sein.

- **Homogene Güter** werden i.d.R. von den Käufern abgelehnt; der Preis ist nicht das einzige Kaufmotiv der Nachfrager. Produktgestaltung und Produktqualität, selbst die Verpackungsgestaltung sind wichtige Parameter im Wettbewerb. Die Prämisse homogener Güter verhindert entscheidende Spielarten des marktwirtschaftlichen Wettbewerbs.

- **Präferenzen** zeitlicher, räumlicher und persönlicher Art können in der Realität nicht verhindert werden. Die Abwesenheit von Präferenzen ist eine utopische

Prämisse. Wirtschaften ist ein Prozeß in Raum und Zeit und ein Interaktionsprozeß von Menschen mit unterschiedlichen Neigungen, Interessen, Fähigkeiten, Geschmacksvorstellungen und Zielen.

- **Vollkommene Markttransparenz** ist entweder utopisch oder wettbewerbsschädlich: Das Marktgeschehen in Raum und Zeit ist vielschichtig und kompliziert. Marktinformationen sind ein knappes Gut, für dessen Verfügbarkeit die Wirtschaftssubjekte Kosten aufwenden müssen, wozu sie nicht alle im gleichen Maße bereit sein werden. Vollkommene Markttransparenz verhindert Wettbewerb, weil Marktteilnehmer mit dem gleichen Informationsstand sich auch rational gleich verhalten müßten.
- **Unendlich hohe Reaktionsgeschwindigkeit** ist ebenfalls eine unrealistische und utopische Prämisse, weil wirtschaften ein zeitlich ablaufender Prozeß ist, in dem die Wirtschaftssubjekte mit Zeitverzögerungen reagieren müssen.

Die Frage, warum die Ökonomie jahrzehntelang am Leitbild der vollkommenen Konkurrenz festgehalten hat, kann heute nur spekulativ beantwortet werden. Für die einen ist es die wissenschaftliche Verblendung der Forscher, die sich in den Elfenbeinturm der logischen Preistheorie zurückgezogen haben. Sie haben sich von der Brillanz ihrer immer komplizierter werdenden mathematischen Modelle blenden lassen und den Blick gegenüber den Marktrealitäten verschlossen. Die Realität sollte der Theorie unterworfen werden, und die Politik sollte dies bewerkstelligen. Selbst wenn Forscher Realitäten berücksichtigt haben (z.B. Joan ROBINSON oder E. H. CHAMBERLIN), sprachen sie nur von „Marktunvollkommenheiten", „imperfect" bzw. „monopolistic competition", hielten aber stets am Leitbild der „vollkommenen Konkurrenz" fest. Die **Realität** war unvollkommen, nicht die Theorie. HELMUT ARNDT, der große Wettbewerbstheoretiker, hält das Modell der vollkommenen Konkurrenz für einen „Irrweg der Ökonomie", er fällt ein vernichtendes Urteil:

> „Das zeit- und raumlose Modell der sog. 'vollkommenen Konkurrenz' hat nicht das Geringste mit der sich in Zeit und Raum abspielenden Konkurrenz zu tun, die sich in der ökonomischenh Wirklichkeit findet. Jeder Schluß von diesem zeit- und raumlosen Grenzbegriff auf die Realität ist logisch unzulässig, auch wenn viele Ökonomen glaubten (und z.T. heute noch glauben), daß es in der Realität 'vollkommene Konkurrenz' gibt." (Arndt 1979, S. 45 f.)

Für andere ist das hartnäckige Festhalten am Leitbild der vollkommenen Konkurrenz Teil einer ideologischen Strategie, das marktwirtschaftlich-kapitalistische Wirtschaftssystem gegen seine ideologischen Kritiker zu verteidigen. So meinen z.B. HUNT/SHERMAN:

> „So tief der Graben zwischen der klassischen ökonomischen Theorie und der ökonomischen Wirklichkeit des späten 19. Jahrhunderts auch gewesen sein mag, man

> ließ die ökonomische Lehre des klassischen Liberalismus nicht fallen. Statt dessen wurde sie mit dem Benthamschen Utilitarismus (...) verbunden und in einem ausgefeilten, esoterischen System von Algebra und Differentialrechung aufpoliert. (Hunt/Sherman 1993, S. 87 f.)

> Man muß „ohne weiteres zugestehen, daß die neoklassischen Ökonomen ein beeindruckendes intellektuelles Bollwerk zur Verteidigung der klassisch-liberalen Politik des laissez-faire errichtet haben. Dies ging allerdings nur um den Preis eines gewaltigen Abgrunds zwischen ökonomischer Theorie und Realität. Bis auf den heutigen Tag haben viele Ökonomen in der neoklassischen Tradition nie auch nur einen ernsthaften Gedanken an die Analyse bestehender ökonomischer Institutionen und Probleme verschwendet. Statt dessen ziehen sie es vor, in der dünnen Luft der Stratosphäre mathematischer Modellierung endlose Varianten esoterischer Belanglosigkeiten zu entwerfen." (Hunt/Sherman 1993, S. 91 f.)

Daß die beiden genannten Autoren mit diesem Urteil die Leistungen einer Reihe von bedeutenden Ökonomen auf dem Feld der Wettbewerbstheorie übersehen haben, soll der nächste Abschnitt zeigen. Die Wettbewerbstheorie hat sich aus den Fesseln der mikroökonomischen Modelltheorie befreit.

2.4 Die ordoliberale Theorie des vollständigen Wettbewerbs

In den Darstellungen zur historischen Entwicklung der Wettbewerbstheorie findet sich häufig folgende **Drei-Phasen-Einteilung** (so z.B. bei Gotthold 1975, S. 21 ff.; Herdzina 1975, S. 15 ff., Clapham 1977, S. 115 f., Schmidt 1993, S. 1 ff.):

- **Phase I:** Die klassische dynamische Wettbewerbstheorie.
- **Phase II:** Die statische Gleichgewichtstheorie mit der Entwicklung der Marktformen, dem Leitbild der vollkommenen Konkurrenz und den Versuchen der Annäherung an die Marktrealitäten, die mit den Begriffen „unvollständige" oder „monopolistische" Konkurrenz beschrieben werden.
- **Phase III:** Die dynamische Wettbewerbstheorie der „workable competition".

Wenn die internationale Entwicklung der Wettbewerbstheorie betrachtet wird, ist diese Phaseneinteilung zweckmäßig. Bei einer Analyse der Entwicklung der Wettbewerbstheorie in Deutschland muß man auch die Konzeption des **Ordoliberalismus** berücksichtigen, die in das Drei-Phasen-Schema nicht eingeordnet werden kann oder fälschlicherweise der statischen Gleichgewichtstheorie zugerechnet wird.

2.4.1 Das Konzept des „vollständigen Wettbewerbs"

Die ordoliberale Konzeption des „vollständigen Wettbewerbs" ist weitaus umfassender als die statische Modelltheorie der „vollkommenen Konkurrenz". Sie bemüht sich um den Gesamtzusammenhang zwischen wirtschaftlicher, gesellschaftlicher und staatlicher Ordnung, ein Problem, das nach dem Zusammenbruch im Jahr 1945 in Deutschland im Mittelpunkt der politischen Diskussion stand. Den wichtigsten Beitrag zur ordoliberalen Wettbewerbstheorie lieferte WALTER EUCKEN (1891 - 1950) mit seiner Schrift „Die Wettbewerbsordnung und ihre Verwirklichung" (1949). Ausgehend von der normativen These, daß nur eine dezentral gelenkte **Marktwirtschaft** ein höchstmögliches Maß an individueller Entscheidungs- und Handlungsfreiheit gewähren kann, gleichzeitig das komplizierte Lenkungsproblem des Wirtschaftsprozesses löst und ein geordnetes gesellschaftliches Zusammenleben mit steigendem Wohlstand ermöglicht, erblickt WALTER EUCKEN in der Gestaltung der **Wettbewerbsordnung** die „Kernfrage der modernen Wirtschaftspolitik":

> „Die Kernfrage der modernen Wirtschaftspolitik sollte auch als Kernfrage behandelt werden. Es geschieht, indem die Herstellung eines funktionsfähigen Preissystems vollständiger Konkurrenz zum wesentlichen Kriterium jeder wirtschaftspolitischen Maßnahme gemacht wird. **Dies ist das wirtschaftsverfassungsrechtliche Grundprinzip**. ... in allen Zweigen der Wirtschaftspolitik sollte das wirtschaftsverfassungsrechtliche Grundprinzip bei jeder Maßnahme gegenwärtig sein. Von diesem Satz gibt es keine Ausnahme." (Eucken 1990, S. 254 f.)

EUCKEN hat es selbst auf die Kurzformel gebracht: „Staatliche Planung der Formen - ja; staatliche Planung und Lenkung des Wirtschaftsprozesses - nein." (Eucken 1949, S. 93.) Diesem ordnungspolitischen Ansatz entsprach EUCKENS Grundüberzeugung, daß auch die wirtschaftliche Freiheit, um segensreich zu sein, einer konsequenten Ordnung durch das Recht bedarf.

Das wettbewerbspolitische Leitbild des **„funktionsfähigen Preissystems vollständiger Konkurrenz"** ist von vielen Autoren in dem Sinne mißverstanden worden, indem man EUCKEN unterstellt, er sähe im statischen Gleichgewichtszustand der „vollkommenen Konkurrenz" das wettbewerbspolitische Leitbild für die Soziale Marktwirtschaft (z.B. Neumann 1982, S. 91). Aber HOPPMANN (1966, S. 287 f.) und GUTMANN (1972, S. 10) haben überzeugend nachgewiesen, daß EUCKENS Vorstellungen weit über die angelsächsische statische Theorie der „perfect competition" hinausgehen. „Die reale Konkurrenz, die Eucken vor Augen hat, hat mit diesem irrealen Modell (der vollkommenen Kokurrenz, R. O.) nichts gemein." (Arndt 1979, S. 49)

Deswegen bezeichnet EUCKEN sein Leitbild auch bewußt als **„vollständige"**, und nicht als „vollkommene" Konkurrenz. Es komme nicht darauf an, gewisse marktwirtschaftsfeindliche wirtschaftspolitische Maßnahmen (wie Subventionen, staatliche Zwangsmonopole, ein Preisstop oder Einfuhrbeschränkungen) zu vermeiden oder bestimmte preistheoretische Modelle zu optimieren. Das Ordnungsprinzip der „vollständigen Konkurrenz" ist umfassender: EUCKEN fordert eine **po-**

sitive Wirtschaftsverfassungspolitik, die darauf abzielt, den Preismechanismus vollständig zur Entfaltung zu bringen, um so das Grundprinzip der Marktwirtschaft zu realisieren.

> „Die Hauptsache ist es, den Preismechanismus funktionsfähig zu machen. Jede Wirtschaftspolitik scheitert, der dies nicht gelingt. Das ist der strategische Punkt, von dem man aus das Ganze beherrscht und auf den deshalb alle Kräfte zu konzentrieren sind: Beharren auf der Bedeutung der Schlüsselstellung - das ist für die Wirtschaftspolitik ebenso wichtig wie für die Strategie." (Eucken 1990, S. 255)

„Vollständige Konkurrenz" herrscht nach EUCKEN immer dann, wenn der Marktpreis „von den Leitern der Einzelwirtschaften in ihre Wirtschaftspläne als Plandatum eingesetzt wird". Diese formal enge preistheoretische Definition erweitert sich inhaltlich zu einem wettbewerbspolitischen Konzept der Abwesenheit von monopolistischer Marktmacht bzw. der individuellen Wettbewerbsfreiheit, wenn man die „positiven Prinzipien" untersucht, die nach EUCKEN eine Wirtschaftsordnung konstituieren, in der allein freier Wettbewerb möglich wird.

2.4.2 Die konstitutiven Prinzipien für eine Leistungswettbewerbswirtschaft

Unter **„vollständigem Wettbewerb"** versteht EUCKEN, daß in allen Bereichen der Marktwirtschaft das Prinzip des Leistungswettbewerbs gelten soll. Um dies zu erreichen, müssen die **sechs konstitutiven Prinzipien** für eine Marktwirtschaft rechtlich und institutionell verankert werden:

1. Eine Politik der **Geldwertstabilisierung**: „Alle Bemühungen, eine Wettbewerbsordnung zu verwirklichen, sind umsonst, solange eine gewisse Stabilität des Geldes nicht gesichert ist. Die Währungspolitik besitzt daher für die Wettbewerbsordnung ein Primat". (Eucken 1990, S. 256) Die Erfahrung lehrt, daß die Autonomie der Zentralbank und der Geldpolitik eine wichtige Voraussetzung für die Geldwertstabilität darstellt.

2. **Offene Märkte**: Die Wettbewerbsordnung muß jede denkbare Form von Marktzutrittsschranken seitens des Staates oder von privaten Mächten verhindern. Geschlossene Märkte erleichtern die Monopolbildung und verzerren die Marktergebnisse. Es kommt aber auch nicht wieder nur darauf an, Marktzutrittsschranken wirtschaftspolitisch zu bekämpfen, sondern das Grundprinzip der offenen Märkte in allen Wirtschaftsbereichen und im Welthandel durchzusetzen. Denn: „Eine konsequente Durchführung dieses Prinzips würde eine eminente Verstärkung des Konkurrenzelementes in der Wirtschaftsordnung mit sich bringen und das gesamte Bild der konkreten Wirtschaftsprozesse in den Industriestaaten und auf dem Weltmarkt verändern."(Eucken 1990, S. 270)

3. **Privateigentum** an den Produktionsmitteln: Eigentumsordnung und Wettbewerbsordnung stehen in einem interdependenten Verhältnis: Privateigentum ermöglicht durch seine Anreizfunktion den Wettbewerb, während der Wettbewerb durch seine Kontroll- und Lenkungsfunktion dafür sorgt, daß das private Eigentum nicht zu wirtschaftlichen und sozialen Mißständen führt. „Nur im Rahmen der Wettbewerbsordnung gilt der oft zitierte Satz, daß Privateigentum nicht nur dem Eigentümer, sondern auch dem Nichteigentümer Nutzen bringe. Das tut es in der Tat durch die große ökonomische Effizienz der Wettbewerbsordnung und dadurch, daß die verschiedenen Privateigentümer miteinander konkurrieren." (Eucken 1990, S. 274)

4. **Vertragsfreiheit** ist ein konstitutives Element der Wettbewerbsordnung, soweit sie nicht dazu mißbraucht wird, den Wettbewerb zu beschränken oder monopolistische Macht auf die Vertragspartner auszuüben. Vertragsfreiheit sollte nur in den Bereichen gewährt werden, wo Konkurrenz herrscht; andererseits ist die Vertragsfreiheit eine Voraussetzung für das Zustandekommen der Konkurrenz. Fehlt der Kontrollmechanismus der Konkurrenz, ist „eine andere Kontrolle geboten: nämlich die staatliche Monopolkontrolle, der Kontrahierungszwang und die Festlegung der Preise und allgemeinen Geschäftsbedingungen durch ein Monopolamt". (Eucken 1990, S. 279)

5. **Haftung**: Aus den Prinzipien Privateigentum und Vertragsfreiheit leitet EUCKEN konsequent das Prinzip der Haftung ab: Wer den Nutzen hat, muß auch den Schaden tragen. Unternehmen und Haushalte müssen für ihre Entscheidungen und Handlungen verantwortlich sein, und nur, wer haften muß, kann zur Verantwortung gezogen werden. „Haftung gehört zur Lenkungsmechanik der vollständigen Konkurrenz. Sie ist ein unentbehrliches ordnungspolitisches Institut der Wettbewerbsordnung." Haftungsbeschränkungen, wie sie die Unternehmensform der Kapitalgesellschaften ermöglichen, verzerren den Wettbewerbsprozeß wie Monopole. Und: „Jede Beschränkung der Haftung löst eine Tendenz zur Zentralverwaltungswirtschaft aus." (Eucken 1990, S. 281 u. 285)

6. **Konstanz der Wirtschaftspolitik**: Damit Unternehmen und Haushalte langfristig planen und ihre Planungen im Wettbewerbsprozeß aufeinander abstimmen können, ist „eine gewisse Konstanz der Wirtschaftspolitik" erforderlich. „Konstanz ist ein zentrales Erfordernis der Wirtschaftspolitik der Wettbewerbsordnung. Die Wirtschaftspolitik stelle einen brauchbaren wirtschaftsverfassungsrechtlichen Rahmen für den Wirtschaftsprozeß her; an diesen Rahmen halte sie beharrlich fest und ändere nur mit Vorsicht." Häufig sich ändernde wirtschaftspolitische Maßnahmen erhöhen das Planungsrisiko und verkürzen

die Planungsperioden. Und: „Je größer das Risiko, umso stärker ist die Neigung nach Konzernbildung." (Eucken 1990, S. 289)

Großen Wert legt EUCKEN auf die Tatsache, daß alle konstitutiven Prinzipien der Wirtschaftsverfassung **ausnahmslos** und **gemeinsam** angewendet werden müssen, um eine Wettbewerbswirtschaft zu ermöglichen. Sie müssen durch eine „gewisse, gewollte Wirtschaftsordnung" (Eucken 1990, S. 289), d.h. durch die ordnungspolitische Gestaltung der Wirtschaftsgesellschaft gemeinsam realisiert werden. „Die Zusammengehörigkeit der Prinzipien geht so weit, daß einzelne von ihnen bei isolierter Anwendung ihren Zweck völlig verfehlen." (Eucken 1990, S. 291)

Die Ordoliberalen erblicken also in einer weitgehenden Realisierung marktwirtschaftlicher Prinzipien die Voraussetzung für eine funktionsfähige Wettbewerbswirtschaft, einer Wirtschaft, in der Leistungswettbewerb und das funktionsfähige Preissystem zum obersten Ziel der Wirtschaftspolitik erhoben werden. Aber die Durchsetzung der konstituierenden Prinzipien reicht nicht aus, um vollständigen Wettbewerb zu erhalten. Das Entstehen wirtschaftlicher Macht muß verhindert, monopolartige Macht muß kontrolliert werden. Über die konkrete Ausgestaltung der Wettbewerbspolitik bestand unter den Ordoliberalen keine volle Einigkeit; gemeinsam war ihre Bereitschaft zu einer äußerst rigiden **Wettbewerbspolitik** mit folgenden Maßnahmenbereichen:

- striktes und generelles **Kartellverbot**,
- **Kartellauflösungsgebot**,
- vorbeugende **Fusionskontrolle**,
- **Entflechtungsgebote**,
- strenge **Monopolkontrolle** durch ein unabhängiges Monopolamt.

Neben den konstituierenden Prinzipien der Wettbewerbswirtschaft müssen gewisse **„regulierende Prinzipien"** treten, denn auch „soweit vollständige Konkurrenz verwirklicht ist, enthält sie Schwächen und Mängel, die der Korrektur bedürfen." Neben der **Wettbewerbspolitik** müsse der Staat durch **Konjunkturpolitik** den Wirtschaftsprozeß stabilisieren und durch **Sozialpolitik** die Ungerechtigkeiten und Unsicherheiten der Wettbewerbswirtschaft ausgleichen. (Eucken 1990, S. 291 ff.)

Zusammenfassend ist festzustellen, daß die Theorie der „vollständigen Konkurrenz" die überragende Bedeutung des Wettbewerbs für eine funktionsfähige Marktwirtschaft betont und die ordnungspolitischen Rahmenbedingungen präzisiert (konstitutive Prinzipien), die gleichzeitig erfüllt sein müssen, damit eine Wettbewerbswirtschaft entstehen kann. Wie der Wettbewerb konkret aussehen soll, ist nur andeutungsweise zu erkennen. In der bedeutenden wettbewerbstheoretischen Kontroverse zwischen HOPPMANN und KANTZENBACH (vgl. nächstes

Kapitel) wird u.a. darüber gestritten, ob man den funktionsfähigen freien marktwirtschaftlichen Wettbewerb überhaupt positiv definieren kann.

2.5 Die Theorie des dynamischen Wettbewerbsprozesses

Das wettbewerbspolitische Leitbild der „vollkommenen Konkurrenz" unterstellt unrealistische, fast nicht existente Märkte; man könnte überspitzt sagen, nach diesen Vorstellungen sollte die Realität entsprechend der Modellbedingungen gestaltet werden, was sich als unmöglich erwiesen hat. Soll die Theorie die Wirklichkeit erklären und schließlich mit Hilfe ihrer Erkenntnisse die Wirklichkeit politisch verändert und gestaltet werden, muß sich im Sinne des kritischen Rationalismus die Theorie auf die Realität beziehen, und ihre Erkenntnisse müssen permanent an der Realität überprüft werden. Deswegen muß die Wettbewerbstheorie zunächst die Marktrealitäten erforschen.

2.5.1 Marktrealitäten

Am besten, man stellt sich realistische Märkte als Märkte vor, auf denen alle Bedingungen der vollkommenen Konkurrenz **nicht** erfüllt sind. Die Marktrealitäten sind so vielseitig und vielschichtig, daß die eigene Phantasie nicht ausreicht, sie sich alle vorzustellen. Und sie können auch nicht zufriedenstellend systematisiert werden. Wir wollen trotzdem den Versuch machen, Märkte realistischer zu beschreiben, indem wir einige wichtige Kriterien herausgreifen: Kaufmotive und Absatzpolitik, Marktformen und Marktverhaltensweisen, die Marktphasen im Lebenszyklus eines Produkts und die Marktzutritts- und -austrittsschranken.

2.5.1.1 Kaufmotive und Absatzpolitik

Es ist keineswegs so, daß Nachfrager und Anbieter ihre Entscheidungen wie im Modell der „vollkommenen Konkurrenz" allein vom Marktpreis abhängig machen. Es gibt verschiedene Motive, das Produkt A beim Anbieter B und nicht bei den Anbietern C, D oder E zu kaufen. **Kaufmotive** sind z.B.:

- der Preis,
- die Qualität, die Form, das Modell, die Verpackung, das Sortiment,
- persönliche Beziehungen zum Anbieter, Service, Beratung, Bedienung,
- räumliche Entfernung, Lieferzeitpunkt, Bequemlichkeit,
- Sozialprestige, Vertrauen, Nichtinformiertheit.

Auf diese Kaufmotive stellt sich die Absatzpolitik der Anbieter in vielfältiger Form ein. Unter **Absatzpolitik** verstehen wir alle Mittel und Maßnahmen eines Anbieters, den Absatz des eigenen Produktes zu fördern. Wir unterscheiden vier Bereiche der Absatzpolitik, denen wir die verschiedenen absatzpolitischen Mittel zuordnen können:

- **Preispolitik** : Preissenkung, Preiserhöhung, Rabattgewährung, Bonusgewährung, Preisdifferenzierung usw.,
- **Produktpolitik:** Produktgestaltung, Produktdifferenzierung, neues Modell, Verpackungsgestaltung, Sortimentsgestaltung usw.,
- **Präferenzpolitik:** Werbung, Public Relations, Sponsoring, Standortpolitik, Service, Beratung, Liefertermin usw.
- **Promotion** (Absatzmethode): Direktverkauf, Versandhandel, Filialsystem, Franchising, Telefonverkauf, traditioneller Absatz über Groß- und Einzelhandel usw.

Wettbewerb findet in der Realität auf allen Gebieten der Absatzpolitik statt. Man könnte deshalb vom Preis-, Produkt-, Präferenz- und Promotionwettbewerb sprechen. Aber auch diese Systematisierung ist nicht hilfreich. Die Unternehmen erarbeiten spezielle absatzpolitische Konzeptionen, in denen eine bestimmte Kombination von absatzpolitischen Mitteln eingesetzt wird. Man spricht vom „**Marketingmix**". Der Wettbewerbsprozeß ist somit durch den geplanten Einsatz verschiedener absatzpolitischer Mittel und Strategien gekennzeichnet, die sich auf bestimmte Käufergruppen und Kaufmotive beziehen, und deren Kombination sich im Zeitverlauf grundlegend ändern kann.

2.5.1.2 Marktformen und Marktverhaltensweisen

Das Polypol ist nicht die einzige Marktform und die Mengenanpassung an den Marktpreis nicht die einzige Marktverhaltensweise der Anbieter, wie es im Modell der vollkommenen Konkurrenz unterstellt wird. In der mikroökonomischen Preistheorie sind die verschiedensten Versuche unternommen worden, Marktstrukturen zu systematisieren. Häufig wird das Marktformenschema von V. STACKELBERG (1934) variiert. STACKELBERG unterscheidet die Marktformen nach der Zahl der Marktteilnehmer (vgl. Abb. 2-8 nach: Cezanne 1993, S. 152).

Aus diesem Schema ergeben sich neun verschiedene **Marktformen**. EUCKEN hat 25 verschiedene Marktformen unterschieden, indem er jeweils das Monopol und das Oligopol in Teilmonopol und Teiloligopol unterteilte. STOBBE differenziert Mengenanpasser (unter vollkommener Konkurrenz) und Polypolisten (unter unvollkommener Konkurrenz) und gelangt zu 16 verschiedenen Marktformen. (Stobbe 1983, S. 309) Kaum ein volkswirtschaftliches Lehrbuch verzichtet auf eine dieser Marktformensystematiken, die für die Zwecke der Preistheorie durchaus hilfreich sein können, obwohl die Preisbildungsmodelle sich explizite i.d.R. nur auf wenige Marktformen beschränken. Man fragt sich jedoch, ob sie der **Wettbewerbstheorie** nützlich sein können.

Anbieter / Nachfrager	Ein großer	Wenige mittlere	Viele kleine
Ein großer	Bilaterales Monopol	Beschränktes Monopson	Monopson
Wenige mittlere	Beschränktes Monopol	Bilaterales Oligopol	Oligopson
Viele kleine	(Angebots-) **Monopol**	(Angebots-) **Oligopol**	**Polypol**

Abb. 2-8: Marktformen nach der Zahl der Marktteilnehmer

Für die Wettbewerbstheorie genügt es im allgemeinen, die Marktformen nach der Zahl der Anbieter zu unterscheiden und davon auszugehen, daß sich jeweils viele Nachfrager auf dem Markt befinden. In der Terminologie von CEZANNE wollen wir das **Polypol**, das **Oligopol** und das **Monopol** unterscheiden, weil den Anbietern in diesen Marktformen spezifische Eigenschaften und Verhaltensweisen in bezug auf die Wettbewerbsfähigkeit, die Wettbewerbswilligkeit und die Unternehmensziele zugeschrieben werden können:

- Das **monopolistische** Marktverhalten: Ein Monopolist versucht, seinen Gewinn auf Kosten der Marktgegenseite zu maximieren. Er steht nicht unter dem Leistungsdruck der Konkurrenz und unter dem Leistungsanreiz, durch Innovationen Marktanteile gewinnen zu können. Ein Monopolist ist i.d.R. fortschrittsfeindlich und oft nicht der Situation gewachsen, wenn weitere Anbieter (z.B. aus dem Ausland) auf den Markt eindringen, oder wenn seine Produkte durch modernere Alternativen ersetzt werden. Meistens wird in diesen Situationen nach dem Staat gerufen, um die „Vernichtung von Arbeitsplätzen" zu verhindern. Dies gilt auch und vor allem für staatliche Monopole.
- Das **polypolistische** Marktverhalten: Ein Polypolist hat i.d.R. einen kleinen Marktanteil wie seine Konkurrenten auch. Sein wichtigstes Ziel ist die Erhaltung der Existenz seines Unternehmens, was ihm durch Sicherung seiner

Stammkundschaft i.d.R. auch gelingt. Es besteht keine absatzpolitische Reaktionsverbundenheit unter den Konkurrenten, viel mehr beobachten wir eine „Anpassungskonkurrenz“ der Anbieter und eine relativ geringe Fortschrittsfreundlichkeit. Scherzhafterweise wird die Wettbewerbsintensität dieser Marktform manchmal als „Schlafmützenkonkurrenz” bezeichnet.

- Das **oligopolistische** Marktverhalten: Wichtigstes absatzpolitisches Kriterium im oligopolistischen Markt ist der Marktanteil. Wir unterscheiden die defensive und die offensive Oligopolstrategie; die Unternehmen wollen entweder ihren Marktanteil halten oder vergrößern. Wenn alle Oligopolisten eine defensive Strategie verfolgen, ist der Wettbewerb wenig intensiv. Sowie es aber einem offensiven Anbieter gelingt, durch eine Innovation seinen Marktanteil zu vergrößern, werden die Konkurrenten zu absatzpolitischen Reaktionen gezwungen, weil ihr defensives Ziel gefährdet ist. Im Oligopol besteht **absatzpolitische Reaktionsverbundenheit,** d.h. ein Anbieter muß damit rechnen, daß die Konkurrenz auf seine absatzpolitischen Aktivitäten reagiert.

Die Merkmale der Hauptmarktformen und der Verhaltensweisen der Anbieter werden in Abb. 2-9 zusammengefaßt.

Neben der Zahl der Anbieter sind noch zwei weitere Kriterien für die Unterscheidung von Marktformen wettbewerbspolitisch relevant: das **Marktobjekt** und die **räumliche Ausdehnung der Absatzbeziehungen** der Unternehmen.

Nach dem Marktobjekt kann man Güter-, Faktor- und Finanzmärkte unterscheiden. Die Wettbewerbstheorie bezieht sich hauptsächlich auf **Gütermärkte**, d.h. auf Konsumgüter- und Investitionsgütermärkte. Aber man kann noch nicht einmal von „**dem** Wettbewerb auf **dem** Konsumgütermarkt” sprechen. Die Wettbewerbsprozesse finden auf einem konkreten, durch ein bestimmtes Marktobjekt definierten Markt statt, dem Markt für Zigaretten, Flugzeuge, Arzneimittel oder Bankdienstleistungen. Wenn für dieses Marktobjekt Substitutionsmöglichkeiten bestehen, werden auch diese Märkte tangiert. Wenn Unternehmen auf verschiedenen konkreten Gütermärkten als Anbieter auftreten, gestaltet sich die Bestimmung des „relevanten Marktes” zu einem schwierigen wettbewerbspolitischen Problem, das nur im Einzelfall beurteilt werden kann.

Das gleiche Abgrenzungsproblem stellt sich, weil die Absatzbeziehungen der Unternehmen eine unterschiedliche räumliche Ausdehnung haben können. Im allgemeinen unterscheidet man zwischen Punktmarkt, lokalem und regionalem Markt, nationalem, kontinentalem und Weltmarkt.

Um die Wettbewerbssituation auf den Märkten realistisch beschreiben zu können, müssen die drei genannten Kriterien, Zahl und relative Größe der Unternehmen, Marktobjekt und räumliche Ausdehnung der Absatzbeziehungen **zugleich** angewendet werden: Eine regionale Tageszeitung z.B. ist eine von 423 Tageszeitungen in Deutschland (1993). Wenn sich ihr Verbreitungsgebiet nur auf eine bestimmte Region beschränkt und auf diesem Markt nur eine Tageszeitung angeboten wird, hat dieser Zeitungsverlag faktisch ein Monopol (und verhält sich i.d.R. auch so). Umgekehrt: Hochgeschwindigkeitszüge werden in Deutschland von einem einzigen Unternehmenskonsortium hergestellt, ein Monopol also, würde man nur den nationalen Markt im Blick haben. Dagegen kann das Konsortium auf dem Weltmarkt im schärfsten Wettbewerb stehen.

Marktform / Kriterium	Monopolistisches Marktverhalten	Oligopolistisches Marktverhalten	Polypolistisches Marktverhalten
Zahl der Anbieter	einer	wenige (2 - ca. 10)	viele (> 10)
durchschnittlicher Marktanteil	100 Prozent	relativ groß	relativ klein
Unternehmensziel	Gewinnmaximum auf Kosten der Marktgegenseite	a) defensive Strategie: Marktanteil halten b) offensive Strategie: Marktanteil vergrößern	Existenzsicherung durch Erhaltung der Stammkundschaft
absatzpolitische Reaktionsverbundenheit	keine	vorhanden, weil ein Marktanteilsverlust „spürbar" ist	nicht vorhanden, weil ein Marktanteilsverlust nicht „spürbar" ist
Innovationsfähigkeit und Innovationsbereitschaft	i.d.R. nicht vorhanden	potentiell groß	gering
Imitations- und Reaktionsfähigkeit	i.d.R. nicht gefordert	potentiell groß, aber Neigung zu Kooperation und Konzentration	gering, passives Verhalten, Neigung zur Kooperation
Wettbewerbsintensität	nicht vorhanden	unter bestimmten Bedingungen groß	i.d.R. gering

Abb. 2-9 Marktverhaltensweisen

Darüber hinaus kommt es bei der Beurteilung der Wettbewerbssituation darauf an, in welcher **Marktphase** sich das Marktobjekt befindet.

2.5.1.3 Marktphasen

Die „**Lebenszyklushypothese**" behauptet, daß jedes Produkt Marktphasen durchläuft, die durch bestimmte Bedingungen und Merkmale, dadurch auch durch spezifische Wettbewerbssituationen gekennzeichnet sind. Wir unterscheiden die Einführungs-, die Expansions-, die Ausreifungs-, die Stagnations- und Rückbildungsphase.

- **Einführungsphase**: Ein neues Produkt wird eingeführt; Inventionen (Erfindungen) und Innovationen (neue marktreife Produkte oder Produktionsverfahren) und die Markteinführung erfordern i.d.R. einen hohen Kapitaleinsatz, oft sind die Markteintrittsschranken hoch; der Angebotspreis wird zunächst relativ hoch angesetzt, wenn es sich um eine technische Innovation handelt (z.B. Mobiltelefon), oder bewußt niedrig kalkuliert, wenn das neue Produkt mit vorhandenen konkurrieren muß (z.B. Nachrichtenmagazin FOCUS, Fernsehmagazin TV-TODAY); der Pionierunternehmer erzielt nach erfolgreicher Einführung eine temporäre Monopolrente, er zieht Marktanteile auf sich.
- **Expansionsphase**: Das Produkt hat Erfolg, der Umsatz steigt überproportional; andere Unternehmen reagieren und imitieren das Produkt, Produktvariationen und -differenzierungen vervielfältigen das Angebot, der Wettbewerb verschärft sich mit zunehmender Marktsättigung, der Marktpreis sinkt.
- **Ausreifungsphase** : Markt ist fast gesättigt, der Preiswettbewerb verschärft sich weiter, die Unternehmen stehen zunehmend unter Rationalisierungsdruck, weniger leistungsfähige Anbieter verlassen den Markt.
- **Stagnationsphase** und **Rückbildungsphase**: Die Nachfrage stagniert; sie beschränkt sich auf den Ersatzbedarf (z.B. Kühlschränke) oder sinkt auf Null (z.B. Langspielplatten), die meisten Anbieter müssen sich neue Produkte und Märkte suchen.

INGO SCHMIDT hat verschiedene Kriterien zur Beschreibung des Wettbewerbs mit dem Marktphasenschema verbunden. (Schmidt 1993, S. 57) In Anlehnung an dieses Schema sollen abschließend die Zusammenhänge zwischen Marktphasen, wettbewerbspolitischen Aktionen, den verschiedenen Unternehmertypen und den spezifischen wettbewerbspolitischen Problemen dargestellt werden. Allerdings muß man einschränkend feststellen, daß dies auch nur wieder einen unzureichenden Versuch darstellt, die konkreten Wettbewerbsformen zu beschreiben (vgl. Abb. 2-10).

Marktphase / Kriterium	Einführungsphase	Expansionsphase	Ausreifungsphase	Stagnations- und Rückbildungsphase
Marktform und Marktzutrittsschranken (MZS) bzw. Marktaustrittsschranken (MAS)	Monopol eines innovativen Unternehmens; hohe MZS	weites Oligopol oder Polypol mit relativ niedrigen MZS und MAS	Tendenz zum engen Oligopol. hohe MZS und relativ geringe MAS	enges Oligopol oder Monopol mit hohen MZS und MAS
überwiegender Unternehmertypus	Pionierunternehmer	spontan und unter Druck imitierende Unternehmer	unter Druck imitierende Unternehmer	immobile Unternehmer
absatzpolitische Aktionsparameter	Produkt- und informative Werbung, high pricing, Nutzung des Innovationsvorsprungs	Produktwettbewerb, Produktdifferenzierung, Massenwerbung Preiswettbewerb	verschärfter Preiswettbewerb, Service, negative Produktqualitäten, ruinöser Wettbewerb,	Erhaltungswerbung, Service
Marktpreise	hoch	sinkend	sinken z.T. unter Herstellkosten	können wieder steigen, wenn Ersatzbedarf besteht
Gewinnraten	steigende Gewinnrate	steigende Gewinnrate bis zum Höhepunkt	abnehmende Gewinnrate bis zum Verlust	sinkende oder konstante Gewinnrate
Wettbewerbsintensität	gering	steigend	hoch	sinkend
wettbewerbspolitische Probleme	Offenhaltung der Märkte, Kontrolle der Marktmacht	Offenhaltung der Märkte, Kooperationserleichterung für Kleinunternehmen	Kontrolle der Konzentration und des Mißbrauchs von Marktmacht	Kontrolle der Marktmacht und der Konzentration, Preismißbrauchsaufsicht

Abb. 2-10: Marktphasen

2.5.1.4 Marktschranken

Das ordnungspolitische Prinzip „offene Märkte“ bedeutet, daß grundsätzlich jeder Anbieter und Nachfrager jederzeit auf bestimmten Märkten auftreten, sie aber auch wieder verlassen kann. Der völlig freie Marktzugang ist allerdings nur theoretisch denkbar, er ist ein ordnungspolitisches Ziel; der freie Marktabgang ist auch nicht jederzeit möglich, er sollte ein strukturpolitisches Ziel der Wirtschaftspolitik sein. Der **Marktzutritt** kann durch ein neu gegründetes Unternehmen erfolgen, aber auch durch die Erweiterung der Produktpalette bereits etablierter Unternehmen oder durch die Ausdehnung des Absatzgebietes. Der **Marktaustritt** kann durch Einstellung der Produktion, Verlassen des Absatzgebietes oder durch Stillegung und Konkurs geschehen.

Durch den Marktzutritt bzw. -austritt verändern sich Marktstrukturen, Marktverhalten und Marktergebnisse, sie können den Wettbewerb positiv und negativ verändern. Durch das **Auftreten** eines neuen Anbieters bzw. Produktes im Markt (z.B. FOCUS auf dem Markt für Nachrichtenmagazine, Mercedes Benz Modell 190 auf dem Markt für Kompaktlimousinen, neue private Fernsehsender) kann sich der Wettbewerb intensivieren und die Marktergebnisse verbessern, es können aber auch polypolistische Marktstrukturen entstehen, in denen der Wettbewerb schwächer wird. Durch das **Austreten** unwirtschaftlich produzierender Unternehmen kann sich der Wettbewerb ebenso verschärfen, zu ruinöser Konkurrenz führen und sich letztlich in einem natürlichen Monopol selbst aufheben.

Aber nicht jedem Anbieter gelingt es, sich in einem Markt zu etablieren oder ihn wieder zu verlassen; es müssen von Fall zu Fall unterschiedliche **Marktschranken** überwunden werden. Die Existenz von Marktschranken ist für den Wettbewerbsprozeß außerordentlich relevant. Man unterscheidet **Markteintritts-** und **Marktaustrittsschranken**, die entweder durch **ökonomische** Fakten und Strategien oder durch **staatliche** Politik entstehen können.

Ökonomische Markteintrittsschranken können z.B. sein:

- ein hoher Finanzbedarf für Produktentwicklung, Produktionsanlagen, Markteinführung, Aufbau einer Absatzorganisation,
- ein begrenztes Marktvolumen,
- eine ausgeprägte Produktdifferenzierung und eine geringe Nachfragebeweglichkeit,
- eine bestimmte Mindestbetriebsgröße,
- Abwehrstrategien bereits etablierter Unternehmen.

Politische Markteintrittsschranken können errichtet werden durch:

- Zulassungsbeschränkungen, Konzessionen, behördliche Auflagen,

- handels- und gesellschaftsrechtliche Vorschriften,
- das Patent- und Lizenzrecht,
- Verbot des Marktzutritts für ein auf anderen Märkten bereits beherrschendes Unternehmen.

Ökonomische Marktaustrittsschranken können sein:

- hohe Investitionen mit langer zeitlicher Kapitalbindung,
- hohe Beschäftigtenzahlen,
- hohe Stillegungskosten,
- Sicherung der Produktpalette und der eroberten Märkte,
- drohender Imageverlust bei Rückzug oder Konkurs.

Politische Marktaustrittsschranken können bestehen durch:

- arbeits- und sozialrechtliche Bestimmungen (Kündigungsschutz, Sozialpläne),
- Sicherung der inländischen Produktionskapazitäten, um eine Importabhängigkeit zu vermeiden,
- politischer und gewerkschaftlicher Druck.

Durch niedrige Markteintrittsschranken erhöht sich die potentielle Wettbewerbsintensität durch neu auftretende Unternehmen, durch niedrige Marktaustrittsschranken beschleunigt sich der Strukturwandel mit der Gefahr eines ruinösen Machtwettbewerbs der verbleibenden Unternehmen.

2.5.2 Wettbewerb als dynamischer Prozeß von Aktion und Reaktion

Der Amerikaner JOHN M. CLARK hatte in seinem Aufsatz „Toward a Concept of Workable Competition" (1940/1968) zunächst nur die These aufgestellt, daß es vollkommenen Wettbewerb „nicht gibt und nicht geben kann, wahrscheinlich auch nie gegeben hat". Er behauptete weiter, daß bestimmte Marktunvollkommenheiten sich im Wettbewerb durchaus als nützlich erweisen können, und daß bestimmte Abweichungen vom Ideal der vollkommenen Konkurrenz den Wettbewerb grundsätzlich nicht zerstören, sondern **fördern** könnten. Der tatsächliche Wettbewerb könne durchaus „workable", d.h. funktionsfähig sein. Daraus leitete er die Forderung ab, einen Katalog von Wettbewerbsbeschränkungen zu definieren, die auf jeden Fall die Funktionsfähigkeit des Wettbewerbs zerstören bzw. beeinträchtigen und die man durch Wettbewerbspolitik verhindern müsse, um „Workable Competition" zu realisieren. CLARK hielt zu diesem Zeitpunkt (1939/40) noch am Leitbild der vollkommenen Konkurrenz zumindest als „irrealem oder idealem Richtmaß" fest. (Clark 1975a, S. 143 f.)

Das zweite Element der modernen Wettbewerbstheorie entwickelte JOSEPH A. SCHUMPETER (1942/1975) mit seiner These, der Kapitalismus (der marktiwirtschaftliche Prozeß) sei ein **„Entwicklungsprozeß“ der „schöpferischen Zerstörung“** von alten Wirtschaftsstrukturen durch neue:

> „Als wesentlichster Punkt ist festzuhalten, daß wir uns bei der Behandlung des Kapitalismus mit einem Entwicklungsprozeß befassen. ... Der Kapitalismus ist ... von Natur aus eine Form oder Methode der ökonomischen Veränderung und ist nicht nur nie stationär, sondern kann es auch nie sein. ... Der fundamentale Antrieb, der die kapitalistische Maschine in Bewegung setzt und hält, kommt von neuen Konsumgütern, den neuen Produktions- oder Transportmethoden, den neuen Märkten, den neuen Formen der industriellen Organisation, welche die kapitalistische Unternehmung schafft. ...
>
> Die Eröffnung neuer, fremder oder einheimischer Märkte und die organisatorische Entwicklung vom Handwerksbetrieb und der Fabrik zu ... Konzernen ... illustrieren den gleichen Prozeß einer industriellen Mutation ..., der unaufhörlich die Wirtschaftsstruktur *von innen heraus* revolutioniert, unaufhörlich die alte Struktur zerstört und unaufhörlich eine neue schafft. Dieser Prozeß der ʹschöpferischen Zerstörungʹ ist das für den Kapitalismus wesentliche Faktum.“ (Schumpeter 1975 a, S. 136 ff.)

SCHUMPETER wollte mit seiner Theorie allerdings nicht in erster Linie den Wettbewerbsprozeß in marktwirtschaftlichen Systemen erklären, sondern den kapitalistischen Wirtschaftsprozeß schlechthin.

Die moderne Wetttbewerbstheorie begründeten, nachdem V. HAYEK bereits 1946 den Wettbewerb als einen Prozeß des „Suchens und Entdeckens“, als einen Prozeß des „gegenseitigen Überholens“ interpretiert hatte, im wesentlichen HELMUT ARNDT (1952) und JOHN M. CLARK (1954 u. 1961), indem sie den Gedanken, daß Marktunvollkommenheiten dem Wettbewerb durchaus förderlich sein können, mit dem Gedanken des dynamischen Prozesses der „schöpferischen Zerstörung“ zu einer realistischen Synthese verbanden.

ARNDT unterscheidet den **„Wettbewerb der Bahnbrecher“**, die durch „Spitzenleistungen“ (neue Produkte, neue Produktionsverfahren, erfolgreichere Absatzpolitiken, d.h. Innovationen) hervortreten und die anderen Wettbewerber überrunden, indem sie monopolartige Gewinne realisieren (individualisierender Wettbewerbsstrom). Durch den Wettbewerb der Bahnbrecher entstehen Unterschiede in den relativen Marktpositionen und Gewinnsituationen, die durch den **„Wettbewerb der Nachahmer“** wieder nivelliert werden können, indem die Innovationen imitiert und die relativen Unterschiede wieder ausgeglichen werden (generalisierender Wettbewerbsstrom).

Entscheidend ist, daß sich der Wettbewerb der Bahnbrecher und der Wetttbewerb der Nachahmer **gegenseitig bedingen,** um einen **dauerhaften Wettbewerbsprozeß** zu ermöglichen:

- Wettbewerb der Bahnbrecher **ohne** Wettbewerb der Nachahmer führt letztlich zu monopolähnlichen Marktstellungen der Bahnbrecher; der Wettbewerb erlahmt.
- Wettbewerb der Nachahmer **ohne** Wettbewerb der Bahnbrecher führt zu einem „Status der Gleichheit", zur Unterschiedslosigkeit der Marktpositionen; der Wettbewerb erlahmt, weil der Wettbewerb der Nachahmer nur auftreten kann, wo Unterschiede vorgegeben sind. (Arndt 1975, S. 248)

ARNDT gelangt mit diesen Überlegungen zu folgender **Kernaussage** der modernen Wettbewerbstheorie:

> „Der Wettbewerb der Nachahmer wie der Wetttbewerb der Bahnbrecher zerstören sich somit selbst, so sie sich nicht zu einer übergeordneten Einheit ergänzen. ... Sie sind die beiden Phasen des Wettbewerbsprozesses, aber sie sind - solange sie für sich getrennt auftreten - noch kein Wettbewerbsprozeß. Erst wenn Wettbewerb der Nachahmer und Wettbewerb der Bahnbrecher miteinander vereinigt werden, entsteht der Prozeß des Wettbewerbs." (Arndt 1975, S. 250 f.)

Der Wettbewerb ist also ein dynamischer Prozeß von sich gegenseitig bedingenden individualisierenden und generalisierenden Wettbewerbsströmen.

CLARK sieht in seinen späteren Werken den Wettbewerb auch als **dynamischen Prozeß von Vorstoß und Verfolgung**, von Innovation und Imitation. Er unterscheidet die „**agressive**" Form des Wettbewerbs, die darin besteht, „dem Käufer mehr Anreize zu geben, sei es in Gestalt niedrigerer Preise, einer attraktiveren Qualität oder größerer Verkaufsanstrengungen", und die „**defensive**" Form des Wettbewerbs, die darauf abzielt, „Absatzverluste zu verhindern bzw. zu minimieren". (Clark 1975b, S. 271) Auch hier wird deutlich, daß „aggressiver" und „defensiver" Wetttbewerb sich gegenseitig bedingen. Im Prinzip berufen sich heute alle Wettbewerbstheoretiker auf diese Interpretation des Wettbewerbsprozesses, und deswegen kann die folgende Definition von ARNDT eine gewisse Allgemeingültigkeit beanspruchen:

> „Der reine wirtschaftliche Wettbewerb ist ein Prozeß, der aus dem Zusammenwirken des Wettbewerbs der Bahnbrecher und des Wettbewerbs der Nachahmer entsteht, und der sich dadurch auszeichnet, daß er die schöpferischen Wirtschafter zu einer Verbesserung der Bedarfsdeckung durch neue Waren, neue Produktionsverfahren u. dgl. anhält und daß er durch die Nachahmer den Preis aller Waren, auch der jeweils neu eingeführten, allmählich auf die Produktionskosten absinken läßt." (Arndt 1975, S. 258)

Allerdings haben sich die wettbewerbstheoretischen Begriffe verändert. Mit den heute geläufigen Termini kann der Wettbewerbsprozeß folgendermaßen beschrieben werden (vgl. Abb. 2-11):

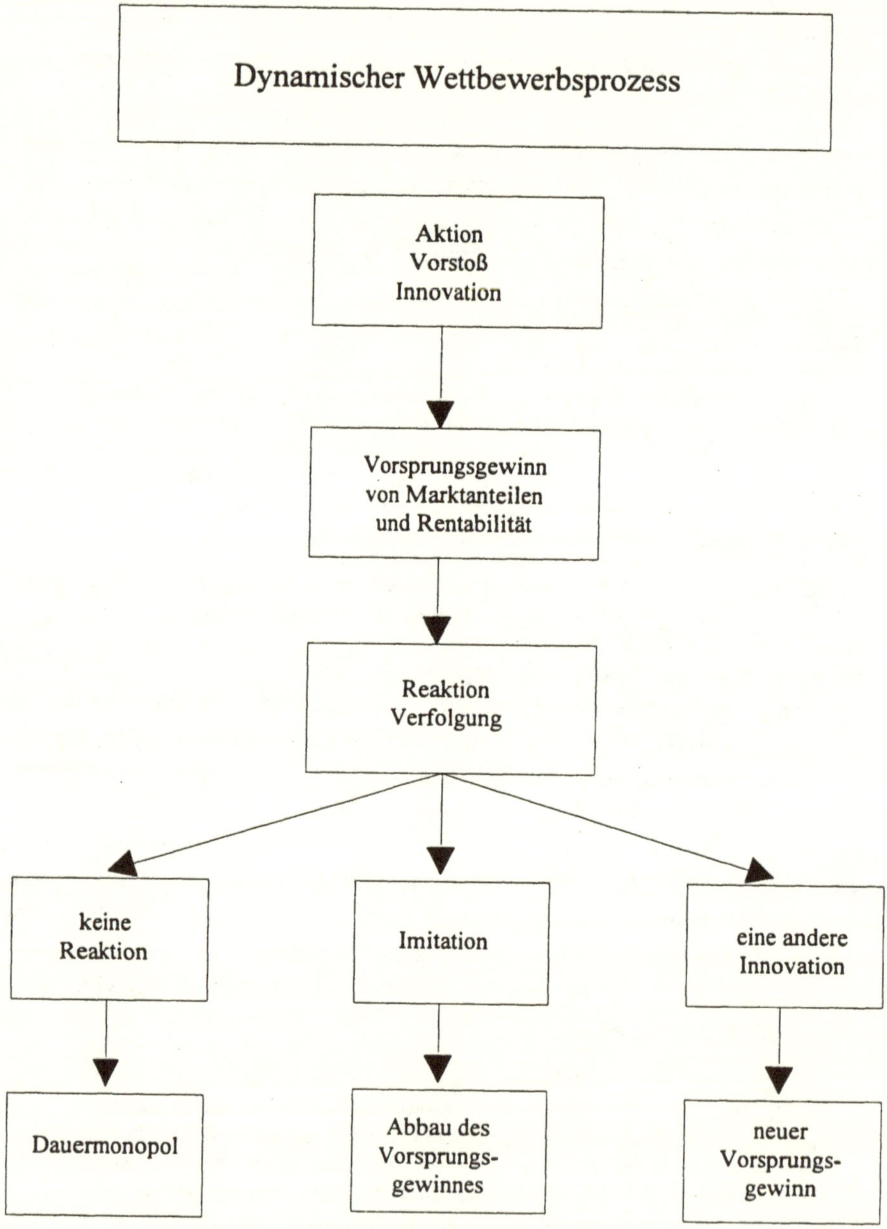

Abb. 2-11: Dynamischer Wettbewerbsprozeß

- Ein **Wettbewerbsprozeß** kommt in Gang, wenn ein Anbieter (der **Pionierunternehmer**) mit einer kreativen Leistung (der Innovation, z.B. ein neues Produkt oder ein moderneres Produktionsverfahren, ein neues Marketingkonzept) sich eine vorübergehende Monopolstellung schaffen kann und einen Vorsprung in Form eines Rendite- und/oder eines Marktanteilgewinns (Vorsprungsgewinn, Pioniergewinn) erzielt. Der **Vorsprungsgewinn** wird für die Konkurrenten besonders spürbar, wenn ihnen das Pionierunternehmen Marktanteile abnehmen kann.

- Reagieren die Wettbewerber nach einer angemessenen Zeit, indem sie die Innovation nachahmen (**Imitation**) oder eine andere Innovation erfolgreich auf den Markt bringen, können sie den Vorsprungsgewinn des Pionierunternehmers wieder abbauen.
- Reagieren sie **nicht** oder sind dazu nicht in der Lage, besteht die Gefahr einer **dauerhaften Monopolstellung**.

Verhalten sich hingegen alle Wettbewerber auf einem Markt passiv, d.h. wollen sie die bestehenden Wettbewerbsverhältnisse konsolidieren, kommt kein funktionsfähiger Wettbewerbsprozeß in Gang. Damit ein dynamischer Wettbewerbsprozeß entstehen kann, müssen demnach für die konkreten Märkte bestimmte **Voraussetzungen** gegeben sein:

1. **innovationsfähige und innovationswillige Unternehmen** (Bahnbrecher, Pionierunternehmen, agressive Wettbewerber), die Vorsprungsgewinne anstreben;
2. das **Entstehen eines Vorsprungsgewinnes** in Form von Marktanteilsgewinnen oder von temporären Monopolrenten (Unterschiede);
3. **imitationsfähige und imitationswillige Unternehmen** (Nachahmer, defensive Wettbewerber), die in der Lage sind, die Vorsprungsgewinne wieder abzubauen (Nivellierung).

Über die wesentlichen Eigenschaften des Wettbewerbs besteht heute weitgehend Einigkeit; man kann den marktwirtschaftlichen Wettbewerb mit folgenden **Merkmalen** charakterisieren:

- Der Wettbewerb ist ein in Raum und Zeit sich vollziehender, **dynamischer Prozeß** von Vorstoß und Verfolgung, von Machtentstehung und Machtabbau.
- In diesem Prozeß setzen die Wettbewerber unterschiedliche **absatzpolitische Parameter** wie Preis-, Produkt- und Sortimentspolitik, Werbung, Standortpolitik, Vertriebsmethoden, Produktionskapazitäten und Marktinformationssysteme ein.
- Erst das Vorhandensein von **individualisierenden** und **generalisierenden** Wettbewerbsströmen ermöglicht den dynamischen Wettbewerbsprozeß.
- Der Wettbewerbsprozeß ist eingebettet in den Entwicklungsprozeß des jeweiligen Marktes und Produkts und in den Wachstums- und Strukturveränderugsprozeß der gesamten Volkswirtschaft.

Heftige **Kontroversen** bestehen nach wie vor über folgende Fragen:

- Welche Funktion soll der Wettbewerb im marktwirtschaftlichen Prozeß übernehmen: Ist er ein **Instrument** zur Steigerung des wirtschaftlichen Wohlstands oder eine **ordnungspolitische Norm** zur Erhaltung der wirtschaftlichen Freiheit?
- Wie bzw. woran kann man die Funktionsfähigkeit des Wettbewerbs erkennen und messen: Kommt es auf das Marktverhalten, die Marktstrukturen oder die Marktergebnisse an oder auf den Freiheitsgrad individueller wirtschaftlicher Entscheidungen?
- Mit welchem **wettbewerbspolitischen Leitbild** und welcher wettbewerbspolitischen Konzeption kann der optimale marktwirtschaftliche Wettbewerbsprozeß realisiert werden?

Auf der Basis der neuen dynamischen Wettbewerbstheorie sind vier verschiedene wettbewerbspolitische Leitbilder und wettbewerbspolitische Strategien entwickelt worden, die im dritten Kapitel dargestellt werden sollen. Zuvor wollen wir die Kriterien diskutieren, mit denen wettbewerbliche und damit auch wettbewerbspolitische **Ausnahmebereiche** in der Marktwirtschaft gerechtfertigt werden.

2.6 Wettbewerbliche Ausnahmebereiche aus wettbewerbstheoretischer Sicht

Bereits die klassischen Ökonomen, insbesondere ADAM SMITH, erkannten, daß es Aktivitäten in der Wirtschaftsgesellschaft gibt, deren Produktion und Verteilung nicht der wettbewerblichen Marktkoordination - der „unsichtbaren Hand" - überlassen bleiben können, weil sowohl der Markt als auch der Wettbewerb in bestimmten Fällen versagen, d.h. ihre Funktionen nicht oder nur ungenügend realisieren. ADAM SMITH folgerte, daß diese Aktivitäten der Staat übernehmen müsse. Er beschränkte allerdings die Staatstätigkeit auf **drei Aufgaben**, die demzufolge wettbewerbliche Ausnahmebereiche darstellen:

1. Die Herstellung und Aufrechterhaltung der äußeren Sicherheit,
2. die Herstellung und Aufrechterhaltung der inneren Sicherheit und der gesellschaftlichen Ordnung durch die Rechtspflege,
3. die Bereitstellung öffentlicher Güter.

> „Nach dem Systeme der natürlichen Freiheit hat die Staatsregierung nur noch drei Pflichten zu beobachten, drei Pflichten freilich, die höchst wichtig, aber die auch ganz einfach und für den gemeinen Menschenverstand faßlich sind. Die erste ist die Pflicht, die Nation **gegen die Gewalttätigkeiten und Angriffe anderer** unabhängiger Nationen **zu schützen**; die zweite die Pflicht, jedes einzelne Glied der Nation

> gegen die Ungerechtigkeit oder Unterdrückung jedes anderen Gliedes derselben so viel als möglich zu schützen, d.h. die Pflicht, eine genaue **Rechtspflege** aufrechzuerhalten; die dritte Pflicht endlich ist die, gewisse **öffentliche Werke und Anstalten** zu errichten und zu unterhalten, deren Errichtung und Unterhaltung niemals in dem Interesse eines Privatmannes oder einer kleinen Zahl von Privatleuten liegen kann, weil der Gewinn daran niemals einem Privatmanne oder einer kleinen Zahl von Privatleuten Entschädigung gewähren würde, obgleich er eine große Nation oft mehr als schadlos hält.“ (Smith 1913, Bd. 2, S. 160, Hervorhebungen von R.O.)

Was ADAM SMITH gewissermaßen intuitiv aus seinen Erfahrungen heraus erkannte, bedurfte einer wissenschaftlichen Begründung. Mit dem Problem der Definition der Staatsaktivitäten im marktwirtschaftlichen System hat sich besonders die **Finanzwissenschaft** auseinandergesetzt. Im allgemeinen soll der Staat dann Aktivitäten übernehmen, wenn der Markt versagt oder zu politisch unerwünschten Ergebnissen führt. Dieser Ansatz kann für die **Wettbewerbstheorie** nicht ohne weiteres übernommen werden, weil sich die **politische** Dimension des Marktversagens als **normative** Setzung einer theoretischen Überlegung und empirischen Überprüfung entzieht. Außerdem ist die Schlußfolgerung der Finanzwissenschaft: „Das, was Markt und Wettbewerb nicht leisten, muß der Staat übernehmen“, aus Sicht der Markt- und Wettbewerbstheorie nicht logisch zwingend. Es kann auch **Politikversagen** vorliegen, wenn Markt und Wettbewerb nicht funktionieren.

Die wettbewerbstheoretische Auseinandersetzung um die Definition und Begründung von wettbewerblichen Ausnahmebereichen ist - wie nicht anders zu erwarten - sehr kontrovers geführt worden. Strittig ist zunächst die Frage, ob man wettbewerbliche Ausnahmebereiche anhand der **Marktergebnisse** identifizieren kann oder nicht.

- Die Vertreter des **Workability-Ansatzes** sind der Auffassung, daß es auf konkrete Marktergebnisse in konkreten Teilmärkten ankomme, um beurteilen zu können, ob Markt und Wettbewerb ihre Funktionen (noch) erfüllen oder ob die Marktergebnisse so unzureichend sind, daß ein wettbewerblicher Ausnahmebereich, d.h. die staatliche Regulierung, eine höhere allokative Effizienz verspricht (Partialmarktkonzept).
- Die Vertreter des ordnungspolitischen **Ansatzes der Wettbewerbsfreiheit** bestreiten, daß man konkrete Prognosen über konkrete Marktentwicklungen abgeben könne. Der Wettbewerb als Such- und Entdeckungsverfahren eröffne immer wieder neue, überraschende Entwicklungen, die man nicht vorhersagen könne. Allenfalls könne man „allgemeine Muster-Voraussagen“ formulieren, um abzuschätzen, ob in bestimmten Wirtschaftsbereichen grundsätzlich wettbewerbliche Prozesse entstehen können oder nicht. Hierbei dürfe man allerdings nicht nur konkrete Teilmärkte betrachten, sondern die allgemeine volkswirtschaftliche Marktsituation (Totalmarktkonzept).

Wenn aber „Muster-Voraussagen" denkbar sind, müßten die Vertreter des Konzepts der Wettbewerbsfreiheit und der Non-Dilemma-Hypothese zwischen Wettbewerbsfreiheit und ökonomischer Vorteilhaftigkeit faktisch eingestehen, daß auch Wettbewerbsprozesse mit „schlechten" Marktergebnissen zumindest denkbar sind. Auf die diesbezügliche Kontroverse zwischen HOPPMANN und TOLKSDORF soll an dieser Stelle nicht weiter eingegangen werden. (Vgl. Tolksdorf 1969, Hoppmann 1973 u. 1974, Bartling 1983) Offensichtlich und unbestritten ist heute, daß wettbewerbliche Ausnahmebereiche mit Hilfe von Marktstruktur-, Marktverhaltens- und Marktergebniskriterien ökonomisch und/oder mit Hilfe von gesamtwirtschaftlichen und/oder gesellschaftspolitischen Zielen definiert und begründet werden können. (Schmidt 1993, S. 35 ff.)

In diesem Zusammenhang tritt allerdings in der Literatur häufig eine Vermischung von wettbewerbspolitischen, ordnungspolitischen und finanzpolitischen Rechtfertigungsansätzen auf, die eher der Unklarheit, denn der Klarheit dient: Es geht nicht um die „Theorie der öffentlichen Güter", die von R. A. MUSGRAVE als „Theorie des Marktversagens" aus älteren Ansätzen weiterentwickelt wurde. (Musgrave 1969, S. 6 ff.) Es geht nicht um die Frage, in welchen Fällen es - aus politischen Gründen - angebracht erscheint, einen wettbewerblichen Ausnahmebereich zu schaffen, sondern um das Problem, wann aus wettbewerbs**theoretischen** Gründen ein solcher geschaffen werden **muß**. Dies ist offensichtlich nur dann der Fall, wenn Markt oder Wettbewerb ihre Funktionen nicht erfüllen, d.h. wenn die Koordinationsleistung des Marktes nicht erbracht werden kann und der Wettbewerb keine effizienzorientierte Unternehmensselektion bzw. keine Verbesserung der Marktergebnisse erbringt. (Eickhoff 1986, S. 471)

Unter dieser Prämisse ist es dann auch nicht mehr sinnvoll, mit GRAF (1981, S. 313) zwischen **allokativem** und **politischem** Marktversagen zu unterscheiden: Allokatives Marktversagen liegt vor, wenn „der Wettbewerb eine suboptimale Allokation der Ressourcen bewirkt"; politisches Marktversagen liegt vor, wenn „die durch den Wettbewerb hervorgebrachten Marktergebnisse gesellschaftspolitischen Zielvorstellungen ... zuwiderlaufen", wobei GRAF besonders an verteilungs-, umwelt-, energie- und bildungspolitische Zielsetzungen denkt.

Im Falle des **politischen** Marktversagens versagen die Markt- und Wettbewerbsfunktionen keineswegs, denn Marktprozesse laufen nach eigenen Gesetzmäßigkeiten ab, deren Ergebnisse durchaus den gesellschaftspolitischen Zielen widersprechen können. Der Markt kennt diese Ziele nicht. Es wäre dann Aufgabe der Politik, durch entsprechende ordnungspolitische Rahmenbedingungen zu bewirken, daß Marktprozesse (auch) diese Ziele erreichen. Gelingt dies jedoch nur durch die Schaffung eines wettbewerblichen Ausnahmebereichs, könnte man eher von „Politikversagen" als von „Marktversagen" sprechen. Vielfach ist es auch so, daß der Staat durch die Schaffung eines politisch und nicht wettbewerbstheoretisch begründeten Ausnahmebereichs die gesellschaftspolitischen Ziele nur mit aufwendigen bürokratischen Lenkungsverfahren erreicht, deren Mehrkosten dann wegen der Unmöglichkeit des Vergleichs mit der wettbewerblichen Lösung nicht ermittelt werden können. Dies trifft für zahlreiche kommunale Dienstleistungen zu (z.B. Hallenbäder, Müllabfuhr, Straßenreinigung usw.).

Im folgenden sollen nur noch die wettbewerblichen Ausnahmebereiche behandelt werden, die mit **wettbewerbstheoretischen** Argumenten begründbar sind; BARTLING (1983, S. 332 ff.) spricht in diesem Zusammenhang von „wettbewerbspathologischen Faktoren"; EICKHOFF (1986, S. 471 ff.) unterscheidet Marktversagen und Wettbewerbsversagen:

Die Koordinationsfunktionen des **Marktes** versagen,

- wenn die Transaktionskosten relativ hoch sind; wenn z.B. die Transaktionskosten den Wert des Gutes übersteigen;
- wenn unüberwindliche Koordinationshindernisse bestehen, z.B. bei einer anormalen Angebots- oder Nachfragekurve oder vollkommen unelastischem Angebot und Nachfrage und
- bei der planmäßigen Versorgung mit (kollektiven) öffentlichen Gütern.

Die Funktionen des **Wettbewerbs** versagen

- bei wettbewerbsverhindernden Economies of Scale,
- bei ruinöser Konkurrenz und
- wenn die Nachfrager mit relativ hohen Transaktionskosten belastet sind.

Dieser theoretische Ansatz ist in sich schlüssig, und die daraus gezogenen Schlußfolgerungen sind theoretisch richtig. EICKHOFF weist jedoch selbst darauf hin, daß einige der von ihm klassifizierten Fälle von Markt- oder Wettbewerbsversagen recht selten oder nur kurzfristig in der Realität vorkommen. BARTLING benennt die wettbewerbstheoretisch begründeten Ausnahmebereiche, die für die wettbewerbspolitische Praxis auch relevant sind, sehr konkret: 1. fehlendes Ausschlußprinzip des Marktes, 2. inverses Angebotsverhalten mit der Folge labiler Marktgleichgewichte, 3. wettbewerbszerstörende Economies of Scale und hohe Marktaustrittsschranken mit chronischen Überkapazitäten.

Wettbewerbliche Marktprozesse sind durch die folgenden vier Prinzipien gekennzeichnet:

- Das **Ausschlußprinzip**: Nur der Nachfrager, der bereit ist, den Marktpreis zu zahlen, kann einen Vertrag abschließen bzw. wer nicht bereit ist, den Marktpreis zu zahlen, kann vom Ver- oder Gebrauch des Gutes ausgeschlossen werden.

- Das **Koordinationsprinzip**: Marktbeziehungen sollen einen Ausgleich zwischen Angebot und Nachfrage schaffen; es muß sich deshalb ein Marktpreis für ein bestimmtes Gut bilden können, zu dem möglichst viele Anbieter verkaufen und möglichst viele Nachfrager kaufen können.
- Das **Äquivalenzprinzip**: Eine Marktleistung erfordert eine Gegenleistung, und Leistung und Gegenleistung müssen sich im subjektiven Urteil der Marktteilnehmer entsprechen.
- Das **Ausleseprinzip**: Der Wettbewerb trifft eine Auslese nach dem Prinzip der wirtschaftlichen Stärke.

Wenn Marktprozesse eines der Prinzipien nicht leisten (können), ist ein wettbewerblicher Ausnahmebereich aus wettbewerbstheoretischer Sicht begründbar. Eine Übersicht zeigt Abb. 2-12 (vgl. auch Bartling 1993, S. 18 ff.).

Versagen des ...	wettbewerblicher Ausnahmebereich
Ausschlußprinzip des Marktes	kollektive Güter
Koordinationsprinzip des Marktes	labile Marktgleichgewichte
Äquivalenzprinzip des Marktes	externe Effekte
Ausleseprinzip des Wettbewerbs	ruinöse Konkurrenz und „natürliche Monopole“

Abb. 2-12: Marktversagen als wettbewerbstheoretische Begründung für wettbewerbliche Ausnahmebereiche

In den folgenden Abschnitten soll auf die **Begründung** wettbewerblicher Ausnahmebereiche näher eingegangen werden, auch, weil sich die Gelegenheit bietet, aktuelle wirtschaftspolitische Probleme aus wettbewerbstheoretischer Sicht zu erörtern.

2.6.1 Versagen des Ausschlußprinzips des Marktes

Grundsätzlich versagt das Ausschlußprinzip des Marktes bei kollektiven Gütern. Im Gegensatz zu individuellen Gütern, die, wenn es sich nicht um freie Güter handelt, grundsätzlich Marktobjekte sein können, sind **kollektive Güter** dadurch gekennzeichnet, daß

- sie nur gemeinsam von mehreren Wirtschaftssubjekten gleichzeitig genutzt werden können,

- der individuelle Nutzungsumfang nicht meßbar ist,
- sie demzufolge auch keinen Preis haben und
- niemand von der Nutzung ausgeschlossen werden kann,
- selbst wenn er sich weigert, einen Preis für die Nutzung zu zahlen (Trittbrettfahrer-Effekt),
- weil der Produzent keinen verwertbaren Eigentumstitel geltend machen kann.

Typische kollektive Güter sind innere und äußere Sicherheit, Rechtssicherheit, das Straßennetz, Verkehrssicherheit, Schutz vor ansteckenden Krankheiten durch Impfungen, eine saubere Umwelt, geschützte Landschaften, Wanderwege, aber auch ein privater Zugangsweg zu einer Reihenhaussiedlung oder ein frei zugänglicher Parkplatz.

Das Ausschlußprinzip des Marktes versagt bei kollektiven Gütern entweder aus rechtlichen, technischen, politischen oder aus Kostengründen, denn es wäre durchaus möglich, aus einem kollektiven Gut (z.B. die Bundesautobahn in Deutschland) ein individuelles Gut zu gestalten, wenn die Eigentumsrechte geltend gemacht werden und entsprechende Marktzutrittsschranken gesetzt würden (z.B. durch ein elektronisches Mautsystem). Ist dies nicht möglich oder politisch nicht gewollt, muß ein wettbewerblicher Ausnahmebereich geschaffen werden. Ob das kollektive Gut dann vom Staat direkt produziert und bereitgestellt wird oder ob dies ein privater Anbieter unter Staatsaufsicht übernimmt, ist ohne Belang. Für die Bereitstellung öffentlicher kollektiver Güter werden i.d.R. Zwangsabgaben erhoben.

2.6.2 Versagen des Koordinationsprinzips des Marktes

Der Markt versagt, wenn bei der Koordination von Angebot und Nachfrage unüberwindliche Hindernisse bestehen. Dies ist z.B. theoretisch der Fall, wenn Angebot und Nachfrage gleichzeitig vollkommen unelastisch auf Preisänderungen reagieren oder wenn Angebot und Nachfrage so voneinander abweichen, daß sich die Funktionen nicht schneiden (vgl. Abb. 2-13).

Ist das Angebot größer als die Nachfrage, würde der Preis gegen Null sinken, ist die Nachfrage größer als das Angebot, würde der Preis theoretisch gegen unendlich steigen. Der Markt ist **instabil**. Eine Koordination von Angebot und Nachfrage kann nicht stattfinden. KÜLP (1984, S. 23 ff) denkt in diesem Zusammenhang an Märkte für „lebensnotwendige, nicht-substituierbare und nicht-lagerfähige Güter". Denkbar wäre in der Praxis ein Fall, daß ein Arzneimittelhersteller als Monopolist ein lebenswichtiges Medikament, das von den Patienten regelmäßig eingenommen werden muß, in einer so geringen Menge herstellt, daß der Bedarf nicht befriedigt werden kann.

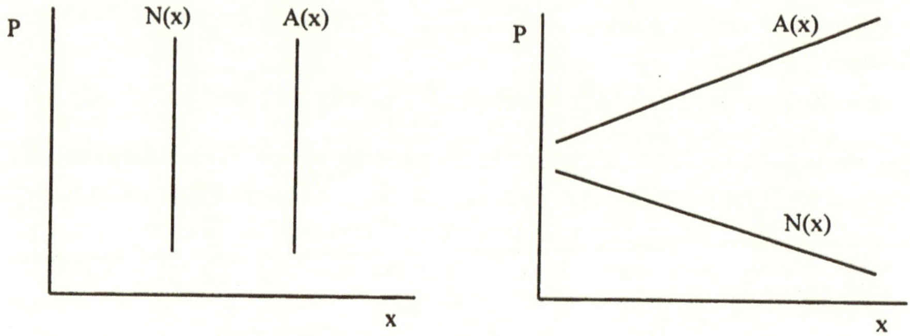

Abb. 2-13: Vollkommen unelastische Nachfrage und vollkommen unelastisches Angebot; sich nicht schneidende Nachfrage- und Angebotskurve

Das Koordinationsprinzip des Marktes versagt auch, wenn der niedrigste Preis, zu dem ein Anbieter sein Produkt verkaufen kann oder will, über dem höchsten Preis liegt, den die Nachfrager zu zahlen bereit oder in der Lage sind. Denkbar ist ein neues wirksames Medikament gegen Krebs oder Aids, das sich wegen des hohen Preises niemand kaufen kann, oder auch eine andere kostspielige und nützliche Innovation.

Die erwähnten Fälle für Koordinationsversagen sind jedoch recht kurzfristig, weil wegen der hohen Absatzchancen meistens rasch neue Anbieter auf dem Markt auftreten und das Produkt oder ein Substitut preiswerter anbieten werden. Sind allerdings die Markteintrittsschranken unüberwindlich hoch, erscheint ein wettbewerblicher Ausnahmebereich gerechtfertigt.

Unüberwindliche Koordinationshindernisse bestehen auch bei **anormalem** Angebots- oder Nachfrageverhalten, wenn die Steigung der anormalen Kurve absolut kleiner ist als die normal verlaufende Kurve der Marktgegenseite. (Vgl. Abb. 2-14)

In beiden Fällen führen Marktungleichgewichte zu **instabilen** Anpassungsprozessen, die nicht wieder zum Gleichgewicht zurückkehren: Bei einer anormalen Nachfrage- bzw. Angebotskurve entsteht bei einem Preis **über** dem Marktpreis ein permanenter Nachfrageüberhang, der zu weiter steigenden Preisen führt; bei einem Preis **unter** dem Gleichgewichtspreis entsteht ein permanenter Angebotsüberhang, der weitere Preissenkungen bewirken würde. Der Koordinationsprozeß ist instabil.

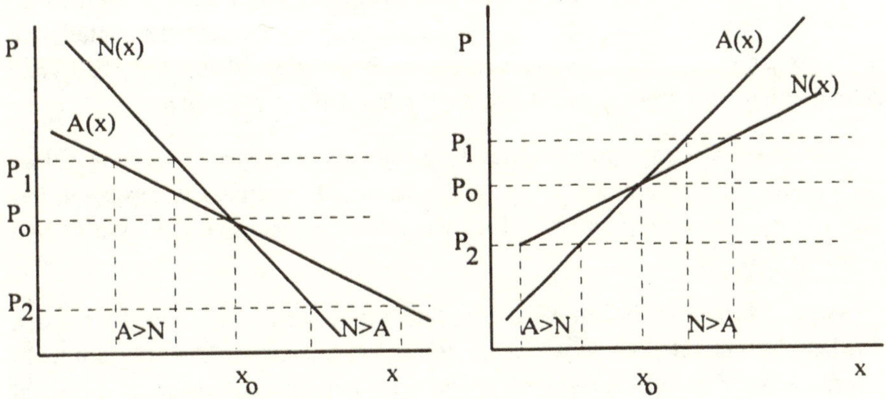

Abb. 2-14: Marktkoordination bei anormalem Angebots- oder Nachfrageverhalten

Der Fall des anormalen Angebots trifft nach Meinung vieler Wirtschaftswissenschaftler auf den **Arbeitsmarkt** zu, zumindest für die Verhältnisse nach der beginnenden Industrialisierung im 19. Jahrhundert. Wenn das Gleichgewichtslohnniveau sehr niedrig ist, werden die Arbeitnehmerhaushalte mehr Arbeit anbieten, um ihr Einkommen bzw. ihr Existenzminimum halten zu können. Dies führt zu weiteren Lohnsenkungen. FERDINAND LASSALLE (1825 - 1864) hat dieses Phänomen als das „eherne, grausame Lohngesetz" bezeichnet. Wegen der Bedeutung des Lohnes, der oft die einzige Einkommensquelle eines Haushalts darstellt, gilt der kollektive Arbeitsmarkt auch heute als wettbewerblicher Ausnahmebereich, in dem die Tarifpartner als Kollektivmonopolisten Tarifverträge abschließen, die für Arbeitnehmer und Arbeitgeber Mindestbedingungen darstellen. Der Arbeitsmarkt hat heute die Form eines bilateralen Monopols.

Ob diese Argumentation auch für den **Agrarmarkt** zutrifft, ist heute sehr umstritten. Zwar kann man auch beobachten, daß Landwirte ihre Produktion erhöhen, wenn die Preise sinken, um ihr Einkommensniveau zu halten, sie erhöhen aber auch die Produktion, wenn die Preise steigen, um ihr Einkommen zu maximieren. Im Falle des europäischen Agrarmarktes kann man sicher eher von Politikversagen als von Marktversagen sprechen.

2.6.3 Versagen des Äquivalenzprinzips des Marktes

Das Äquivalenzprinzip des Marktes versagt, wenn durch Markttransaktionen hohe externe Effekte entstehen. **Externe Effekte** sind die negativen oder positiven Wirkungen, die von Handlungen eines Wirtschaftssubjektes ausgehen und andere - also Externe - benachteiligen oder begünstigen, ohne daß die extern Benachteiligten eine Entschädigung erhalten oder die extern Begünstigten eine Entschädigung zahlen müssen. Man unterscheidet externe Kosten und externe Nutzen:

- **Externe Kosten** entstehen bei Marktbeziehungen, wenn es z.B. einem Anbieter gelingt, Kosten auf andere als die Käufer seines Produktes abzuwälzen. Bekannt ist das Beispiel von Umweltschutzkosten, die nicht in die Preiskalulation einbezogen werden.

- **Externe Nutzen** entstehen, wenn ein Anbieter für seine Leistungen nicht den vollen Preis erzielen kann, weil Teile seiner Leistungen von den Käufern nicht vergütet werden: z.B. die Ergebnisse aus der Grundlagenforschung, die nicht nur den Auftraggebern, sondern auch anderen Nutznießern zugänglich sind. Auch bei der Agrarproduktion entstehen externe Nutzen in Form des Landschaftsschutzes, die den Bauern durch echte Marktpreise nicht vergütet werden.

Externe Kosten und Nutzen führen i.d.R. dazu, daß die Marktpreise zu **niedrig** sind und den tatsächlichen Knappheitsrelationen nicht entsprechen. Dies führt zu einer Fehlallokation der Produktion oder beim Einsatz der Produktionsfaktoren:

- Von Produkten mit **externen Kosten** werden i.d.R. zu viele Gütereinheiten produziert und verbraucht, als wenn alle Kosten internalisiert werden könnten; z.B. Strom aus Atomkraftwerken, für den die Kosten für die vollständige Entsorgung im Preis nicht einkalkuliert werden.

- Werden Produkte mit **externen Kosten** hergestellt, deren Ausmaß vom Einsatz eines Produktionsfaktors abhängt, werden zu viele Einheiten dieses Faktors eingesetzt, als wenn die Kosten internalisiert werden könnten; z.B. Holz aus tropischen Urwäldern, für das die Kosten der Rekultivierung im Preis nicht einkalkuliert werden.

- Produkte mit **externen Nutzen** werden i.d.R. von privaten Unternehmen nicht angeboten, weil der Marktpreis die Kosten nicht deckt, es sei denn der Staat subventioniert diese Produktion; z.B. Solarkraftwerke oder Windkraftwerke, die Agrarproduktion.

Das Vorhandensein externer Effekte allein begründet allerdings noch keinen wettbewerblichen Ausnahmebereich, wenn sie wegen Geringfügigkeit toleriert oder durch die Zuweisung von Eigentumsrechten und/oder anderen ordnungspolitischen Maßnahmen (gezielte Steuern, Auflagen, Normen, Schadstoffgrenzen usw.) internalisiert werden können. Ist die Internalisierung der externen Effekte jedoch technisch nicht möglich oder ökonomisch zu teuer, ist - gewissermaßen als ultima ratio - die Bedingung für einen wettbewerbspolitischen Ausnahmebereich gegeben. (Bartling 1983, S. 392)

2.6.4 Versagen des Ausleseprinzips des Wettbewerbs

Wenn die Stückkosten mit zunehmender Produktionsmenge bei gegebener Kapazität oder mit steigender Betriebsgröße sinken, liegen **Economies of Scale** (Größenvorteile) vor. Wenn im wettbewerblichen Prozeß nicht alle Anbieter gleichzeitig in der Lage sind, diese Größenvorteile zu realisieren, kommt es zu einem Ausleseprozeß auf dem Markt über den Preis.

Dieser Ausleseprozeß kann die Form von **ruinöser Konkurrenz** annehmen, sobald die Wettbewerber nur ihre Größenvorteile als absatzpolitisches Parameter einsetzen; es kommt zu einem Preiskampf. Denkbar ist, daß dieser ruinöse Ausleseprozeß zu Marktstrukturen führt, in denen sich bei gegebenem, nicht steigerungsfähigen Marktvolumen die Zahl der Anbieter ständig verringert. Hier besteht die Gefahr, daß sich der rivalisierende Leistungswettbewerb in ein solidarisches Parallelverhalten der Anbieter wandelt oder daß ein reiner Machtkampf ums Überleben entbrennt. Im Extremfall kann der Ausleseprozeß dazu führen, daß ein „natürliches Monopol" entsteht. Die Wettbewerbsstruktur auf dem Markt wäre zerstört.

Wenn dieser Ausleseprozeß wettbewerbspolitisch nicht verhindert werden kann, ist beim Vorliegen von **solidarischem Parallelverhalten** oder einer Tendenz zum „natürlichen Monopol" ein wettbewerblicher Ausnahmebereich zu rechtfertigen. Der Wettbewerb hat als Steuerungsinstrument in diesem Fall versagt.

Das gleiche Argument wird für Wirtschaftszweige angeführt, deren Produkte sich in der Schrumpfungsphase befinden und in denen die Marktaustrittsschranken wegen kapitalintensiver oder arbeitsintensiver Produktionsverfahren sehr hoch sind. Wenn die Bindungsdauer des eingesetzten Kapitals sehr lang und/oder die Zahl der abzubauenden Arbeitsplätze sehr hoch ist, gelingt es den Unternehmen nur schwer, ihre Produktion rechtzeitig auf innovative Produkte umzustellen. Besonders bei hohen Fixkosten und niedrigen Grenzkosten entsteht bei rückläufigem Bedarf ein **ruinöser Preiswettbewerb**, der wegen der hohen Martkaustrittsschranken die Unternehmen zwingt, die Produkte unter den Selbstkosten anzubieten. Auf diese Weise wird oft der Staat in Zugzwang gesetzt, die Produktion zu subventionieren, um die durch Einstellung der Produktion gefährdeten Arbeitsplätze zu sichern. Als Beispiele können in Europa der Bergbau, die Stahlindustrie, die Werftindustrie und die Binnenschiffahrt angeführt werden.

Ob auch in den Fällen „kranker Industriezweige" die Schaffung eines wettbewerblichen Ausnahmebereiches gerechtfertigt werden kann, ist umstritten. Rechtzeitige unternehmensstrategische Entscheidungen und eine vorausschauende strukturelle Anpassungspolitik könnten den „letzten Ausweg" eines Ausnahmebereichs überflüssig machen. Da aber diese weitsichtige Unternehmens- und Strukturpolitik in Europa offensichtlich nicht betrieben wird, werden immer wieder „siechende Industriezweige" entstehen. Deswegen werden Diskussionen über die Notwendigkeit wettbewerblicher Ausnahmebereiche immer wieder neu entbrennen. BARTLING (1983, S. 343 f.) hat versucht, für die Identifizierung „verfestigt-vermachteter" und „chronisch-branchenruinöser" Marktstrukturen **objektive Aufgreifkriterien** für die Wettbewerbspolitik zu definieren, um die Entscheidung über wettbewerbliche Ausnahmebereiche für diese Fälle auf eine sicherere Basis zu stellen:

„**Verfestigt-vermachtete Marktstrukturen**" setzen voraus, daß

- „mindestens in den sieben der letzten zehn Jahre und mindestens in vier der letzten fünf Jahre der Marktanteil von vier oder weniger Unternehmen mindestens 80 vH ausgemacht haben muß (Marktstrukturkriterium), oder
- trotz wesentlicher Nachfrage- oder Kostenänderung oder bei erheblichen Überkapazitäten keine Preisbewegungen erfolgten oder im Falle von Preisänderungen spontan-solidarisches Parallelverhalten vorlag (Marktstrukturkriterium)."

„Chronisch-branchenruinöse Marktstrukturen" setzen voraus, daß

- „mindestens in den letzten drei Jahren die Kapazitäten im Durchschnitt der Branche zu weniger als 70 vH ausgelastet waren und
- in dieser Zeit außerdem Marktpreissenkungen um mindestens 20 vH erfolgten."

Nach einem juristischem Verfahren der Überprüfung der Aufgreifkriterien müßte in einem „ökonomisch-politischen" Verfahren durch unabhängige Sachverständigenräte anschließend geprüft werden, ob ein wettbewerblicher Ausnahmebereich geschaffen werden soll, oder ob andere wirtschaftspolitische Maßnahmen geeignet sind, die Probleme zu lösen. Da auch bei diesem Verfahrensvorschlag die **politischen** Instanzen die letzte Entscheidung haben müssen, ist die Gefahr nicht von der Hand zu weisen, daß der strukturerhaltenden Subventionierung der Vorzug gegeben wird.

3 Wettbewerbspolitische Leitbilder

3 Wettbewerbspolitische Leitbilder

3.1 Überblick

Nachdem sich die CLARK'SCHE These, daß gewisse Marktunvollkommenheiten den Wettbewerb durchaus beleben können, aufgegriffen wurde, und sich die moderne Theorie des dynamischen Wettbewerbsprozesses allgemein durchgesetzt hatte, konzentrierte sich die Forschung auf das Problem, bestimmte Voraussetzungen und Bedingungen zu definieren, unter denen sich ein **optimaler Wettbewerbsprozeß** entfalten könne. In den Jahren zwischen 1950 bis 1980 wurden im wesentlichen **vier Leitbilder für die Wettbewerbspolitik** definiert und diskutiert.

Die Vertreter des Konzeptes der **„workable competition"**, das vornehmlich in des USA entwickelt wurde, nahmen an, man könne die Funktionsfähigkeit des Wettbewerbs auf konkreten Märkten mit Hilfe objektiver Kriterien und Normen messen und beurteilen. Auf diese Weise wollten sie der Wettbewerbspolitik konkrete Maßnahmen aufzeigen, funktionsfähige Wettbewerbsprozesse herzustellen. Dieses Konzept ist gescheitert. Aus dem Dilemma, in das der Workability-Ansatz die Wettbewerbspolitik geführt hat, sind drei weitere Versuche unternommen worden, wettbewerbspolitische Leitbilder zu formulieren:

Das **Leitbild der „optimalen Wettbewerbsintensität"** von KANTZENBACH zielt auf eine bestimmte Marktstruktur ab, in der die Wettbewerbsintensität am größten sein soll. KANTZENBACH hat sich von der Vielzahl der diskutierten Wettbewerbskriterien des Workability-Ansatzes gelöst und sein Leitbild im Prinzip auf zwei Kriterien beschränkt, die Marktform und der Grad der Produktdifferenzierung.

HOPPMANN kritisiert den Marktstrukturansatz KANTZENBACHS und entwickelt das **Leitbild der „Wettbewerbsfreiheit"**, das den Wettbewerb als eine ordnungspolitische Norm der Freiheitssicherung begreift und Wettbewerb grundsätzlich als nicht normierbar ansieht. Man könne allerdings Wettbewerbsfreiheit durch wettbewerbspolitische „Spielregeln", die Wettbewerbsbeschränkungen und die Ausübung von „unangemessener Marktmacht" verhindern, schützen.

In den USA hat die Chicago School als Antwort auf das Workability-Konzept das **Leitbild der „Steigerung der Konsumentenwohlfahrt"** entwickelt, das auf ein einziges Marktergebniskriterium abstellt: Alle Marktprozesse sind optimal, soweit sie die Wohlfahrt der Konsumenten erhöhen. Deswegen soll sich die Wettbewerbspolitik darauf konzentrieren, eindeutig wettbewerbsbeschränkendes Verhalten, z.B. hohe Konzentrationsgrade, Preisabsprachen, Marktaufteilungen, zu unterbinden, sonst aber nicht in Marktstrukturen und Marktverhalten eingreifen.

3.2 Das Leitbild des funktionsfähigen Wettbewerbs („workable competition")

Mit zunehmender Kritik am wettbewerbspolitischen Leitbild der vollkommenen Konkurrenz und nachdem sich CLARK'S These, daß es wettbewerbsfördernde und wettbewerbsbeschränkende Marktunvollkommenheiten gäbe, durchgesetzt hatte, wurde in den fünfziger Jahren besonders in den USA mit einem sehr pragmatischen Ansatz nach einem neuen wettbewerbspolitischen Leitbild gesucht. In diesem Zusammenhang hat sich auch die **dynamische** Theorie des Wettbewerbs als einem Prozeß von Aktionen und Reaktionen, von Vorstoß und Verfolgung, endgültig durchgesetzt. CLARK stellt 1961 fest:

> „Ich bin immer mehr beeindruckt und überzeugt davon, daß die Art des Wettbewerbs, die wir haben, mit all ihren Fehlern ... besser ist als das Modell des reinen und perfekten Wettbewerbs, da sie den Fortschritt vorantreibt. ... Die Theorie des wirksamen (effective) Wettbewerbs ist eine dynamische Theorie." (Clark 1961, S. IX., zit. nach Poeche 1970, S. 14)

3.2.1 Konzeption

Die Wettbewerbstheoretiker stellten sich nun die Aufgabe, **Kriterien und Normen** zu erarbeiten, mit deren Hilfe „workable competition", d.h. funktionsfähiger Wettbewerb, in ganz konkreten Märkten beurteilt werden kann, um den Wettbewerbspolitikern bestimmte Zielnormen zur Verfügung zu stellen, an denen sie ihre Politik ausrichten konnten bzw. sollten. Die Bemühungen zielten also nicht auf eine neue geschlossene Wettbewerbstheorie oder auch nur auf ein allgemein zu definierendes wettbewerbspolitisches Leitbild, sondern darauf, einen **allgemein gültigen Katalog** von verschiedenen Merkmalen zu erarbeiten, mit denen geprüft werden kann, ob der Wettbewerb auf bestimmten Märkten funktionsfähig ist oder nicht.

Mit diesem Ansatz wird verständlich, daß angesichts der Vielfältigkeit der Wettbewerbsformen und der Komplexität der wettbewerblichen Aktionsparameter eine Vielzahl von Forschern eine fast unüberschaubare Vielzahl von Kriterien und Kombinationen von Kriterien entwickelt hat. Die sich anschließenden Systematisierungsversuche für die Kriterien des funktionsfähigen Wettbewerbs haben ergeben, daß es zweckmäßig ist, die aus der Preistheorie bekannte Kausalkette - Marktstruktur, Marktverhalten und Marktergebnis - als Unterscheidungsmerkmale zu verwenden, obwohl eine eindeutige Zuordnung nicht in jedem Fall möglich ist. Die folgende Aufstellung von **Wettbewerbskriterien** kann keinen Anspruch auf Vollständigkeit erheben. (Vgl. Abb. 3-1)

Marktstruktur-kriterien	Marktverhaltens-kriterien	Marktergebnis-kriterien
• Zahl und Größe der Unternehmen • Konzentrationsgrade • Unternehmens-verflechtungen • räumliche Markt-ausdehnung • Markttransparenz • Marktschranken • Preiselastizitäten • Einkommens-elastizitäten • Art der Produkte • Grad der Produkt-differenzierung • Kostenfunktionen • Absatz- und Marktorganisation • u.a.	• bevorzugte Aktions-parameter • kurz- und langfristige Unternehmensziele • Absatzpolitik • absatzpolitische Reak-tionsverbundenheit • Preisführerschaft • Rivalitätsneigung • Risikoneigung • Investitionsentschei-dungen • Neigung zu wettbewerbs-beschränkendem Verhalten • u.a.	• Güterpreise und Preis-entwicklung • Güterqualitäten • Kosten, Umsatz, Gewinn • Angebotsalternativen • räumliche und zeitliche Güterverfügbarkeit • Produktionskosten • Durchsetzung des technischen Fortschritts • Verbrauchernutzen • u.a.

Abb. 3-1: Kriterien für funktionsfähigen Wettbewerb (workable competition)

Doch lediglich eine Reihe von Wettbewerbs**kriterien** aufzustellen, genügt nicht. Wenn der Workability-Ansatz als Leitbild der Wettbewerbspolitik auch praktikabel sein soll, müßte die Wettbewerbstheorie für jedes Kriterium **Normen** erarbeiten, um feststellen oder vorhersagen zu können, wann der Wettbewerb funktionsfähig ist und wann nicht. Beispielsweise das Kriterium „Zahl und Größe der Unternehmen": Bei welcher Zahl von Unternehmen und bis zu welcher Unternehmensgröße kann man mit funktionsfähigem Wettbewerb rechnen? Muß man auch andere Kriterien berücksichtigen, z.B. Marktanteile, Markttransparenz und Risikoneigung? Welche Güterpreise sind das Ergebnis eines funktionsfähigen Wettbewerbsprozesses und welche sind auf monopolistische Marktpositionen zurückzuführen? Und sind diese Monopolsituationen dauerhaft oder nur die Folge eines absatzpolitischen Vorstoßes i. S. der dynamischen Wettbewerbstheorie?

Selbst wenn man in der Lage wäre, für die einzelnen Kriterien und Kriterienkombinationen objektive Normen zu ermitteln, müßte darüber hinaus die Wettbewerbspolitik über Verfahren verfügen, mit denen man die konkreten Marktsituationen im Hinblick auf die aufgestellten Normen überprüfen kann, um zu „richtigen" wettbewerbspolitischen Entscheidungen zu kommen.

Es wird deutlich, daß der Weg, die Funktionsfähigkeit des Wettbewerbs an **einzelnen Kriterien** bzw. Kombinationen von Kriterien zu beurteilen, „in die Sackgasse" führt. (Bartling 1980, S. 22) Aber auch die Versuche zahlreicher Autoren, eine **allgemeine Formulierung** für ein Leitbild des funktionsfähigen Wettbewerbs zu finden, sind letztlich gescheitert. Einige Beispiele sollen diese Feststellung verdeutlichen (zit. nach: Poeche 1970, S. 20 ff., Hervorhebungen von R. O.):

- ADAMS meint, funktionsfähiger Wettbewerb liege vor, „wenn die von ihm erwarteten Ergebnisse - in erster Linie die Weitergabe von Produktivitätssteigerungen in Form **niedrigerer Preise**, vergrößerter Ausbringung und **verbesserter Qualität** - nicht **willkürlich** durch die betreffenden Unternehmen eines Industriezweiges manipuliert werden können bzw. von deren 'Wohlwollen' abhängen, sondern ständig durch einen unerbittlichen, automatischen Wettbewerbsprozeß erzwungen werden".

- ADELMANN sieht den Wettbewerb dann als funktionsfähig an, „wenn eine **ausreichende** Anzahl von Alternativen, die jedem gegebenen Anbieter oder Nachfrager offen stehen", vorhanden ist.

- CLARK definiert funktionsfähigen Wettbewerb als eine „Rivalität beim Verkauf von Gütern, wobei jeder Verkäufer normalerweise den höchsten Reinertrag zu erzielen sucht, und zwar unter solchen Bedingungen, daß der Preis oder die Preise, die jeder fordern kann, **wirksam begrenzt** werden durch die freie Entscheidung des Käufers, ein als '**gleichartig**' gedachtes Erzeugnis von einem oder mehreren rivalisierenden Verkäufern zu erwerben, wodurch Anstrengungen jedes Verkäufers notwendig sind, die Anziehungskraft der Angebote der übrigen zu erreichen oder zu übertreffen; das muß zur Erreichung des erstrebten Zieles für eine **ausreichende** Zahl von Verkäufern der Fall sein."

Diese allgemeinen Leitbilder für funktionsfähigen Wettbewerb sind entweder tautologisch oder/und sie enthalten normative Formulierungen, die in der Realität nicht objektiv überprüfbar sind, z.B. „nicht willkürlich", „Wohlwollen", „ausreichende Anzahl von Alternativen", „wirksame Begrenzung der Preise", „gleichartig gedachtes Erzeugnis", „ausreichende Zahl von Verkäufern". Wie soll die praktische Wettbewerbspolitik diese „allgemeinen" Leitbilder umsetzen?

3.2.2 Kritik

POECHE (1970, S. 32) meinte, die größere Wirklichkeitsnähe des Workability-Ansatzes und damit die weitgehende „Absage an modelltheoretische Konstruktionen" sei der richtige Weg, „ein wirtschaftspolitisches Instrumentarium zu erarbeiten, mit dessen Hilfe im Einzelfall geprüft werden kann, ob der Wettbewerb die von ihm erwarteten ökonomischen und gesellschaftspolitischen Funktionen erfüllt", um „die effektivere Gestaltung der Wettbewerbspolitik" zu erreichen. Heute muß festgestellt werden, daß dieses Ziel in keiner Weise erreicht worden ist, auch nicht erreicht werden konnte. Der Versuch, konkrete Marktsituationen und Marktprozesse mit Hilfe von bestimmten Kriterien und Normen auf den Grad der Funktionsfähigkeit des Wettbewerbs hin zu beurteilen und sie evtl. sogar politisch zu gestalten, mußte aus verschiedenen Gründen mißlingen:

1. Da die Marktprozesse so vielschichtig sind und so verschiedenartig ablaufen und beeinflußt werden können, ist die **Zahl der Beurteilungskriterien zu groß**. Ihre Zahl kann weder abschließend begrenzt noch zu einer sinnvollen Kombination zusammengestellt werden. Jede Wettbewerbssituation erfordert gewissermaßen ihr eigenes Bündel von Beurteilungskriterien, was die Definition von objektiven und allgemeinverbindlichen Zielen für die Wettbewerbspolitik praktisch unmöglich macht. Hinzu kommt, daß eine Definition von Zielnormen, letztlich von wettbewerblichen **Marktergebnissen**, an der Tatsache scheitert, daß bestimmte Bedingungen für funktionsfähigen Wettbewerb nicht prognostiziert werden können, weil sich bestimmte Wettbewerbssituationen durch den Wettbewerb selbst in Raum und Zeit verändern.

2. Die Funktionsfähigkeit des Wettbewerbs kann weder mit Hilfe von Marktstruktur- oder Marktverhaltenskriterien definiert werden, bestimmte Marktergebnisse können **weder normiert noch prognostiziert** werden. Der Wettbewerb ist ein „Such- und Entdeckungsverfahren", dessen Ergebnisse unbekannt sind, und diese ihrerseits wieder die Aktivitäten der Wettbewerber beeinflussen. Deswegen mußten die Versuche, auf der Basis des Workability-Ansatzes ein allgemeines und für die Wettbewerbspolitik praktikables Leitbild aus der Vielzahl von Beurteilungsergebnisse gewissermaßen „herauszudestillieren", scheitern.

Es wird an dieser Stelle deutlich: Auch ein sehr pragmatischer Theorieansatz kann an der Realität scheitern. Wieder einmal war die Wettbewerbstheorie in eine „Sackgasse" geraten, und zwar in genau der Gegenrichtung: Das Modell der „vollkommenen Konkurrenz" scheiterte mit dem Theorieansatz, der die Praxis vernachlässigte, der Workability-Ansatz scheiterte mit dem Praxisansatz, der die Theorie vernachlässigte. Doch aus diesem „Irrweg" hat man rasch gelernt.

3.3 Das Leitbild der „optimalen Wettbewerbsintensität"

Das von KANTZENBACH vorgelegte Konzept der „optimalen Wettbewerbsintensität" versucht die Schwächen des „Workability-Ansatzes" zu eliminieren, indem es nicht auf bestimmte **Kriterien** abstellt, nach denen die Funktionsfähigkeit des Wettbewerbs beurteilt werden kann, sondern indem es bestimmte **Bedingungen** formuliert, unter denen ein Wettbewerbsprozeß abläuft, der seine gesamtwirtschaftlichen Funktionen optimal erfüllt.

3.3.1 Instrumentalistischer Wettbewerbsbegriff und gesamtwirtschaftliche Wettbewerbsfunktionen

KANTZENBACH beruft sich auf den instrumentalistischen Wettbewerbsbegriff, wie ihn z.B. auch ARNDT und CLARK vertreten haben: Die Entscheidung für eine Wirtschaftsordnung, in der der Wettbewerb das vorherrschende Steuerungsprinzip sein soll, ist eine gesellschafts- und ordnungspolitische **Grundentscheidung**, die für den Wettbewerbstheoretiker ein Datum darstellt. Die Wettbewerbstheorie müsse dann nur noch danach fragen,

a) welche **Aufgaben** (Funktionen) der Wettbewerb im marktwirtschaftlichen Prozeß übernehmen soll, und
b) unter welchen **Bedingungen** erwartet werden kann, daß der Wettbewerb diese Funktionen in optimaler Weise erfüllt.

Unter Berücksichtigung zahlreicher Voruntersuchungen entwickelt KANTZENBACH ein „**System gesamtwirtschaftlicher Wettbewerbsfunktionen**", das diese nach der zeitlichen, der ordnungspolitischen und der Wirkungsdimension auf das gesamtwirtschaftliche Produktionsergebnis differenziert (vgl. Abb. 3-2 u. Abschnitt 1.2).

Es wird vorausgesetzt, daß die Erfüllung der gesamtwirtschaftlichen Wettbewerbsfunktionen **positiv** bewertet wird. Zusätzlich wird unterstellt, daß es von der Form der dynamischen Wettbewerbsprozesse abhänge, ob die Funktionen besser oder schlechter erfüllt werden. Demnach sei es logisch und erforderlich, nach **der** Form des dynamischen Wettbewerbsprozesses zu suchen, die die gesamtwirtschaftlichen Wettbewerbsfunktionen optimal erfüllt. „Logischerweise hat diese optimale Wettbewerbsform das Leitbild einer rationalen Wettbewerbspolitik zu bilden." (Kantzenbach 1967, S. 14 f.)

Um die optimale Wettbewerbsform beurteilen zu können, muß versucht werden, einen Maßstab für die Wettbewerbsintensität zu definieren, ein Versuch, der „auf erhebliche Schwierigkeiten stößt". (Kantzenbach 1967, S. 39)

<table>
<tr><th>Wettbewerbsfunktion</th><th>nach dem zeitlichen Aspekt</th><th>nach dem ordnungspolitischen Aspekt</th><th>nach dem Aspekt der Wirkung auf das Sozialprodukt</th></tr>
<tr><td>1. Einkommensverteilung</td><td rowspan="3">statische Funktionen</td><td>Verteilungsfunktion</td><td>Verteilung des Sozialprodukts</td></tr>
<tr><td>2. Angebotszusammensetzung</td><td rowspan="3">Steuerungs-, Lenkungs-, Ordnungs- oder Koordinationsfunktionen</td><td>Zusammensetzung des Sozialprodukts</td></tr>
<tr><td>3. Produktionssteuerung</td><td rowspan="3">Maximierung des Sozialprodukts</td></tr>
<tr><td>4. Anpassungsflexibilität</td><td rowspan="2">dynamische Funktionen</td></tr>
<tr><td>5. Technischer Fortschritt</td><td>Antriebsfunktion</td></tr>
</table>

Abb. 3-2: Gesamtwirtschaftliche Wettbewerbsfunktionen nach Kantzenbach

KANTZENBACH verändert die ARNDTSCHE Idee der Interdependenz der individualisierenden und generalisierenden Wettbewerbsströme (die ARNDT noch mit einer Gleichgewichtslösung versehen hatte) zu einer reinen Prozeßbedingung. Es komme darauf an, daß absatzpolitische Vorsprungsgewinne immer wieder durch entsprechende Reaktionen der Konkurrenten abgebaut werden. Als einen geeigneten **Maßstab für die Wettbewerbsintensität** erblickt KANTZENBACH mit NIEHANS (1954, S. 156)

> „die Geschwindigkeit, mit der die Vorsprungsgewinne, die der technische Fortschritt den Unternehmern einbringt, von der Konkurrenz wieder weggefressen werden". (Kantzenbach 1967, S. 38)

Nun wird nach den **Bedingungen** gefragt, unter denen der Wettbewerbsprozeß diese Funktionen optimal erfüllen kann.

- Erfolgt die Reaktion der Konkurrenz auf einen Vorstoß des Pionierunternehmers **zu schnell**, kann kein ausreichender Vorsprungsgewinn entstehen; der Anreiz zu weiteren absatzpolitischen Vorstößen erlahmt. Die Wettbewerbsintensität ist **nicht optimal**.
- Erfolgt die Reaktion der Konkurrenz auf einen Vorstoß des Pionierunternehmers **zu langsam**, dann entsteht aus dem temporären Vorsprungsgewinn ein **dauerhafter Marktanteilsgewinn**. Auch dann ist die Wettbewerbsintensität nicht optimal.

- **Optimal** ist demnach die Wettbewerbsintensität, wenn die Reaktion der Konkurrenz so lange auf sich warten läßt, daß der Pionierunternehmer einen spürbaren Marktanteilsgewinn realisiert, aber so schnell erfolgt, daß dieser Vorsprungsgewinn auch wieder abgebaut werden kann.

3.3.2 Das wettbewerbspolitische Leitbild: Weites Oligopol mit mäßiger Produktdifferenzierung und unvollkommener Markttransparenz

In einem nächsten Schritt wird nach den Faktoren gefragt, die die Wettbewerbsintensität beeinflussen. Wenn es darauf ankommt, daß sich sowohl individualisierende als auch generalisierende Wettbewerbsströme interdependent entfalten sollen, müssen nach KANTZENBACH (1967, S. 43 ff.) folgende **Voraussetzungen** auf den Wettbewerbsmärkten gegeben sein:

1. innovationsfähige und -willige Unternehmen,
2. imitationsfähige und -willige Unternehmen,
3. eine absatzpolitische Reaktionsverbundenheit der Konkurrenten,
4. eine ausreichende Beweglichkeit der Nachfrager und
5. ausreichende Reservekapazitäten der Anbieter.

Innovationsfähige und imitationsfähige Unternehmen müssen über ein ausreichend großes Potential an Forschungs- und Entwicklungsmöglichkeiten verfügen, außerdem entsprechend große Finanzierungsmöglichkeiten besitzen und kreative Marketingstrategien einsetzen können. Diese Voraussetzungen sind weder bei Monopolisten noch bei Polypolisten stark ausgeprägt. Pionierunternehmer und „spontan imitierende" Unternehmen sind vornehmlich in der Marktform des Oligopols anzutreffen.

Auch die **Innovations- und Imitationswilligkeit** ist bei polypolistischen und monopolistischen Unternehmen, sogar bei engen Oligopolen (2 - 4 Anbieter) nicht häufig anzutreffen: Im Falle des Polypols sind spürbare Vorsprungsgewinne selten zu erzielen, im Falle des Monopols bieten sie keinen Anreiz, und im Falle des engen Oligopols werden sie wegen der potentiell raschen Reaktion der Konkurrenten nur selten entstehen. Die Chance, Vorsprungsgewinne erzielen zu können, ist in einem „weiten" Oligopol relativ am größten.

Eine optimale Wettbewerbsintensität setzt die **absatzpolitische Reaktionsverbundenheit** voraus, d.h. die Konkurrenten müssen spontan oder unter Druck auf Innovationen reagieren, um den Vorsprungsgewinn des Pionierunternehmers abbauen zu können. Als wichtigstes Motiv für die Reaktion eines Konkurrenten sieht KANTZENBACH das Verlustrisiko, im Extremfall das Existenzrisiko, das durch Verlust von Marktanteilen signalisiert und verursacht wird. In der Marktform des **Monopols** besteht ex definitione keine absatzpolitische Reaktionsverbundenheit; in der Marktform des **Polypols** führen Vorsprungsgewinne nicht zu entsprechend spürbaren Marktanteilsverlusten, weil die durchschnittlichen Marktanteile zu klein sind. Im folgenden Beispiel nehmen wir an, daß ein aktiver Konkurrent (Pionierunternehmer) durch eine Innovation seinen Marktanteil verdoppeln kann. (Vgl. Abb 3-3)

	Polypol	**weites Oligopol**	**enges Oligopol**
Zahl der Anbieter	20	5	3
durchschnittlicher Marktanteil in Prozent	5,00	20,00	33,33
Marktanteil des Pionierunternehmers nach erfolgreicher Innovation	10,00	40,00	66,66
durchschnittlicher Marktanteil der Konkurrenten in Prozent	4,73	15,00	16,66
durchschnittlicher Marktanteilsverlust der Konkurrenten in Prozent	- 5,28	- 25,00	- 50,00

Abb. 3-3: Absatzpolitische Reaktionsverbundenheit im Polypol und im weiten und engen Oligopol

Das Beispiel zeigt, daß die durch eine Verdopplung des Marktanteils des aktiven Wettbewerbers verursachten Marktanteilsverluste in der Marktform des **Polypols** sehr gering sind. Die Bedrohung der passiven Konkurrenten ist kaum spürbar, so daß sie auch nicht zu Gegenreaktionen veranlaßt werden. Im Polypol ist die absatzpolitische Reaktionsverbundenheit und damit die Wettbewerbsintensität relativ gering. Mit abnehmender Zahl der Anbieter und steigenden Marktanteilen nimmt die absatzpolitische Reaktionsverbundenheit zu. In unserem Beispiel verlieren die passiven Konkurrenten im **weiten** Oligopol durchschnittlich 25 Prozent, im **engen Oligopol** sogar durchschnittlich 50 Prozent ihrer Marktanteile.

Theoretisch ist die absatzpolitische Reaktionsverbundenheit demnach umso größer, je kleiner die Zahl der Anbieter im Oligopol ist. Dieser theoretischen Überlegung steht jedoch die praktische Erfahrung entgegen, daß reine wirtschaftliche Machtkämpfe, aber auch die Möglichkeiten und die Bereitschaft zu wettbewerbsbeschränkenden Handlungen mit abnehmender Zahl der Anbieter zunehmen.

KANTZENBACH unterscheidet in diesem Zusammenhang zwischen **potentieller** und **effektiver** Wettbewerbsintensität:

> „Mit einer weiteren Verringerung der Anbieterzahl im Bereich **enger Oligopole** gerät der Wettbewerbsprozeß an die monopolistische 'Konkurrenzschwelle' (nach ARNDT, R. O.), an der in zunehmendem Maße die **wirtschaftliche Macht** als Auslesekriterium an die Stelle der wirtschaftlichen Leistung tritt." (Kantzenbach 1967, S. 45)

Die Tendenz zu ruinösen Machtkämpfen oder zu kooperativen Marktabsprachen nimmt mit ansteigender potentieller Wettbewerbsintensität zu, so daß die **effektive** Wettbewerbsintensität wieder sinkt. Es kann also vermutet werden, daß die effektive Wettbewerbsintensität im Bereich „weiter Oligopole", d.h. auf einem Markt mit etwa fünf bis zehn Anbietern, im Vergleich zu den anderen Marktformen optimal ist. (Kantzenbach 1967, S. 44, 1980, S. 110)

In welchem Umfang es tatsächlich durch den dynamischen Wettbewerbsprozeß auf einem relevanten Markt zu verlustbedrohenden Marktanteilsverschiebungen kommt, hängt aber auch von der Beweglichkeit der Nachfrager ab, d.h. von der Bereitschaft der Nachfrager, Produkte der Konkurrenten zu kaufen. Die **Nachfragebeweglichkeit** wird von drei Faktoren bestimmt:

1. von der Markttransparenz,
2. vom Ausmaß der Produktdifferenzierung und
3. vom Grad der Kapazitätsauslastung, d.h. von der Fähigkeit des Anbieters, zusätzliche Nachfrage relativ kurzfristig zu befriedigen.

Die Nachfrage ist umso beweglicher, je größer die Markttransparenz, je homogener die Produkte und je größer die Reservekapazitäten der aktiven und passiven Konkurrenten sind.

KANTZENBACH reduziert die Definition seines wettbewerbspolitischen Leitbildes praktisch auf zwei Komponenten: die Zahl der Marktteilnehmer und den Grad der Marktunvollkommenheit, von dem die Nachfragebeweglichkeit abhängt.

Im **Polypol** ist die Wettbewerbsintensität unteroptimal, weil die absatzpolitische Reaktionsverbundenheit zu gering ist und selbst bei Produkthomogenität „keine fühlbare Nachfragebeweglichkeit" besteht. (Kantzenbach 1967, S. 46) Eine realistische Betrachtung polypolistischer Märkte ergibt zudem, daß der Grad der Produktdifferenzierung auf vielen relevanten Märkten recht groß ist, wenn man die absatzpolitischen Parameter Produktqualität, Standort, Service, Beratung, personelle Präferenzen usw. mit einbezieht. Die Absatzpolitik der Polypolisten zielt ja gerade auf die Gewinnung und Erhaltung von Stammkundschaft.

Im **engen Oligopol** besteht zwar theoretisch eine maximale **potentielle** Wettbewerbsintensität, die sich allerdings durch eine weitgehende Produktdifferenzierung und eine geringe Markttransparenz theoretisch vermindert. Dennoch erscheine, so argumentiert KANTZENBACH, diese Marktform wirtschaftspolitisch als „unerwünscht“, weil der Wettbewerbsprozeß entweder zu einem „ruinösen Oligopolkampf“ ausartet, der durch wirtschaftliche Macht und nicht durch wirtschaftliche Leistung entschieden werde, oder aber die Anbieter neigen zu wettbewerbsbeschränkenden Handlungen in der Form spontan solidarischem Parallelverhaltens:

> „Denn die gleichen Faktoren, die einen extrem intensiven Verdrängungswettbewerb ermöglichen, motivieren die Konkurrenten auch zur kollektiven Beschränkung des Wettbewerbsrisikos und schaffen gleichzeitig die Voraussetzung für eine formlose Abstimmung des Marktverhaltens.“ (Kantzenbach/Kallfass 1981, S. 109)

Mit diesen Überlegungen begründet KANTZENBACH sein **wettbewerbspolitisches Leitbild** der „optimalen Wettbewerbsintensität“, das durch bestimmte Marktstrukturbedingungen gekennzeichnet ist: Eine optimale effektive Wettbewerbsintensität ist in der Marktform des **„weiten Oligopols“** bei einem **mäßig differenzierten Produktangebot** und **unvollkommener Markttransparenz** zu erwarten. Dabei betont KANTZENBACH in diesem Zusammenhang, daß unter den Bedingungen dieses wettbewerbspolitischen Leitbildes die beiden **dynamischen** Wettbewerbsfunktionen (Anpassungsflexibilität und Durchsetzung des technischen Fortschritts) optimal realisiert würden, die statischen Funktionen würden (theoretisch) besser im Gleichgewichtsmodell der vollkommenen Konkurrenz verwirklicht werden:

> „Funktionsfähige Wettbewerbsprozesse, die sowohl eine hohe Innovationsrate als auch eine gute, flexible Faktorallokation bewirken, sind bei mittlerer parametrischer Interdependenz zwischen den Konkurrenten zu erwarten. Diese muß hoch genug sein, um ständige Anstrengungen zur Leistungsverbesserung zu stimulieren, darf aber nicht so hoch sein, daß sie die kurzfristige Verdrängung der schwächeren Konkurrenten oder die spontane Verhaltenskoordination zwischen den Konkurrenten ermöglicht. **Eine optimale Wettbewerbsintensität scheint sich deshalb am ehesten im Bereich weiter Oligopole mit mäßiger Produktdifferenzierung und unvollkommener Markttransparenz herauszubilden.** (Kantzenbach/Kallfass 1981, S. 109 f.; Hervorhebungen von R. O.)

Mit diesem pragmatisch-theoretischen Ansatz wurde eine Legitimation für eine **wachstumsorientierte Wettbewerbspolitik** geschaffen, die der deutsche Gesetzgeber mit der zweiten Kartellgesetznovelle (1973) relativ schnell in praktische Politik umgesetzt hat. Neu eingeführt bzw. präzisiert wurden mit der Novelle des Gesetzes gegen Wettbewerbsbeschränkungen (GWB):

- die vorbeugende Fusionskontrolle,
- die Mißbrauchsaufsicht über marktbeherrschende Unternehmen und
- die Kooperationserleichterungen für Klein- und Mittelbetriebe.

Aber auch das Konzept der „optimalen Wettbewerbsintensität“ war theoretisch keineswegs unumstritten, es ist besonders in der deutschen Fachliteratur heftiger Kritik unterzogen worden.

3.3.3 Kritik

Einige Autoren (z.B. Kaufer, 1966 u. 1967, Bartling, 1980) beschränken ihre Kritik auf bestimmte Aspekte des theoretischen Ansatzes, während HOPPMANN den ökonomisch-instrumentalistischen Ansatz der Wettbewerbstheorie schlechthin angreift und dem Leitbild der optimalen Wettbewerbsintensität das wettbewerbspolitische Leitbild der Wettbewerbsfreiheit entgegenstellt. (Vgl. nächster Abschnitt)

KAUFER kritisiert, daß KANTZENBACH mit dem Modell der optimalen Wettbewerbsintensität, das praktisch nur zwei marktstrukturelle Parameter berücksichtige, „Anspruch auf generelle Gültigkeit“ erhebt: „Denn die Antwort auf die Frage, ob in einer bestimmten Marktsituation 'effective competition' herrscht, erfordert weit mehr analytische Mühe als das Abzählen der Anbieter und das Abschätzen der Produktheterogenität.“ Die Intensität des Wettbewerbs hänge nicht von der Marktform, sondern „entscheidend von den besonderen Eigenschaften der am Markt tätigen Unternehmen“ ab. (Kaufer 1967a, S. 242 f.)

BARTLING faßt die Kritik zusammen und bezweifelt, ob das KANTZENBACHSCHE Konzept überhaupt ein **geeignetes** wettbewerbspolitisches Leitbild sein könne:

- Das Konzept berücksichtige **nur zwei Parameter**; andere wettbewerbsbildende Faktoren wie Marktschranken und Marktzutritt, unterschiedliche Kostenverläufe, verschiedene Unternehmertypen, verschiedene Marktphasen und unterschiedliche Strukturen der Nachfrageseite werden von der Analyse von vornherein ausgeschlossen.
- Der Marktstrukturansatz KANTZENBACHS berücksichtige nicht, daß **Wettbewerbsprozesse selbst Marktstrukturen verändern** können. Es sei z.B. nicht einzusehen, daß sich die Wettbewerbsintensität verschlechtere, wenn weitere Anbieter auf einem weiten Oligopol-Markt auftreten.
- Der **Kausalzusammenhang zwischen** den **Marktstrukturelementen** des Leitbildes und der **Wettbewerbsintensität** könne allgemeingültig nicht behauptet werden; ebenso unsicher sei es, ob bei der Marktstruktur des Leitbildes die fünf Wettbewerbsfunktionen optimal realisiert werden können. KANTZENBACH räumt selbst ein, daß aus wohlfahrtstheoretischer Sicht die statischen Wettbewerbsfunktionen besser im vollkommenen Polypol verwirklicht würden, daß es aber vor allem auf die **dynamischen** Funktionen ankomme. BART-

LING stellt auch die Kausalbeziehung zwischen Wettbewerbsintensität und den beiden dynamischen Wettbewerbsfunktionen „Anpassungsflexibilität" und „Durchsetzung des technischen Fortschritts" in Frage.

- Die Orientierung der Wettbewerbspolitik am Kriterium „optimale Wettbewerbsintensität" berge die Gefahr eines permanenten **wettbewerbspolitischen Interventionismus** in sich, weil auf den meisten Märkten der Wettbewerb nur suboptimal funktioniere und jede wettbewerbspolitische Maßnahme dadurch gerechtfertigt werden könne. „Damit wäre dann allerdings der kritische Interventionsgrad, von dem ab der Wettbewerb mehr gelähmt als gefördert wird, überschritten." (Bartling 1980, S. 40)

Dennoch hält KANTZENBACH an der Nützlichkeit der Theorie des funktionsfähigen Wettbewerbs für die praktische Wettbewerbspolitik fest:

> „Trotz aller Erkenntnislücken über die Zusammenhänge von Marktstrukturen, Verhaltensweisen und Marktergebnissen, die schon deshalb niemals ausgeräumt werden können, weil die Voraussetzungen und Beziehungen in der Realität ständigen Wandlungen unterworfen sind, scheint uns das Konzept des funktionsfähigen Wettbewerbs die geeignete Grundlage für eine rationale Wettbewerbspolitik zu sein." (Kantzenbach/Kallfass 1981, S. 110)

3.4 Das Leitbild der Wettbewerbsfreiheit

Die Vertreter des Konzeptes der „workable competition" und speziell des Konzeptes der „optimalen Wettbewerbsintensität" erblicken im marktwirtschaftlichen Wettbewerb ein Mittel, ein **Instrument**, mit dem die grundsätzlich als „positiv bewerteten" Wettbewerbsfunktionen möglichst optimal realisiert werden können und sollen. Nach diesem **instrumentalistischen** Ansatz ist es das Ziel der theoretischen Wettbewerbspolitik, Formen des Wettbewerbsprozesses zu definieren, durch die die Wettbewerbsfunktionen optimal zur Entfaltung kommen können. Dadurch können „gute Marktergebnisse" erreicht werden, die letztlich in gesamtwirtschaftlichen Zielen wie einem angemessenen Wirtschaftswachstum, optimale Faktorallokation und leistungsgerechte Einkommensverteilung sichtbar werden. Allerdings entziehen sich die Termini „angemessen", „optimal" oder „leistungsgerecht" einer operationalisierenden Definition dadurch, daß sie nicht an verbindlichen Normen ausgerichtet werden können. Aus diesem Grund sind die Ergebnisse einer nach diesem Leitbild konzipierten Wettbewerbspolitik im Prinzip nicht überprüfbar.

ERICH HOPPMANN hat den instrumentalistischen Ansatz der theoretischen Wettbewerbspolitik KANTZENBACHS geradezu leidenschaftlich kritisiert.

3.4.1 Wettbewerbsfreiheit als ordnungspolitische Norm

HOPPMANN stellt dem instrumentalistischen Ansatz der theoretischen Wettbewerbspolitik einen grundsätzlich anderen, eher als ordnungspolitisch zu bezeichnenden Ansatz entgegen. Er betrachtet Wettbewerb sowohl als nützliches Instrument, aber auch und in erster Linie als einen **ordnungspolitisch axiologischen „Wert an sich“**, der wegen seiner freiheitsbildenden Eigenschaften zugleich „gewünscht“ wird, weil ohne den Wettbewerb bestimmte Ziele im marktwirtschaftlichen System nicht erreicht werden können.

> „Wettbewerb wird als nützliches Instrument und wegen seiner besonderen Eigenschaften zugleich gewünscht. Man möchte die Wirkungen wettbewerblicher Prozesse, aber man möchte sie nicht auf anderem Wege erreichen, weil der Wettbewerb selbst Eigenschaften aufweist, die ihn im Vergleich zu anderen Instrumenten, die eventuell die gleichen Wirkungen haben könnten, besonders erwünscht erscheinen lassen.“ (Hoppmann 1968, S. 13 f.)

Marktprozesse können in vielfältiger Weise ablaufen, von denen sind einige wettbewerbspolitisch erwünscht und andere nicht. Um die erwünschten Marktprozesse von den unerwünschten zu unterscheiden, bedarf es der Ziele der Wettbewerbspolitik. „Wettbewerb sind also jene Marktprozesse, die den Zielen der Wettbewerbspolitik entsprechen.“ (Hoppmann 1968, S. 11) HOPPMANN faßt die verschiedenen Einzelziele der Wettbewerbspolitik zu „zwei großen Zielkomplexen“ zusammen: **„Wettbewerbsfreiheit und ökonomische Vorteilhaftigkeit“**. Der Wettbewerb bietet als ordnungspolitisches Element den Marktsubjekten die Möglichkeit der Entscheidungs- und Handlungsfreiheit, er sorgt aber auch darüber hinaus dafür, daß er durch die Realisierung der Wettbewerbsfunktionen einzel- und gesamtwirtschaftliche **Vorteile** bringt, die ohne Wettbewerb nicht entstehen würden. HOPPMANN behauptet, daß eine Ausklammerung des Freiheitsaspektes aus dem Zielkomplex der Wettbewerbspolitik, wie sie von KANTZENBACH als „außerökonomisches“ gesellschaftspolitisches Ziel vorgenommen wird (1968, S. 13 f.), theoretisch nicht möglich sei: „Die ökonomischen Wettbewerbsfunktionen Kantzenbachs setzen notwendig Wettbewerbsfreiheit voraus.“ (Hoppmann 1966a, S. 304)

Wettbewerbsfreiheit auf der einen und Beschränkungen des Wettbewerbs und Ausübung von unangemessener Marktmacht auf der anderen Seite stehen in einem antagonistischen Verhältnis: **Wettbewerbsfreiheit** setzt die Abwesenheit von Wettbewerbsbeschränkungen und unangemessener Marktmacht voraus, **Wettbewerbsbeschränkungen** und die Ausübung von unangemessener Marktmacht beeinträchtigen die Wettbewerbsfreiheit. „Beschränkungen der Wettbewerbsfreiheit (und nur diese, R. O.) verhindern, daß die ökonomischen Wettbewerbsfunktionen erfüllt werden.“ (Hoppmann 1966a, S. 317) Folglich sei der rein instrumentalistische Ansatz der Wettbewerbspolitik „im Ansatz“ theoretisch falsch. (Hoppmann 1966a, S. 305) Die Wettbewerbspolitik kann, ohne das Ziel der Wettbewerbsfreiheit anzuerkennen, auch das Ziel der ökonomischen Vorteilhaftigkeit nicht verfolgen.

3.4.2 Das Dilemma-Problem der Wettbewerbspolitik

Hier gipfelt die wissenschaftliche Auseinandersetzung im sog. „Dilemma-Problem“, das in der Wettbewerbstheorie seit den zwanziger Jahren unseres Jahrhunderts immer wieder zu Kontroversen geführt hat. Es geht um die Frage, ob die beiden wettbewerbspolitischen Ziele „Wettbewerbsfreiheit bzw. vollkommener Wettbewerb“ und „ökonomische Vorteilhaftigkeit“ im **Zielkonflikt** stehen, d.h. sich gegenseitig bis zu einem gewissen Grad ausschließen, oder in **Zielharmonie**, d.h. sich gegenseitig bedingen und befördern.

Die Anhänger des Konzeptes der **Funktionsfähigkeit** des Wettbewerbs bzw. der optimalen Wettbewerbsintensität vertreten die **Konfliktthese**: Wenn „gute ökonomische Ergebnisse“ erzielt werden sollen, muß man eine gewisse Unternehmensgröße, Marktunvollkommenheiten, eine gewisse Marktmacht und auch bis zu einem gewissen Grad Wettbewerbsbeschränkungen zulassen. Oder anders formuliert: Will man „vollkommenen Wettbewerb“, in dem es weder Wettbewerbsbeschränkungen noch unangemessene Marktmacht gibt, realisieren, dann muß man auf den ökonomischen Fortschritt und Wirtschaftswachstum verzichten, denn nur hinreichend große Unternehmenseinheiten sind in der Lage, die dynamischen Wettbewerbsfunktionen zu fördern.

Die Anhänger des Konzeptes der **Wettbewerbsfreiheit** vertreten die **Harmoniethese**, die schon von den klassischen Ökonomen (SMITH, SAY, RICARDO) aufgestellt wurde:

> „Wettbewerbsfreiheit und ökonomische Vorteilhaftigkeit sind zwei Aspekte desselben wettbewerblichen Prozesses, sie sind zwei Seiten derselben Medaille. Deshalb kann es keine Alternative, keinen Konflikt und kein Problem der Vorrangigkeit zwischen beiden Zielen geben.“ (Hoppmann 1968, S. 21)

Wenn alle Marktteilnehmer aus dem Wettbewerb einen ökonomischen Vorteil ziehen wollen, müssen sie sich am Wettbewerbsprozeß beteiligen; dann ist der Wettbewerb auch für die Marktteilnehmer insgesamt ökonomisch vorteilhaft, und in diesem Sinne spricht HOPPMANN auch von der gesamtwirtschaftlichen Vorteilhaftigkeit. (Hoppmann 1975, S. 232)

Wettbewerb ist also nach neoklassischer Auffassung nicht nur ein **wohlfahrtsökonomisches Instrument**, um ökonomische Vorteile zu erreichen, sondern auch und in erster Linie eine **ordnungspolitische Norm** für einzelwirtschaftliche Aktivitäten im marktwirtschaftlichen Prozeß, mit der eben auch „gute Marktergebnisse" realisiert werden können. Ein Dilemma-Problem zwischen „vollkommenem Wettbewerb" und „ökonomischer Vorteilhaftigkeit" existiert nicht.

Ein Mißverständnis in der Diskussion um das „Dilemma-Problem" könnte darin erblickt werden, daß die Anhänger der Konfliktthese das preistheoretische Modell der „vollkommenen Konkurrenz" vor Augen haben, während den Anhängern der Harmoniethese das ordnungspolitische Ideal des „vollständigen Wettbewerbs" i.S. von EUCKEN vorschwebt.

3.4.3 Die Dimensionen der Wettbewerbsfreiheit

„Wettbewerb überläßt es jedem, seine Fähigkeiten und Mittel für seine eigenen, frei gewählten Zwecke (i.S.v. Ziele, R.O.) einzusetzen. Wettbewerb setzt also voraus, daß Freiheit zu Wettbewerb erstens besteht und zweitens auch erhalten bleibt." (Hoppmann 1975, S. 231.)

Wettbewerbsfreiheit sieht HOPPMANN in drei **Dimensionen**:

- **Wettbewerbsfreiheit im Austauschprozeß** sind die Möglichkeiten, auf der jeweiligen Marktgegenseite unter mehreren Alternativen wählen zu können. Je zahlreicher die Alternativen und je größer die Substituierbarkeit für die Marktteilnehmer sind, umso größer ist die Wettbewerbsfreiheit.

- **Wettbewerbsfreiheit im Parallelprozeß** sind die Möglichkeiten der tatsächlichen und potentiellen Wettbewerber, auf Märkten tätig zu werden und ihre Aktionsparameter frei einzusetzen. Je niedriger die Marktzutritts- und -austrittsschranken sind und je vielfältiger die Parameter im Preis-, Qualitäts-, Konditionen- und Präferenzwettbewerb eingesetzt werden können, umso größer ist die Wettbewerbsfreiheit.

- **Wettbewerbsfreiheit im dynamischen Prozeß** ist die Möglichkeit zum absatzpolitischen Vorstoß und zur absatzpolitischen Verfolgung. HOPPMANN weist in diesem Zusammenhang auf die Arbeiten von CLARK hin, meint allerdings, der Gedanke der zwei Wettbewerbsphasen (Innovation und Imitation) müsse verallgemeinert werden: „Denn beide Phasen sind bei allen Marktprozessen vorhanden, gleichgültig, wodurch sie ausgelöst werden. Auch bei Nachfrageänderungen ... müssen sich die Marktteilnehmer an die neuen Daten des Marktes anpassen. Auch hier gibt es dann zwei Aspekte der Freiheit des Parallelprozesses: Freiheit zu vorstoßendem und zu nachfolgendem Wettbewerb." (Hoppmann 1975, S. 238)

Wettbewerbsfreiheit darf allerdings nicht absolut gesehen werden: Der Freiheitsbereich eines Marktteilnehmers findet, wie überall in freiheitlichen pluralistischen Gesellschaftssystemen, seine Grenze im Freiheitsbereich eines anderen. In diesem Sinne ist immer die **„relative Freiheit“** gemeint, wenn von Wettbewerbsfreiheit gesprochen wird.

3.4.4 Das wettbewerbspolitische Leitbild: Relative Wettbewerbsfreiheit

Ziel der Wettbewerbspolitik ist es nach HOPPMANN, Wettbewerbsprozesse zu ermöglichen, in denen sich „Wettbewerbsfreiheit, die ihrerseits wieder individuelle ökonomische Vorteile und insofern auch gesamtwirtschaftliche ökonomische Vorteilhaftigkeit zu Folge hat, 'manifestiert'“. (Hoppmann 1975, S. 234). Freiheit hat aber Ungewißheit zur Voraussetzung. Wettbewerb ist ein „Such- und Entdekkungsverfahren“ (V. HAYEK), ein historischer Informations-, Such- und Lernprozeß, dessen Ergebnisse offen sind.

> „Wegen der 'Offenheit des geschichtlichen Prozesses' ist es nicht möglich, jene Marktprozesse, in denen sich Wettbewerbsfreiheit und ökonomische Vorteilhaftigkeit manifestieren, positiv ... im einzelnen praktikabel zu beschreiben. ... Die Markt-, Preis- und Wettbewerbstheorie kann uns ... kein Modell liefern, das die Norm der Wetttbewerbspolitik praktikabel beschreibt. Wettbewerbliche Marktprozesse können lediglich allgemein, und zwar nur mit Hilfe der Wettbewerbsfreiheit gekennzeichnet werden.“ (Hoppmann 1968, S. 30)

Um relative Wettbewerbsfreiheit für die Wettbewerbspolitik **normativ** zu beschreiben, muß ein **indirekter** Weg gewählt werden: Die Wettbewerbspolitik muß definieren, welche Aktivitäten und Strategien der Marktteilnehmer die Wettbewerbsfreiheit in unangemessener Weise beschränken. Hierbei kann es sich um die Beschränkung der Entschließungsfreiheit und der Handlungsfreiheit handeln.

- **Entschließungsfreiheit** (innere Freiheit) bedeutet „Selbstbestimmung“: Die Wettbewerbspolitik muß die Möglichkeiten, sich so oder so entscheiden zu können, z.B. durch Antidiskriminierungsregeln und des Verbotes der Ausübung von Marktmacht ermöglichen.
- **Handlungsfreiheit** (äußere Freiheit) bedeutet das „Freisein vom äußerem Zwang“: Die Wettbewerbspolitik muß z.B. durch Verbot von Kartellen und ähnlichen vertraglichen Beschränkungen u.ä. die Handlungsfreiheit der Marktteilnehmer sichern.

Ziel der Wettbewerbspolitik muß es demzufolge sein, Marktprozesse zu ermöglichen, „die durch das Fehlen von unangemessener Marktmacht gekennzeichnet sind“. (Hoppmann 1968, S. 16) Das Problem ist, wie dieses normative Konzept in praktische Wettbewerbspolitik umgesetzt werden kann. HOPPMANN empfiehlt gemäß der klassisch-liberalen Tradition: Die staatliche Wettbewerbspolitik müsse **„Spielregeln"**, also Rahmenbedingungen, formulieren, die die Marktprozesse „so lenken", daß die „Wettbewerbsfreiheit für die Marktteilnehmer erhalten bleibt". (Hoppmann 1972, S. 10) Wer am Wettbewerbsprozeß teilnehmen will, muß bestimmte Spielregeln beachten; die Spielregeln können das Verhalten der Wettbewerber allerdings nicht positiv beschreiben, sie müssen negativ formuliert werden: „Sie müssen Handlungen verbieten, durch die die Wettbewerbsfreiheit eingeschränkt wird bzw. eingeschränkt werden kann." (Hoppmann 1975, S. 235)

Da auch die Phantasie des Gesetzgebers sicher nicht ausreicht, die freiheitsbeschränkenden Handlungen der Wettbewerber vorauszusehen, schlägt HOPPMANN eine Art **wettbewerbspolitische Generalklausel** vor, die ähnlich wie im § 1 des Gesetzes gegen unlauteren Wettbewerb (UWG) eine allgemeine und abstrakte Formulierung haben müsse. Er schlägt eine Art „Gummiparagraph" vor, den die laufende Rechtsprechung mit konkreten und allgemeinverbindlichen Normen ausfüllen müsse:

> „Alle Handlungen, die die Wettbewerbsfreiheit beschränken bzw. Marktmacht verschaffen, sind nicht erlaubt, sofern die Marktmacht unangemessen (wesentlich, undue, unreasonable, substiantal oder ähnliches) ist." (Hoppmann 1968, S. 37)

Später hat HOPPMANN diese Wettbewerbsnorm in dem Sinne konkretisiert, daß Wettbewerbsfreiheit als **„Abwesenheit von Zwang durch andere"** interpretiert werden soll. Auf diese Weise wird der Wettbewerb indirekt und global normiert. Ein zentrales Problem ist die Aufstellung der Spielregeln durch die laufende Rechtsprechung, die Interpretation der Urteile im konkreten Fall und deren Durchsetzung in der Praxis.

Mit dem Konzept der Wettbewerbsfreiheit möchte man nicht, wie KANTZENBACH es vorsieht, in bestimmte Marktstrukturen eingreifen, sie in Richtung auf eine „optimale" Marktstruktur verändern, bestimmte Marktverhaltensweisen erzwingen, sondern durch einen Rahmen von Verhaltensregeln, die durch die laufende Rechtsprechung zu entwickeln sind, die wettbewerbsbeschränkenden Handlungen per se verbieten, um dadurch Wettbewerbsfreiheit zu sichern und gleichzeitig ökonomische Vorteilhaftigkeit zu realisieren. Hierfür muß die theoretische Wettbewerbspolitik ihren substantiellen Beitrag leisten: „Die Aufgabe der theoretischen Wettbewerbspolitik ist es demnach nicht, ein praktikables Modell eines Wettbewerbsprozesses zu definieren, sondern begriffliche Grundlagen und adäquate Tests zu erarbeiten, damit im konkreten Fall bei der Analyse und Beurteilung eines Marktprozesses die Frage nach der Marktmacht richtig gestellt und beantwortet wird." (Hoppmann 1968, S. 48)

3.4.5 Kritik

Das ordnungspolitische Konzept HOPPMANNS ist ebenso heftig kritisiert worden wie das wohlfahrtstheoretische Leitbild KANTZENBACHS. Die Kritik bezieht sich auf den theoretischen Ansatz, auf einzelne konzeptionelle Elemente und auf die Konsequenzen für die praktische Wettbewerbspolitik.

Kritik des theoretischen Ansatzes: Das Konzept der Wettbewerbsfreiheit sei **ideologisch** ausgerichtet und rational nicht begründbar, weil das wettbewerbspolitische Leitbild ein Werturteil voraussetze, das nicht allgemein akzeptiert werden könne. HOPPMANN versucht diesen Ideologievorwurf dadurch zu entkräften, daß er die Freiheit des Wettbewerbs als Voraussetzung für die Erfüllung der Wettbewerbsfunktionen ansieht: Ohne Wettbewerbsfreiheit kann der Wettbewerb auch seine gesamtwirtschaftlichen Funktionen nicht oder nicht optimal erfüllen.

Kritik einzelner Elemente: Das zentrale Kriterium „**Wettbewerbsfreiheit**" sei für Wettbewerbspolitik zu wenig operational. Es sei z.B. schwierig, festzustellen, inwieweit „Zwang durch andere" im Wettbewerbsprozeß in der Weise ausgeübt werde, daß derjenige, der Marktmacht in „unangemessener Weise" ausübt, auch zu seinem Vorteil bzw. zum Nachteil des Betroffenen handelt.

Auch die These von der unbedingten **Harmonie** von Wettbewerbsfreiheit und ökonomischer Vorteilhaftigkeit unter Ablehnung jeglicher Marktergebnistests wird in Frage gestellt. Es kommt nicht nur auf die Freiheitsbedingungen an, sondern auch auf den „sprit of competition", mit dem die Marktteilnehmer den Freiheitsspielraum für den Wettbewerb nutzen wollen. „Wenn also bei fehlender Wettbewerbsbereitschaft Wettbewerbsfreiheit allenfalls dafür sorgen kann, daß die Resultate nicht noch unzureichender werden, sind schlechte Marktergebnisse auch bei Wettbewerbsfreiheit möglich." (Bartling 1980, S. 53)

Das Konzept der Wettbewerbsfreiheit ermöglicht es nicht, **Ausnahmebereiche** der Marktwirtschaft von Wettbewerbsbereichen scharf zu trennen, weil es hierfür keine Kriterien liefert. Die Beschränkung der Wettbewerbspolitik auf das **Verhalten** der Marktteilnehmer verhindert eine Beeinflussung der Marktstrukturen. In hochkonzentrierten Märkten z.B. muß die Wettbewerbspolitik scheitern, wenn es ihr unmöglich gemacht werden soll, auch die Marktstrukturen (beispielsweise durch Entflechtungsgebote) zu verändern.

Kritik der Konsequenzen für die Wettbewerbspolitik: Die Abgrenzung der wettbewerbsfördernden von den wettbewerbsschädigenden Praktiken ist in der Realität schwierig zu beurteilen, wenn nicht sogar unmöglich, weil es nicht nur auf die Handlungen an sich ankommt, sondern auch auf das wettbewerbliche Umfeld, auf die Marktverhältnisse und die Frage, wer diese Wettbewerbshandlungen unternimmt. Die Berücksichtigung spezifischer Umstände von Wettbewerbshandlungen stellt aber eine Formulierung von „universell anwendbaren" und „abstrakt und global formulierten Spielregeln" (Hoppmann 1968, S. 37) deutlich in Frage.

Der Widerspruch zwischen einer freiheitssichernden und einer marktstrukturorientierten Wettbewerbspolitik wird heute nicht mehr so scharf gesehen, wie in der HOPPMANN-KANTZENBACH-Kontroverse der 70er Jahre: HERDZINA z.B. (1991, S. 103) empfiehlt einer „freiheitssichernden Wettbewerbspolitik" eine Synthese aus systemtheoretischem und wohlfahrtstheoretischem Ansatz: Die Wettbewerbspolitik soll sich darauf konzentrieren, wettbewerbs- bzw. freiheitsgefährdendes **Marktverhalten** zu unterbinden **und** wettbewerbs- bzw. freiheitsgefährdende **Marktstrukturen** zu verhindern, weil durch freiheitsbeschränkende Verhaltensweisen wettbewerbsgefährdende Marktstrukturen entstehen. Die HOPPMANN-KANTZENBACH-Kontroverse kann heute weitgehend als abgeschlossen betrachtet werden. (Berg 1990, S. 254)

3.5 Das Leitbild der „Maximierung der Konsumentenwohlfahrt"

Der „Chicago School", die meistens nur mit den Vertretern des modernen Monetarismus (MILTON FRIEDMAN, KARL BRUNNER u.a.) identifiziert wird, gehört auch eine Gruppe von Ökonomen und Juristen an, die als Kritiker der Wettbewerbspolitik auftreten, die sich auf das Leitbild des funktionsfähigen Wettbewerbs gründet (z.B. STIGLER 1968; POSNER 1976; BORK 1978). Die Vorschläge der Chicago School haben wesentlich zur Reform der amerikanischen Antitrust-Politik der REAGAN-Administration in den achtziger Jahren beigetragen, wodurch dieses Konzept auch in Deutschland verstärkt beachtet worden ist.

3.5.1 Kritik am Konzept des funktionsfähigen Wettbewerbs

Die Vertreter der Chicago School greifen allgemein auf die ordnungspolitischen Vorstellungen der klassischen Nationalökonomie des 18. und 19. Jahrhunderts zurück. Danach ist die entscheidende Voraussetzung für eine funktionsfähige Wettbewerbswirtschaft, durch die ein Maximum an Wohlstand verwirklicht werden könne, die **Freiheit im Staat** und die **Freiheit vom Staat**. Marktprozesse werden als „freies Spiel der Kräfte" begriffen, in dem die Besten, die Leistungsfähigsten und die Mächtigsten überleben werden (und sollen). Der Staat habe sich - bis auf das Setzen von ordnungspolitischen Rahmenbedingungen - jeglicher Eingriffe in die Marktprozesse zu enthalten.

Das **Leitbild der „workable competition"** wird als untauglich verworfen, weil dessen Ziele vage und vielfach inkompatibel seien. Die theoretische Basis des Ansatzes wird als unzureichend erachtet, weil er kein ordnungspolitisches Fundament aufweist, und der empirische Befund wird als verwirrend angesehen. Das Konzept des funktionsfähigen Wettbewerbs sei, dies ist der Hauptvorwurf, nicht geeignet, den Trägern der Wettbewerbspolitik klare und sachgerechte Handlungsanweisungen zu geben. Dies ist besonders an der Vielfalt der Kriterien für einen funktionsfähigen Wettbewerb zu erkennen. Auch die Vermutung, daß mit zunehmender Konzentration und Unternehmensgröße die Wettbewerbsintensität abnimmt, wird in Frage gestellt.

3.5.2 Kriterien für einen „effizienten Wettbewerb"

Das wettbewerbspolitische Konzept der Chicago School bemüht sich demgegenüber um analytische Klarheit und einfache wettbewerbspolitische Handhabbarkeit. Das Zielbündel der Wettbewerbspolitik wird auf ein einfaches Kriterium reduziert: Effizient ist der Wettbewerb dann, wenn er die **Konsumentenwohlfahrt** erhöht. Die Maximierung der Konsumentenwohlfahrt ist alleiniges Ziel der Wettbewerbspolitik. Dabei wird zwischen der produktiven und der allokativen Effizienz unterschieden:

- **Produktive Effizienz** erfordert, daß mögliche Kostenersparnisse durch wachsende Unternehmensgrößen (Economies of Scale) konsequent genutzt werden.
- **Allokative** Effizienz erfordert, daß das Güterangebot den Konsumentenpräferenzen entspricht und die Preise dahin tendieren, sich den langfristigen Grenzkosten anzunähern. Das Konzept der allokativen Effizienz stellt den Nutzen der Konsumenten den durch die Produktion der Güter entstehenden Kosten gegenüber, wobei die Lücke zwischen Grenzkosten und Marktpreis als Ineffizienzmerkmal betrachtet werden kann: Je stärker der Marktpreis von den langfristigen Grenzkosten abweicht, umso ineffizienter ist der Wettbewerb.

Um beurteilen zu können, ob die Konsumentenwohlfahrt von einem bestimmten Niveau aus noch gesteigert werden kann, gehen die Vertreter der Chicago School von einem **Idealmarkt** als Referenzsituation aus, der weitgehend am Modell der vollkommenen Konkurrenz orientiert ist. Aber im Vordergrund ihrer Überlegungen stehen nicht die Bedingungen für das statische Marktgleichgewicht, sondern die **Prozesse**, die zu einem hypothetisch gedachten Gleichgewicht führen. Insofern wenden sie sich wieder stärker dem klassischen Ansatz zu, den bereits ADAM SMITH verfolgt hat.

Die Marktergebniskriterien „produktive" und „allokative Effizienz" finden wir unter anderem expressis verbis auch im Konzept des funktionsfähigen Wettbewerbs, implizite auch im Konzept der Wettbewerbsfreiheit („ökonomische Vorteilhaftigkeit"), aber die Vertreter der Chicago School argumentieren mit anderen Axiomen und Prämissen:

- Sie unterstellen, daß der **Wettbewerb als „Überlebenskampf"** (survival of the fittest) langfristig in dem Sinne wirksam ist, daß er ein hohes Maß an produktiver und allokativer Effizienz gewährleiste und wegen der Offenheit marktwirtschaftlicher Systeme nicht zu monopolistischen Wirtschaftsstrukturen neige.

- Auch „enge" Oligopolisten und Monopolisten stehen unter Wettbewerbsdruck, weil **potentielle Wettbewerber** immer dann auf dem Markt auftreten werden, wenn die Oligopolisten Leistungsschwächen zeigen und versuchen, Preise durchzusetzen, die über den Grenzkosten liegen. Markteintrittsschranken existieren nämlich nur da, wo der Staat sie durch Protektion errichtet, sonst nicht. In diesem Fall seien Deregulierung und/oder eine liberalere Außenwirtschaftspolitik zu fordern, aber keine wettbewerbspolitischen Interventionen.

- Die **Zahl der Unternehmen**, die auf einem Markt auftreten, spielt keine Rolle. Es gibt keinen Unterschied zwischen Polypol und Oligopol, somit sei es auch nicht erforderlich, eine besondere Oligopolsituation als wettbewerbspolitisches Ziel zu deklarieren (weites Oligopol) oder dem engen Oligopol eine besondere Wettbewerbsproblematik zuzuweisen, die eine Antitrust-Politik notwendig mache.

Die bestehende Oligopoltheorie des Wettbewerbs wird von den Vertretern der Chicago School als überflüssig und wettbewerbspolitisch irrelevant angesehen. Marktmacht existiert - wenn überhaupt - nur temporär und in ganz speziellen Ausnahmefällen, wenn z.B. ein Unternehmen exklusiv über eine bestimmte knappe Ressource verfügt oder wenn bestimmte staatliche Eintrittsbarrieren (Patentschutz, Zulassungsbeschränkungen, staatliche Produktionsmonopole o.ä.) errichtet worden sind.

3.5.3 Das wettbewerbspolitische Konzept

Die Chicago School vertraut weitgehend auf die „Selbstheilungskräfte des Marktes", Eingriffe durch Wettbewerbspolitik sind ineffizient oder kontraproduktiv. Deswegen sei wettbewerbspolitische **Zurückhaltung** geboten, vor allem bei Unternehmenszusammenschlüssen. Dennoch plädieren die Anhänger der Chicago

School nicht ausschließlich für ein wettbewerbspolitisches „Laissez-faire“: Als **Aufgaben der Wettbewerbspolitik** werden gesehen:

- Unterbindung von eindeutig wettbewerbsbeschränkendem Verhalten, z.B. Preisabsprachen oder Gebietsaufteilungen;
- Einsatz der Fusionskontrolle nur dann, wenn bereits ein sehr hoher Konzentrationsgrad besteht;
- Deregulierung, Liberalisierung und Entbürokratisierung in allen wirtschaftlichen Bereichen der Marktwirtschaft.

Mit dem Konzept der Chicago School ist nach HOPPMANN eine weitere wettbewerbspolitische Gegenposition zum Konzept der optimalen Wettbewerbsintensität bezogen worden, das in der Bundesrepublik Deutschland nach der zweiten Kartellgesetznovelle auch zur Grundlage der praktischen Wettbewerbspolitik geworden ist.

3.5.4 Kritik

Am wettbewerbspolitischen Konzept der Chicago School ist erwartungsgemäß viel Kritik geübt worden. INGO BÖBEL, einer der schärfsten Kritiker, bewertet das Konzept als einen Rückfall auf einen „angebotsorientierten, sozial-darwinistischen Ansatz“, der unterstelle, daß „jegliche Art von Preiswettbewerb die gesamtwirtschaftliche Wohlfahrt“ erhöhe. Die neueren Entwicklungen in der Wettbewerbstheorie würden durch dieses „preistheoretische laissez-faire-Konzept“ schlicht negiert. (Böbel 1987/88, S. 40)

HARTMUT BERG faßt die Kritik (mit SCHMIDT/RITTALER, 1986) so zusammen: Das Konzept der Chicago School sei weder theoretisch noch empirisch hinreichend fundiert, es sei ein subjektives Bekenntnis, ein politisches Credo. (Berg, 1992, S. 259 f.) Immerhin weist BERG auch auf **positive Aspekte** hin: Die Tatsache, daß die Chicago School mittlerweile immer mehr Anhänger gefunden hat, kann nicht nur mit einer „Wende“ zu einem liberal-konservativeren Leitbild der Wirtschaftspolitik ganz allgemein erklärt werden (Thatcherismus, Reagnomics, angebotsorientierte Wirtschaftspolitik in der Bundesrepublik Deutschland nach 1982). Zur wachsenden Akzeptanz hat auch die enttäuschende „Performance“ der bisherigen Wettbewerbspolitik beigetragen. Es könne nicht behauptet werden, die Wettbewerbspolitik nach dem Leitbild des funktionsfähigen Wettbewerbs sei bisher - und auch trotz zahlreicher Novellierungen - erfolgreicher gewesen.

Auch die **wettbewerbliche Praxis** scheint eher den Argumenten der Chicago School zu entsprechen:

- Es ist in den USA, aber auch in der EG und in Deutschland in der Tat zu sehr wirkungsvollen Markteintritten gekommen (z.B. japanische Automobilindustrie, Computerindustrie usw.), wodurch die etablierten Anbieter erhebliche Marktanteile verloren haben.
- Vermeintlich übermächtige US-Firmen wie z.B. Boeing, Xerox, General Motors, Coca Cola, United Steel, IBM sind durch Importe und Direktinvestitionen unter scharfen Wettbewerbsdruck geraten.
- Angesichts eines liberaleren Welthandels hat sich die Substitutionskonkurrenz verschärft.

> „Ein Plädoyer für mehr wettbewerbspolitische Behutsamkeit erscheint vor dem Hintergrund dieser Erfahrungen und Entwicklungen nicht abwegig, auch wenn so engagierte Verfechter eines radikalen wettbewerbspolitischen Kurswechsels wie die Repräsentanten der Chicago School Gefahr laufen, sich durch die Rigorosität ihrer Forderungen berechtigter Kritik auszusetzen." (Berg, 1990, S. 254)

3.6 Zum Verhältnis von Wettbewerbstheorie und Wettbewerbspolitik

Die theoretische Auseinandersetzung um das „richtige" wettbewerbspolitische Leitbild, insbesondere die HOPPMANN-KANTZENBACH-Kontroverse, kann als weitgehend **abgeschlossen** gelten. Aus diesen Kontroversen haben sich in der Wettbewerbstheorie allmählich allgemeine Prinzipien entwickelt, die eine künftig zu gestaltende Wettbewerbspolitik bestimmen sollen. Über diese **wettbewerbspolitischen Grundsätze** besteht zur Zeit kein Dissenz:

1. Die Wettbewerbspolitik muß sowohl dafür sorgen, daß der Wettbewerb als marktwirtschaftliches Anreiz-, Lenkungs- und Kontroll**instrument** funktioniert (Institutionsschutz), als auch dafür, daß der Entscheidungs- und Handlungsspielraum der Marktsubjekte nicht unangemessen eingeschränkt wird (Individualschutz).

2. Funktionsfähiger Wettbewerb kann unter sehr verschiedenen Bedingungen zustande kommen, er ist also nicht an die Erfüllung bestimmter Strukturmerkmale (z.B. „weites Oligopol mit mäßiger Produktdifferenzierung") gebunden.

3. Als gesicherte Erkenntnis kann gelten, daß die Wettbewerbsvoraussetzungen in Märkten mit

   - hohem Konzentrationsgrad (enge Oligopole, Monopole),
   - hohen Marktzutrittsschranken oder Marktaustrittsschranken und
   - Produkten, die sich in der Sättigungs- oder Niedergangsphase befinden,

ebenso ungünstig sind wie auf Märkten, in denen die Angebotsstruktur atomistisch ist, d.h. auf denen viele Unternehmen mit einem kleinen Marktanteil auftreten.

4. Daraus kann die Hypothese abgeleitet werden, daß die Wettbewerbsvoraussetzungen auf solchen Märkten **günstig** erscheinen, auf denen

- ein geringer Konzentrationsgrad, aber keine atomistische Struktur herrscht,
- niedrige Marktzutrittsschranken oder Marktaustrittsschranken bestehen,
- Produkte angeboten werden, die sich in der Expansionsphase befinden.

Die Hypothese, daß „günstige" Wettbewerbsvoraussetzungen vor allem dort zu vermuten sind, wo Märkte weder eine sehr hohe noch eine sehr geringe Wettbewerbsintensität aufweisen, ist mittlerweile auch empirisch vielfach belegt worden. Sie bietet der Wettbewerbspolitik eine Grundlage, die zur groben Orientierung tauglich ist. Im übrigen besitzt der Ansatz der Chicago School, durch Liberalisierung, Deregulierung, Entbürokratisierung und Privatisierung, aber auch durch Innovationsförderung und Öffnung der Märkte die Wettbewerbsvoraussetzungen permanent zu verbessern, eine gewisse logische Konsequenz. Dieser Ansatz geht allerdings über das bisherige Selbstverständnis über die Aufgaben der Wettbewerbspolitik als Institutions- und Individualschutz deutlich hinaus.

4 Wettbewerbsbeschränkungen

4 Wettbewerbsbeschränkungen

4.1 Überblick

Wirtschaftlicher Wettbewerb wird aus gesamtwirtschaftlicher und aus einzelwirtschaftlicher Sicht völlig unterschiedlich beurteilt: Aus **gesamtwirtschaftlicher** Sicht ist funktionsfähiger freier Wettbewerb das optimale Lenkungs-, Koordinations- und Kontrollinstrument und eine - nach EUCKEN sogar die wichtigste - konstitutive Voraussetzung des marktwirtschaftlichen Systems. Aus **einzelwirtschaftlicher** Sicht des im Wettbewerb stehenden Anbieters oder Nachfragers übt Wettbewerb zunächst nur Leistungsdruck aus, erschwert die Absatz- oder Beschaffungsmöglichkeiten, erhöht das Risiko, schmälert Erlöse und Gewinne bei den Anbietern, erhöht den Aufwand bei den Nachfragern.

So ist es aus einzelwirtschaftlicher Sicht geradezu verständlich, daß Anbieter oder Nachfrager bereits, seitdem es Märkte gibt, versuchen, dem Wettbewerbsdruck zu entgehen, indem sie ihn in irgendeiner Form beschränken, um sich dadurch Vorteile zu verschaffen oder Nachteile abzuwehren.

Es wird aber aus gesamtwirtschaftlicher Sicht auch verständlich, daß die marktwirtschaftlichen Wettbewerbsstrukturen sich langfristig selbst zerstören, wenn die Wettbewerbsprozesse den strategischen Zielen und Aktionen der Wettbewerber unkontrolliert überlassen bleiben. Wettbewerb ist eben ein dynamischer Prozeß, in dem sich auch **Wettbewerbsbeschränkungen** dynamisch verstärken können, wenn keine wettbewerbspolitische Ordnung dies zu verhindern sucht. Ohne einen wirtschaftspolitischen Schutz zerstört sich der Wettbewerb durch sich selbst. Dies hatte bereits KARL MARX zu einer fundamentalen Aussage seines wissenschaftlichen Werkes gemacht: Er war der Ansicht, Konzentration und Zentralisation des Kapitals führen unweigerlich zur Ablösung des marktwirtschaftlichen Kapitalismus:

> „Hand in Hand mit dieser Zentralisation oder der Expropriation vieler Kapitalisten durch wenige entwickelt sich die kooperative Form des Arbeitsprozesses auf stets wachsender Stufenleiter, die bewußte technische Anwendung der Wissenschaft, die planmäßige Ausbeutung der Erde, die Verwandlung der Arbeitsmittel in nur gemeinsam verwendbare Arbeitsmittel, ... die Verschlingung aller Völker in das Netz des Weltmarkts und damit der internationale Charakter des kapitalistischen Regimes. Mit der beständig abnehmenden Zahl der Kapitalmagnaten, welche alle Vorteile dieses Umwandlungsprozesses usurpieren und monopolisieren, wächst die Masse des Elends, des Drucks, der Knechtschaft, der Entartung, der Ausbeutung, aber auch die Empörung der stets anschwellenden und durch den Mechanismus des kapitalistischen Produktionsprozesses selbst geschulten, vereinten und organisierten Arbei-

> terklasse. ... Die Zentralisation der Produktionsmittel und die Vergesellschaftung der Arbeit erreichen einen Punkt, wo sie unverträglich werden mit ihrer kapitalistischen Hülle. Sie wird gesprengt. Die Stunde des kapitalistischen Privateigentums schlägt. Die Expropriateurs werden expropriiert." (Marx 1955, S. 790 f.)

Nun, die „Stunde des Privatkapitalismus" hat (noch) nicht geschlagen, vielleicht gerade wegen der scharfsinnigen Analyse durch KARL MARX. Die **Sozialpolitik** der letzten einhundert Jahre hat dafür gesorgt, daß - zumindest in den westlichen Industrieländern - die Ausbeutung der Arbeiter nicht mehr stattfindet. Durch **Wettbewerbspolitik** bemüht man sich, den Konzentrationsprozeß aufzuhalten und wettbewerbliche Strukturen zu sichern.

Wettbewerbsbeschränkende Unternehmen und ihre Interessenverbände berufen sich zu ihrer Rechtfertigung immer wieder auf das Recht der **Vertragsfreiheit**, wenn sie sich durch wettbewerbspolitische Rahmenbedingungen oder Eingriffe gestört fühlen. Vertragsfreiheit ist ein marktwirtschaftliches Grundrecht und die konstitutive Voraussetzung dafür, daß Wettbewerb überhaupt entstehen kann. Aber dieses **marktwirtschaftliche Grundrecht** darf genau so wenig zur Zerstörung einer anderen fundamentalen Voraussetzung dieser Wirtschaftsordnung, des funktionsfähigen freien Wettbewerbs, eingesetzt werden, wie z.B. die demokratischen Grundrechte auf Meinungsfreiheit, Versammlungsfreiheit, Pressefreiheit, Freiheit der Wissenschaft zur Vernichtung der demokratischen Grundordnung mißbraucht werden dürfen. Den **Interessenkonflikt** zwischen Vertragsfreiheit und Wettbewerbsfreiheit auf der einen und der Funktionsfähigkeit des Wettbewerbs auf der anderen Seite hat bereits EUCKEN zugunsten des Wettbewerbs entschieden:

> „Das Prinzip der Vertragsfreiheit ist der Wettbewerbsordnung (der Marktwirtschaft, R. O.) zuzuordnen. Es trägt zur Konstituierung der Wettbewerbsordnung bei und erhält - umgekehrt - im Rahmen der Wettbewerbsordnung seinen eigentlichen Sinn. Aber es darf nicht die Funktion erhalten, die Wettbewerbsordnung durch Bildung wirtschaftlicher Machtkörper zu sprengen oder die Ausübung wirtschaftlicher Macht und Machtmißbrauch schützen." (Eucken 1990, S. 279)

Wettbewerbsbeschränkungen sind konkrete Handlungen von Marktteilnehmern, die den Einsatz von Aktionsparametern im Wettbewerbsprozeß freiwillig oder zwangsweise beseitigen, einschränken oder verhindern, um sich auf Kosten anderer Wettbewerber oder der Marktgegenseite Vorteile zu verschaffen. Sie beeinträchtigen oder beseitigen die Entscheidungs- und Handlungsfreiheit anderer Marktteilnehmer und bewirken, daß die Funktionen des Wettbewerbs nicht optimal erfüllt werden können. Durch Wettbewerbsbeschränkungen wird die Zahl der Alternativen der Marktgegenseite verringert, die Freiheit von Anbietern und Nachfragern wird eingeschränkt und die Lenkungs-, Anreiz-, Kontroll- und Allokationsfunktion des Wettbewerbs werden beeinträchtigt. Sie führen zu Veränderungen der Marktstruktur, der Marktverhaltensweisen und zu schlechteren Marktergebnissen.

Es gibt die verschiedensten Formen und Facetten von wettbewerbsbeschränkenden Strategien und Handlungen, und dementsprechend zahlreich und unterschiedlich sind die **Systematisierungsversuche**. Nach der **Richtung** wettbewerbsbeschränkender Handlungen unterscheidet man:

- **horizontale** Wettbewerbsbeschränkungen: Sie finden zwischen Marktsubjekten auf der gleichen Wirtschaftsstufe statt;
- **vertikale** Wettbewerbsbeschränkungen: Sie finden zwischen Marktsubjekten auf vor- oder nachgelagerten Produktionsstufen statt, die in einem Verkäufer-Käufer-Verhältnis stehen;
- **konglomerate** Wettbewerbsbeschränkungen: Sie finden zwischen Marktsubjekten statt, die - im engeren Sinne - nicht in einem wettbewerblichen oder einem Lieferanten-Abnehmer-Verhältnis stehen, sondern auf verschiedenen Märkten aktiv sind.

SCHMIDT (1993, S. 107) unterscheidet nach den **strategischen Methoden**, die bei Wettbewerbsbeschränkungen verfolgt werden, die Verhandlungs-, die Behinderungs- und die Konzentrationsstrategie. Wenn man berücksichtigt, daß Wettbewerbsbeschränkungen auch von Preisführern und Preisanpassern ausgehen und der Staat ebenfalls in verschiedenen Wirtschaftsbereichen Beschränkungen des Wettbewerbs durchsetzt, kann man folgende wettbewerbsbeschränkenden **Strategien** unterscheiden:

- **Verhandlungsstrategie**: Sie führt durch faktische oder vertragliche Beschränkungen der Wettbewerbsfreiheit zu Wettbewerbsbeschränkungen beim Einsatz des absatzpolitischen Instrumentariums unter rechtlich selbständig bleibenden Entscheidungseinheiten: z.B. abgestimmte Verhaltensweisen, Kartelle, Preisbindungen, strategische Allianzen;

- **Anpassungsstrategie**: Sie führt durch freiwilliges Parallelverhalten von Anbietern oder durch die Anpassung schwächerer Marktteilnehmer an das Verhalten eines dominierenden Anbieters oder Nachfragers zu Wettbewerbsbeschränkungen: z.B. Preisführerschaft, Preismeldestellen, Beachtung von Verbandsempfehlungen zum Einsatz der absatzpolitischen Parameter;

- **Behinderungsstrategie**: Sie führt durch rechtliche oder faktische Behinderung von Wettbewerbern durch Kopplungsverträge, Meistbegünstigungsklauseln, Ausschließlichkeitsbindungen, Lieferboykott u.ä. zu Wettbewerbsbeschränkungen;

- **Diskriminierungsstrategie**: Sie führt durch Ungleichbehandlung von Abnehmern oder Lieferanten zu Wettbewerbsbeschränkungen, z.B. Preisdifferenzierung, selektiver Vertrieb, Ausschließlichkeitsverträge, Gebietsschutz usw.;
- **Ausbeutungsstrategie**: Sie führt durch den Einsatz großer Marktmacht gegenüber Abnehmern und Lieferanten zu Wettbewerbsbeschränkungen, z.B. können die Lieferanten ausgebeutet werden, wenn ihre Abnehmer diktatorisch Preise festsetzen, Sonderkonditionen durchsetzen oder Zusatzleistungen ohne Gegenleistungen fordern;
- **Wachstumsstrategie**: Sie führt über einen ruinösen Verdrängungsprozeß zu internem oder über Fusionen zu externem Unternehmenswachstum, so daß eine immer kleinere Zahl von Marktteilnehmern immer größere Marktanteile auf sich vereinigen kann;
- **Regulierungsstrategie**: Sie verfolgt der Staat, wenn aus unterschiedlichen politischen Motiven bestimmte Wirtschaftsbereiche durch Zulassungsbeschränkungen, Wettbewerbsregeln, Marktordnungen, Preisfestsetzungen, Gebührenordnungen, Mengenbeschränkungen, Gebietsabgrenzungen reguliert werden; so z.B. in Deutschland bei den freien Berufen, besonders bei Apothekern, Ärzten, dem Taxigewerbe, dem Schornsteinfegergewerbe, der Landwirtschaft, der Energie- und Verkehrswirtschaft. Die staatliche Regulierung wirkt, auch wenn sie so politisch beabsichtigt wäre, selten zugunsten der Marktgegenseite; i.d.R. sind die Preise in diesen Bereichen überhöht und die Leistungen schlechter als unter Wettbewerbsbedingungen.

Nach der **rechtlichen** und **ökonomischen** Gestaltung unterscheiden wir folgende **Formen** der Wettbewerbsbeschränkung:

- **Kollusion** (eigentlich: „geheime, betrügerische Verabredung, sittenwidrige Absprache“): Wettbewerbsbeschränkungen, „die ein Spektrum von lockeren Informationen hinsichtlich geplanter Maßnahmen über abgestimmte Verhaltensweisen“ (Aberle 1992, S. 53) bis zur faktischen Kooperation selbständig bleibender Unternehmen umfassen;
- **Kartell**: vertragliche Vereinbarung über den gemeinsamen Einsatz eines oder mehrerer absatzpolitischer Aktionsparameter zwischen selbständig bleibenden Unternehmen;
- **Konzentration**: rechtliche und wirtschaftliche Zusammenschlüsse von Unternehmen (Fusionen) und internes Unternehmenswachstum durch Verdrängungswettbewerb;
- **Mißbräuchliche Ausnutzung** einer marktbeherrschenden Stellung durch Einsatz der Marktmacht und der Finanzkraft eine Unternehmens.

- **Regulierung und Bürokratisierung**: dauerhafte Interventionen staatlicher Instanzen in marktwirtschaftliche Prozesse bestimmter volkswirtschaftlicher Sektoren; die Regulierung umfaßt neben der Beeinflussung einzelner Parameter privater Unternehmen auch die Beeinflussung der Aktivitäten öffentlicher Unternehmen mittels staatlicher Eigentumsrechte. (Kruse 1989, S. 9)

Nach dieser auch auf die wettbewerbspolitischen Instrumente bezogenen Systematik wollen wir in den folgenden Abschnitten auf Wettbewerbsbeschränkungen näher eingehen. Einen Überblick über die verschiedenen Arten von Wettbewerbsbeschränkungen und deren charakteristische Merkmale zeigt Abb. 4-1.

	Private Wettbewerbsbeschränkungen			**Staatliche Wettbewerbsbeschränkungen**	
Arten	**Kollusion**	**Kartelle**	**Konzentration**	**Marktmachtmißbrauch**	**Regulierung**
Wesen	faktisches Parallelverhalten, formlose Absprachen	vertragliche Absprachen	externes oder internes Unternehmenswachstum	Mißbrauch des relativen Größenvorteils gegenüber Abnehmern, Wettbewerbern oder Lieferanten	staatliche bürokratische Ordnungen, Regulierungen und Eingriffe
Strategie	Verhaltens- und Verhandlungsstrategie	Verhandlungsstrategie	Wachstumsstrategie	Behinderungs- und Ausbeutungsstrategie	Regulierungsstrategie
Richtung	horizontal, vertikal	horizontal	horizontal, vertikal, konglomerat	horizontal, vertikal, konglomerat	horizontal
Rechtsform	formlos	Vertrag	Konzern, Trust, Syndikat	formlos, Vertrag	Gesetz, Verordnung, Erlaß

Abb. 4 -1: Merkmale privater und staatlicher Wettbewerbsbeschränkungen

4.2 Kollusion

Die wohl vielfältigsten Formen von Wettbewerbsbeschränkungen können mit dem gemeinsamen Begriff der Kollusion benannt werden. Diese Formen hat sicher auch ADAM SMITH in erster Linie gemeint, als er seine berühmten Sätze über die „Leute von demselben Gewerbe" formulierte, die immer darauf bedacht seien, „Verschwörungen gegen das Publikum" oder „einen Plane zur Erhöhung der Preise" zu verabreden. (Smith 1913 I, S. 75) Unter **Kollusion** fassen wir alle Arten von rechtlich formlosen Aktivitäten zusammen, die von rechtlich selbständigen Wettbewerbern mit dem Ziel ausgehen, den Wettbewerb in irgendeiner Weise zu beschränken. In erster Linie handelt es sich um Fälle **horizontaler** Wettbewerbsbeschränkungen.

4.2.1 Kollusionsformen

Nach der **Intensität** der wettbewerbsbeschränkenden Aktivitäten kann man kollusives Verhalten in die folgenden fünf Bereiche einteilen:

1. **Friedliche Koexistenz:** Die Anbieter verzichten auf eine aktive Rivalität auf dem Markt; sie sind jeder für sich darauf bedacht, ihren Marktanteil, ihre Rendite, ihre Stammkundschaft zu behalten, und üben keinen nennenswerten Wettbewerbsdruck untereinander aus.

2. **Nutzung von Informationen und Empfehlungen:** Die Anbieter nutzen die Informationen ihrer Fachverbände, beachten Verbandsstatistiken und Ergebnisse über Betriebsvergleiche. Sie verfolgen gemeinsame Strategien und Aktivitäten, z.B. viele kleine Anbieter entwickeln gemeinsam eine Strategie gegen den Markteindringling. Sie verwenden einheitliche Geschäftsbedingungen, Musterformulare, Kalkulationsempfehlungen, Preisempfehlungen. Hierdurch tragen sie zu einem „solidarischen Parallelverhalten" bei.

3. **Gegenseitige Informierung:** Die Geschäftsführungen oder deren Mitarbeiter informieren sich gelegentlich oder systematisch über interne Betriebsdaten, absatzpolitische Strategien, Aktivitäten von Außenseitern, über Preisangebote, beabsichtigte Preiserhöhungen, über neue technische und organisatorische Verfahren, nutzen die Daten einer Preismeldestelle usw. Dies führt zu einem „bewußten Parallelverhalten".

4. **Abgestimmte Verhaltensweisen:** Die Anbieter vereinbaren formlos Wettbewerbsbeschränkungen, die auch Gegenstand eines Kartells sein könnten. Sie umgehen dadurch das formelle Kartell, erreichen aber durch die Abstimmung des eigenen Verhaltens mit dem der Konkurrenten, daß die Risiken des Wett-

bewerbsprozesses weitgehend ausgeschaltet werden. Man spricht in diesem Zusammenhang auch von „Frühstückskartellen". Abgestimmte Verhaltensweisen sind ebenso wie Kartelle wettbewerbspolitisch verboten.

5. **Marktführerschaft**: Wenn auf einem Markt ein Anbieter wegen seiner Größe dominiert, kommt es häufig vor, daß die relativ kleinen Mitbewerber sich an die absatzpolitischen Aktivitäten des Marktführers anpassen, weil sie wissen, daß sie zu jeder Zeit in einen für sie verhängnisvollen ruinösen Konkurrenzkampf gerissen werden können. Die Marktführerschaft ist häufig auf regionalen oder lokalen Märkten zu beobachten.

Eindrucksvoller als jede theoretische Darstellung kann z.B. folgende dpa-Meldung das Wesen abgestimmter Verhaltensweisen im Oligopol und die Marktführerschaft gegenüber kleineren Unternehmen, aber auch die Existenz eines kostenlosen Preismeldesystems veranschaulichen: Es wird ganz offiziell berichtet, daß die führenden Mineralölunternehmen gleichzeitig den Benzinpreis um den gleichen Betrag angehoben haben, und zur Beruhigung der Autofahrer wird behauptet, daß diese Erhöhung noch zu gering ausgefallen sei:

> **Benzin und Diesel vier Pfennig teurer**
>
> Hamburg • Benzin und Diesel werden um vier Pfennig teurer. Zum **achten** Mal in diesem Jahr haben die **fünf großen** Mineralölunternehmen Dea, Shell, Esso, BP (alle Hamburg) und Aral (Bochum) **am Mittwoch** alle Kraftstoff**preise erhöht**.
> Die Unternehmen begründeten die Anhebung damit „daß die Produktenpreise an den Rohölmärkten nach Ostern um zwei Pfennig gestiegen, während die Preise an den deutschen Tankstellen um etwa drei Pfennig gefallen sind". Eigentlich wären Erhöhungen von fünf Pfennig pro Liter nötig, sagte ein Aral-Sprecher. ...
> Bei Esso kosten im Bundesdurchschnitt Super verbleit 1,70 DM, Super bleifrei 1,57 DM, Normal 1,52 DM, Diesel 1,16 DM *(dpa)*" (Hessische-Niedersächsische Allgemeine v. 14. April 1994. Hervorhebung von R. O.)

Einen speziellen Fall kollusiven Verhaltens stellen **Preisbindungen** und **Preisempfehlungen** dar. Hier liegt eine **vertikale** Wettbewerbsbeschränkung vor, weil die Hersteller bestimmter Produkte (Markenwaren) dem Handel die Verkaufspreise verbindlich vorschreiben oder empfehlen. Diese Preise garantieren eine feste Handelsspanne und sollen den Preiswettbewerb völlig ausschließen. Wenn Händler die i.d.R. überhöhten Verkaufspreise unterschreiten, drohen ihnen Sanktionen in Form von Liefersperren und Vertragsstrafen. Seit 1974 ist die Preisbindung der zweiten Hand in Deutschland zwar bis auf wenige Ausnahmen (Verlagsprodukte, Medikamente, Tabakwaren) verboten, „unverbindliche Preisempfehlungen" sind jedoch weiter zugelassen; außerdem interpretiert so mancher Groß- oder Einzelhändler auch heute noch die Verkaufspreislisten seiner Lieferanten als eine „verbindliche Preisempfehlung", zumindest gegenüber dem ahnungslosen Kunden.

4.2.2 Kollusionsbedingungen

Kollusives Verhalten wird von bestimmten Marktformen gefördert: In einem **engen Oligopol**, einem Markt, auf dem der Konzentrationsprozeß schon weit vorangeschritten ist, sind nur noch wenige, aber große Anbieter auf dem Markt (Mineralölindustrie, Autoindustrie, Chemische Industrie). Die Unternehmen produzieren mit den gleichen Verfahren ähnliche Produkte, die gut im Markt eingeführt sind; der Markt ist gleichsam unter ihnen aufgeteilt. Sie produzieren mit nahezu gleichen Kosten und haben die gleichen Kostenstrukturen. Die Manager kennen sich untereinander recht gut (z.B. durch Tagungen, Verbandsarbeit, gemeinsame Ausschüsse usw.), sie verfolgen die gleichen Unternehmensziele, verhandeln mit den gleichen Lieferanten, Gewerkschaften und Ministerien, organisieren und unterstützen z.T. gemeinsame Forschungsaktivitäten. Die Risikominderung hat unternehmenspolitisch Vorrang vor der Einführung risikoreicher Innovationen; Innovationen werden sofort imitiert, so daß keine Vorsprungsgewinne erwartet werden können. Wenn jeder Wettbewerber von den übrigen als gleich leistungsfähig eingestuft wird, ist keiner zum Wettbewerb bereit. Die Rivalitätsbeziehungen mutieren zur **„friedlichen Koexistenz“** und zu **„abgestimmten Verhaltensweisen“**, die noch nicht einmal förmlich vereinbart zu werden brauchen.

Auf **polypolistischen Märkten** verfolgen die Anbieter ein ähnliches Sicherheitsstreben, das z.B. dadurch gefördert werden kann, daß die Wettbewerber die Tendenzen zu gleichen Wettbewerbsvoraussetzungen unterstützen. Man drängt in Verbänden, Innungen, Kammern und Ausschüssen auf einheitliche Geschäftsbedingungen, beachtet die von den Verbänden herausgegebenen Kalkulationsempfehlungen und EDV-Programme, realisiert weitgehend gleich schnell (oder gleich langsam) den technischen Fortschritt, nutzt die Verbandsinformationen. Die Rivalitätsbeziehungen mutieren zu einem „kollektiv-solidarischen Parallelverhalten“.

Kollusives Wettbewerbsverhalten ist juristisch kaum nachzuweisen, kann also wettbewerbspolitisch auch kaum unterdrückt bzw. verhindert werden, ohne daß man in die internen Organisationsstrukturen der Unternehmen massiv eingreift. Hier kollidiert das Ziel, funktionsfähigen Wettbewerb zu sichern, mit dem Ziel, die unternehmerische Freiheit in einer Marktwirtschaft zu garantieren. Im Falle polypolistischer Märkte kann kollusives Wettbewerbsverhalten noch weitgehend toleriert werden, im Fall enger Oligopole stellt es ein wettbewerbspolitisch kaum lösbares Problem dar. Kollusives Verhalten ist gesetzestechnisch kaum zu definieren, es sei denn, man folgt dem Vorschlag HOPPMANNS, aufgrund einer wettbewerbspolitischen Generalklausel bei offenkundigen und beweisbaren Fällen gezielt einzugreifen.

4.3 Kartelle

Kartelle sind vertragliche Absprachen zwischen rechtlich selbständigen Wirtschaftssubjekten (Anbieter oder Nachfrager), die auf einem gemeinsamen relevanten Markt rivalisieren oder rivalisieren können, mit dem Ziel, Aktionsparameter (Preise, Produktionsmengen, Produktionsprogramme, Importe, Exporte usw.) aufeinander abzustimmen, gemeinsam zu gestalten und zu dem gemeinsamen Zweck der Verbesserung ihres wirtschaftlichen Erfolges durch Beschränkung des Wettbewerbs einzusetzen. Das Gesetz gegen Wettbewerbsbeschränkungen (GWB), das in der Umgangssprache immer noch als „Kartellgesetz" bezeichnet wird, definiert **Kartelle** als vertragliche Vereinbarungen oder Beschlüsse mehrerer rechtlich selbständiger Unternehmen, die „geeignet sind, die Erzeugung oder die Marktverhältnisse für den Verkehr mit Waren oder gewerblichen Leistungen durch Beschränkung des Wettbewerbs zu beeinflussen" (§ 1 GWB). Kartelle sind durch folgende **Merkmale** zu charakterisieren:

- Vertragliche Verhaltenssprachen,
- rechtlich selbständig bleibende Wirtschaftssubjekte (Anbieter oder Nachfrager),
- Beschränkung der Entscheidungs- und Handlungsfreiheit der Mitglieder,
- Ziel der Verbesserung des wirtschaftlichen Erfolges der Mitglieder durch Beschränkung des Wettbewerbs.

Kartelle werden vornehmlich von **Unternehmen** gebildet, aber auch Konsumentenkartelle sind denkbar, letztere werden durch den § 1 GWB nicht erfaßt. Unternehmenskartelle stehen auch im Mittelpunkt der folgenden Ausführungen.

4.3.1 Kartelle und Konzentration in Deutschland

Um verstehen zu können, warum sich die Wettbewerbspolitiker nach dem zweiten Weltkrieg bei der ersten Fassung des „Gesetzes gegen Wettbewerbsbeschränkungen" besonders auf das Kartellverbot (mit zahlreichen Ausnahmen) konzentrierten, aber den Unternehmenszusammenschlüssen keine und dem Mißbrauch von Marktmacht nur eine geringe Beachtung schenkten, muß man einen kurzen Blick in die deutsche **Wirtschaftsgeschichte** werfen.

Es ist zwar richtig, daß sich Kartellbestrebungen bis zu den ältesten Handelsnationen, Phönizien, Ägypten und Babylonien zurückverfolgen lassen, in Europa gibt es schon seit dem 13. Jahrhundert Kartelle. (Barnikel 1972, S. 1 ff.) Ihre eigentliche wettbewerbliche und wettbewerbspolitische Bedeutung erhalten Kartelle in **Deutschland** jedoch erst nach der ersten Industrialisierungsphase, nach der sog.

Gründerkrise in der zweiten Hälfte des 19. Jahrhunderts. In der Zeit zwischen 1880 und der Jahrhundertwende entstanden in Deutschland etwa 500 Industriekartelle. (Henning 1978, S. 215 ff.) GÜNTHER (1975, Sp. 2138) erwähnt eine staatliche Kartell-Enquête aus dem Jahr 1905, nach der 12.000 Mitgliedsbetriebe in 385 Kartellen organisiert waren. 200 Kartelle hatten damals schon eine gemeinsame Verkaufsstelle, waren also Syndikate. (Sartorius v. Waltershausen 1923, S. 516)

Der Kartellbegriff wurde zu dieser Zeit als eine **umfassende unternehmerische Kooperation** interpretiert, wie man aus dem folgenden Zitat eines Wissenschaftlers, der diese Zeit erlebt hat, entnehmen kann:

> „Eine ganz andersartige Kapitalassoziation hat sich die deutsche Industrie in den Unternehmensverbänden, **den Kartellen**, geschaffen. Man versteht darunter die für eine längere Zeit, gewöhnlich für einige Jahre, geltenden Verabredungen von Großunternehmern des gleichen Geschäftszweiges in ganz Deutschland, oder wenigstens in einem weiteren Industriebezirk, um unter der Beschränkung oder Beseitigung der Konkurrenz untereinander den Reinertrag der Angeschlossenen zu behaupten oder zu erhöhen - ohne den selbständigen Produktions- bzw. auch den Einkaufs- und Verkaufsvorgang aufzuheben, wenn er auch unter Kontrolle gestellt wird.“ (Sartorius von Waltershausen 1923, S. 515)

Schon vor dem Ersten Weltkrieg (1914 - 1918) ist die deutsche Industrie in höherem Ausmaß durch weitgespannte vertragliche Absprachen konzentriert und monopolisiert, als es in allen anderen Industrieländern der Fall war. Bis zum Ende des Zweiten Weltkrieges galt Deutschland als das **„klassische Land der Kartelle“**. (Langfeld 1986, S. 210)

Den wettbewerbsbeschränkenden Aktivitäten der Wirtschaft haben die jeweiligen Regierungen bewußt keine wettbewerbspolitischen Gegenstrategien entgegengesetzt. Während in den USA mit dem **Sherman-Act** bereits seit 1890 horizontale und vertikale Absprachen, die die wirtschaftliche Handlungsfreiheit beschränken, verboten und mit dem **Clayton-Act** (1914) Preisdiskriminierungen, Ausschließlichkeits- und Kopplungsverträge und Fusionen weitgehend untersagt wurden, wurde in Deutschland bis zum Jahr 1945 praktisch keine Politik gegen die wirtschaftliche Konzentration betrieben. (Schmidt 1981, S. 538; Kartte/Holtschneider 1981, S. 200)

Im Gegenteil, die Zusammenballung wirtschaftlicher Macht wurde in Deutschland staatlicherseits geduldet oder sogar gefördert. Nach dem Reichsgerichtsurteil über den Fall „Sächsischer-Holzstoffabrikantenverband“ vom 4. Februar 1897 waren Kartelle grundsätzlich **zulässig**; sie konnten sogar bei der Durchsetzung der Vertragspflichten den Schutz der ordentlichen Gerichtsbarkeit in Anspruch nehmen. Darüber hinaus spielten beim Aufbau kartellierter Organisationen die deutschen Großbanken eine wichtige Vermittlerrolle. (Kartte/Holtschneider 1981, S. 200; Borchardt 1985, S. 183)

Der **Konzentrationsprozeß** erfaßte nahezu alle wichtigen Industriezweige in Deutschland:

- Im Jahr 1893 wurde das bedeutende Rheinisch-Westfälische Kohlesyndikat gegründet, im Jahr 1904 der Deutsche Stahlwerksverband, beide Organisationen waren mächtige Syndikate;
- im Jahr 1910 wurde ein auf privater Ebene nicht zustande gekommenes Kalisyndikat gesetzlich erzwungen;
- in der Elektroindustrie wuchs ein mächtiges Dyopol: AEG und Siemens;
- in der Schwerindustrie entstanden umfassende vertikale Konzerne, die Kohlebergwerke, Stahlhütten und -werke, Maschinenbauunternehmen und Werften umschlossen;
- in der chemischen Industrie verbanden sich zwei „Farbenkartelle" zu einer „Interessengemeinschaft mit Gewinnausgleich" (I.G.), aus der die I.G. Farbenindustrie AG als mächtigster deutscher Konzern der damaligen Zeit hervorging.

Im Jahr 1905 verfügten Kartelle in folgenden Industriezweigen bereits über beachtliche **Marktanteile**: Papiererzeugung 90 %, Bergbau 74 %, Rohstahlerzeugung 50 %, Zementindustrie 48 %. (Borchardt 1985, S. 183 f.) Die Zahl der Kartelle erreichte in Deutschland zwischen 1925 und der Weltwirtschaftskrise (1929/32) mit etwa 3.000 bereits einen Höhepunkt; während des Hitlerregimes wurde fast die gesamte Wirtschaft zwangskartelliert, so daß auch Außenseiter miterfaßt werden konnten. (Kartte/Holtschneider 1981, S. 200) Gegen Ende des Zweiten Weltkriegs hatte die deutsche Wirtschaft schließlich den Charakter einer monopolistischen Zentralverwaltungswirtschaft.

Der Konzentrationsprozeß seit der Gründerkrise 1880 - nicht nur in der deutschen Industrie, sondern auch bei Banken, Versicherungen, Energieerzeugern und Verkehrsunternehmen - wurde durch die **Legalität der Kartellbildung** entscheidend gefördert, weil die Kartelle später immer häufiger zu Unternehmenszusammenschlüssen führten. Dies verdeutlicht, warum Kartelle und Konzentration, Monopolisierung und wirtschaftliche Machtballung im Verständnis der Wettbewerbstheoretiker und Ordnungspolitiker praktisch Synonyme waren. Wie ist es sonst zu erklären, daß auch LUDWIG ERHARD in Kartellen eine „besondere Spielart kollektiven Geistes", eine Art „Planwirtschaft der Unternehmer" erblickte. Er forderte ein generelles Kartellverbot (womit er sich bei der Gestaltung des deutschen GWB nicht durchsetzen konnte), während er die Gefahren der eigentlichen Unternehmenskonzentration und des Mißbrauchs von Marktmacht erheblich unterschätzte. (Kartte/Holtschneider 1981, S. 205)

4.3.2 Kartellvoraussetzungen

Die Voraussetzungen, ein Kartell erfolgreich zu bilden, sind auf den Märkten sehr unterschiedlich; es kommt auf das Produkt (die „Kartellware"), die unternehmerischen Strukturen und Interessen der potentiellen Mitglieder, die Marktstruktur und die Preiselastizität der Nachfrage und des Angebots an. Allgemein kann man sagen, daß Anbieter, deren Produkte sich in der Expansionsphase befinden, einen hohen Grad an Produktdifferenzierung aufweisen und mit unterschiedlichen Stückkosten hergestellt werden, mit denen sie auch auf eine sehr preiselastische Nachfrage treffen, **weniger** zur Kartellbildung neigen. Die Möglichkeiten von Anbietern, Kartelle zu bilden, werden demzufolge von folgenden **Bedingungen** unterstützt:

- ein hoher Grad an Produkthomogenität,
- eine Kostenstruktur mit hohen Fixkostenanteilen,
- wenige, aber große und gleich starke Unternehmen,
- ein geringer Auslastungsgrad der Produktionskapazitäten,
- hohe Markteintritts- und Marktaustrittsschranken,
- Produkte in der Stagnations- bzw. Rückbildungsphase,
- eine hohe Preiselastizität des Angebots und eine geringe Preis- und Einkommenselastizität der Nachfrage,
- eine Konjunktur- oder Strukturkrise.

Ein typischer Kartellfall wäre demnach ein homogenes Massenprodukt, das von wenigen Unternehmen zu ähnlichen Kosten produziert wird, sein Bedarf wegen Marktsättigung zurückgeht und hohe Markteintritts- und Marktaustrittsschranken bestehen, also z.B. Kohle, Stahl, Strom oder Mineralöl.

Je niedriger die Markteintrittsbarrieren eines kartellierten Marktes sind, um so eher besteht die Gefahr, daß das hohe Kartellpreisniveau Außenseiter als „Kartellbrecher" anlockt. Gegen diese Gefahr werden die Mittel des **äußeren Kartellzwanges** vorgesehen, z.B.:

- Mit Lieferanten und Abnehmern der Kartellmitglieder werden **Exklusivverträge** abgeschlossen, nur die Mitglieder des Kartells zu beliefern oder nur von ihnen Produkte abzunehmen.
- **Treuerabatte** sollen Lieferanten und Kunden veranlassen, nur Kartellmitglieder zu berücksichtigen.
- **Sanktionen** und **Boykotte** gegenüber Lieferanten und Kunden der Kartellmitglieder sollen etwaige Verstöße gegen die Exklusivverträge von vornherein ausschließen.

Ein von den Kartellmitgliedern gemeinsam gebildeter Fonds kann finanzielle Nachteile, die durch „Lockangebote“ entstehen, ausgleichen, um auf diese Weise zur Stabilisierung des Kartells beizutragen.

Damit Kartellmitglieder selbst nicht gegen die Vereinbarungen verstoßen, werden die Mittel des **inneren Kartellzwanges** eingesetzt, denn der Anreiz eines Mitgliedes, heimliche Preiszugeständnisse zu machen, ist ungeheuer groß. Mittel des inneren Kartellzwangs werden meistens schon in den Kartellverträgen vorgesehen, z.B. Konventionalstrafen, Boykott durch die übrigen Mitglieder, gemeinsame ruinöse Konkurrenz gegen den Ausbrecher. Gelingt es den Kartellmitgliedern nicht, Ausbrecher zurückzuholen oder wettbewerblich zu vernichten, zerfällt das Kartell.

4.3.3 Kartelltypen

In der Literatur werden verschiedenartige Versuche unternommen, die Kartellarten zu typisieren und zu systematisieren. Entsprechend der Vielfalt der Formen ist auch die Zahl der Einteilungskriterien sehr groß. Nach der **Marktseite** werden Anbieter- und Nachfragerkartelle, nach dem **Marktgebiet** Binnenmarkt- und Außenmarktkartelle (Export- und Importkartelle) unterschieden. Nach der **räumlichen Ausdehnung** unterscheidet man internationale, nationale, regionale und lokale Kartelle. Das bekannteste internationale Kartell ist heute sicher die OPEC, die Organisation erdölerzeugender Länder. Nach **Wirtschaftszweigen** bzw. den **Marktobjekten** kann man von Kohle-, Stahl-, Zement- oder Bierkartellen sprechen. Je nach dem, ob ein Kartell alle potentiellen Mitglieder umfaßt oder nicht, unterscheidet man nach dem **Mitgliederkreis** vollkommene und unvollkommene Kartelle. Wichtiger erscheint die Einteilung der Kartelle nach den **Zielen**, die ihre Mitglieder verfolgen und nach den **Aktionsparametern**, die Gegenstand des Kartells sein können.

4.3.3.1 Kartelle nach den angestrebten Zielen

Kartelle sind aus wettbewerbspolitischer Sicht nicht in jedem Falle negativ zu beurteilen, aus strukturpolitischer oder außenwirtschaftlicher Sicht können sie sogar gesamtwirtschaftlich vernünftig sein. Es komme auf die Ziele an, die mit einem Kartell verfolgt werden. Mögliche **Kartellziele** sind:

- **Gewinnmaximierung auf Kosten der Marktgegenseite oder der übrigen Konkurrenten** (Preis-, Gebiets-, Mengen-, Quoten-, Submissions-, Kalkulations-, Konditionenkartelle);

- **gemeinsamer Absatz oder Beschaffung** (Absatz-, Beschaffungs- Normungs- und Typisierungskartelle);
- **Rationalisierung und Durchsetzung des technischen Fortschritts** (Rationalisierungs-, Normungs-, Typisierungskartelle);
- **Bewältigung von Konjunktur- und Strukturkrisen** (Krisenkartelle).

KANTZENBACH und die deutsche Wettbewerbspolitik meinen, Kartelle (und Kooperationen) seien bei **polypolistischen** Marktstrukturen unbedenklich, sogar wettbewerbsfördernd. Dies mag für Absatz-, Beschaffungs-, Rationalisierungs- Normungs- und Typisierungskartelle durchaus zutreffen. Für alle anderen Kartellformen, insbesondere für Preis-, Gebiets-, Mengenkartelle, aber auch für Konjunktur- und Strukturkrisenkartelle kann dies nicht behauptet werden. Erlös-, Konjunktur- und Strukturkrisen müssen mit **unternehmens-** und **wirtschaftspolitischen** Mitteln gelöst werden. In diesen Fällen würden wirksame Kartelle die Probleme lediglich überdecken und mit zunehmender Zeit auch verschärfen, indem sie einen Schutzraum für die Kartellmitglieder bilden und veraltete Strukturen zementieren.

4.3.3.2 Kartelle nach den gemeinsamen unternehmerischen Aktionsparametern

Wettbewerbspolitisch relevant ist die Einteilung der Kartelle nach den unternehmerischen Aktionsparametern, die sie beschränken. (Vgl. Abb. 4-2) Wir unterscheiden:

1. Kartelle, die sich auf die **Preispolitik** beziehen:

   - **Preiskartell** (Vereinbarungen über Fest- oder Mindestpreise und Preiserhöhungen),
   - **Konditionenkartell** (Festlegung bestimmter Lieferungs- und Zahlungsbedingungen, Rabattstaffeln usw.),
   - **Kalkulationskartell** (Vereinbarung bestimmter Kalkulationsrichtlinien, Handels- und Gewinnspannen),
   - **Submissionskartell** (Absprachen über die kalkulatorische Gestaltung von Preisangeboten).

2. Kartelle, die sich auf **Absatzmengen und -gebiete** beziehen:

   - **Quotenkartell** (Festlegung bestimmter Produktionsmengen),
   - **Gebietskartell** (Vereinbarung über bestimmte geschützte Absatzgebiete),
   - **Kundenschutzkartell** (Festlegung auf bestimmte Kundenkreise).

3. Kartelle, die sich auf den **Außenhandel** beziehen:

   - **Exportkartell** (Vereinbarungen über Art, Umfang und Preise von Exportgütern),
   - **Importkartell** (Vereinbarungen über Art, Umfang und Preise von Importgütern).

4. Kartelle, die sich auf **Produkte** und **Produktionstechniken** beziehen: (Rationalisierungskartelle):

   - **Spezialisierungskartell** (Festlegung auf bestimmte Produktionsarten),
   - **Typisierungskartell** (Vereinbarung über die Typisierung von Produkten oder Produktteilen),
   - **Normungskartell** (Festlegung von Produktnormen).

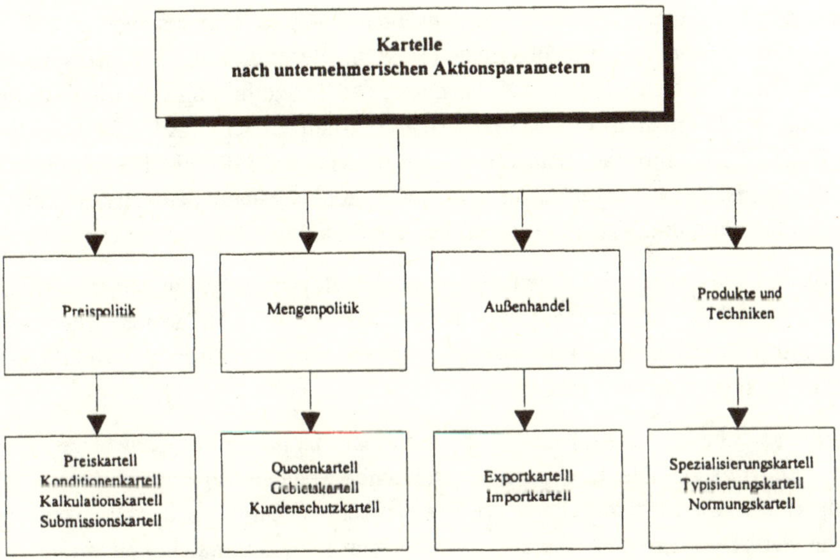

Abb. 4-2: Kartelle nach den gemeinsamen unternehmerischen Aktionsparametern

Die erwähnten Kartelltypen beschränken den Wettbewerb recht unterschiedlich: Am **gefährlichsten** sind Preis-, Submissions-, Quoten- und Gebietskartelle, während Rationalisierungskartelle den Wettbewerb sogar fördern können. Auf die wettbewerbs**politische** Behandlung der Kartelle werden wir im fünften Kapitel eingehen.

4.3.4 Strategische Allianzen

Angesichts der Globalisierung der Märkte entwickelt sich gegenwärtig eine internationale Kooperation von Großunternehmen in der Form von Strategischen Allianzen. **Strategische Allianzen** werden von großen, weltweit operierenden Unternehmen eingegangen, um ihre Wettbewerbsposition zu sichern und zu stärken. Die Kooperation kann sich auf bestimmte unternehmerische Funktionen - Forschung und Entwicklung, Finanzierung, Vertrieb - beziehen, aber es können auch Marktabsprachen und Gebietsaufteilungen Gegenstand Strategischer Allianzen sein.

Diese Form der internationalen Kooperation ist nicht immer auf Dauer angelegt; Strategische Allianzen können sich auflösen, wenn der gemeinsame Zweck erfüllt ist oder die Interessen eine gemeinsame Basis verlassen. Sie können aber in anderer Form mit anderen Partnern immer wieder neu vereinbart werden. Bekannte Strategische Allianzen bestehen z.B. zwischen IBM und Siemens, VW und Ford, der deutschen und der französischen Telekom. Besonders im **Finanzdienstleistungssektor** haben als logische Konsequenz der Deregulierung und Internationalisierung der Finanzmärkte die Strategischen Allianzen sehr stark zugenommen. Die Bank of England hat allein für die Jahre zwischen 1987 bis 1993 insgesamt 247 Strategische Allianzen zwischen europäischen Finanzdienstleistungsunternehmen (Banken und Versicherungen) gezählt. (Kajüter 1994, S. 196 ff.)

Die **betriebswirtschaftliche** Beurteilung der Strategischen Allianzen ist einfach: Sie werden i.d.R. nur eingegangen, wenn sie allen beteiligten Partnern irgendwelche Vorteile bringen. Die **wettbewerbspolitische** Beurteilung ist zwiespältig und noch nicht zum Abschluß gekommen.

- Einerseits besteht die Chance, Synergieeffekte zu realisieren, den technischen Fortschritt schneller durchzusetzen, steigende Skalenerträge auszunutzen, wodurch sich die Marktergebnisse verbessern können. Strategische Allianzen sind die wettbewerbsfreundlichere Alternative zum multinationalen Konzern.
- Andererseits besteht die Gefahr von umfassenden globalen Verhaltensabstimmungen und Marktaufteilungen, von globalen Wettbewerbsbeschränkungen.

Die Tatsache, daß immer mehr weltweit operierende Konzerne durch verschiedene Strategische Allianzen miteinander verbunden sind, ist wettbewerbspolitisch vor allem deswegen so bedenklich, weil sie vom nationalen Wettbewerbsrecht nicht erfaßt werden können, so daß Kartelle, abgestimmte Verhaltensweisen und der Mißbrauch von Marktmacht nahezu unkontrolliert bleiben müssen. Die Globalisierung der Märkte verlangt eine **Globalisierung der Wettbewerbspolitik**, für die bis heute kein Ansatz zu erkennen ist.

4.4 Konzentration

Unter Konzentration verstehen wir einmal einen **Zustand**, bei dem ein bestimmtes Merkmal auf relativ wenige Merkmalsträger verteilt, d.h. zusammengeballt ist; Konzentration ist zum anderen ein **Prozeß**, bei dem sich im Zeitverlauf ein bestimmtes Merkmal auf immer weniger Merkmalsträger verschiebt. Konzentrationszustände und Konzentrationsprozesse kann man überall in der Natur und der Gesellschaft beobachten: die Bevölkerungskonzentration, die Konzentration im Straßenverkehr auf ein bestimmtes Gebiet, die Konzentration von Schadstoffen in der Luft oder in den Gewässern, die Konzentration von Einfluß und Macht auf bestimmte Personen usw.

Im Bereich der Wirtschaft sind die Konzentration von Einkommen, Vermögen, Verfügungsmacht, von Anbietern und Nachfragern auf den Märkten, von Steuer- und Abgabenlasten, von Standorten relevant. Die folgenden Ausführungen „konzentrieren" sich auf die für den Wettbewerbsprozeß wichtige Konzentration der Unternehmen als Anbieter oder Nachfrager auf den Märkten, d.h. auf die **Unternehmenskonzentration**.

4.4.1 Wesen und Arten der Unternehmenskonzentration

Unternehmenskonzentration liegt vor, wenn wenige Unternehmen auf einem relevanten Markt über hohe Marktanteile verfügen (Konzentrationszustand) oder im Zeitverlauf immer weniger Unternehmen immer mehr Marktanteile - und damit wettbewerbliche Macht - auf sich vereinigen. In diesem Zusammenhang müssen wir außerdem zwischen der absoluten und der relativen Konzentration unterscheiden:

- Bei der **absoluten** Konzentration entfällt der Gesamtmerkmalsbetrag auf eine geringe Zahl von Merkmalsträgern;
- bei der **relativen** Konzentration ist der Gesamtmerkmalsbetrag ungleichmäßig auf die vorhandenen Merkmalsträger verteilt, ohne daß deren Gesamtzahl von Bedeutung ist.

Wir können Fälle von absoluter oder relativer (Fall C und Fall B), aber auch die Kombination von absoluter und relativer Konzentration unterscheiden (Fall D). (Vgl. Abb. 4-3) Ein **Prozeß der Unternehmenskonzentration** liegt demnach dann vor, wenn die Zahl der Unternehmen auf einem Markt kleiner wird (absolute Konzentration) oder sich bei gleicher Unternehmenszahl die Marktanteile zugunsten der größten Unternehmen verschieben (relative Konzentration) oder wenn beide Phänomene gleichzeitig auftreten (absolute und relative Konzentration).

	keine absolute Konzentration	**absolute** Konzentration
keine relative Konzentration	**Fall A** keine absolute und keine relative Konzentration: Auf 100 Unternehmen entfällt ein Marktanteil von jeweils 1 Prozent.	**Fall C** absolute Konzentration, aber keine relative: Auf 4 Unternehmen entfallen Marktanteile von jeweils 25 Prozent.
relative Konzentration	**Fall B** relative, aber keine absolute Konzentration: Bei 100 Unternehmen entfallen auf die drei größten 40, 25 und 20 Prozent der Marktanteile.	**Fall D** absolute und relative Konzentration: Auf 4 Unternehmen verteilen sich die Marktanteile nach der Größe wie 50, 40, 7, und 3 Prozent.

Abb. 4 - 3 : Absolute und relative Unternehmenskonzentration

4.4.2 Ursachen und Formen der Unternehmenskonzentration

Die eigentlichen Ursachen der Konzentration, sind sehr vielschichtig; sie müssen in den strategischen Zielen der Unternehmen, den Marktstrukturen und den rechtlich-politischen Rahmenbedingungen der Volkswirtschaft gesucht werden.

Unternehmensstrategische Ursachen der Konzentration sind z.B.

- Expansionsstreben,
- Sicherung von Größenvorteilen und/oder Diversifizierungsvorteilen,
- Erwerb neuer Forschungs- und Entwicklungskapazitäten, Patente, Lizenzen,
- Erwerb neuer Produktlinien für die Expansionsphase des Marktes, Vermeidung der Niedergangsphase,
- Realisierung von Synergieeffekten,
- Anschlußfusionen,
- Gegenmachtbildung auf größeren Märkten,
- Vermeidung des Leistungswettbewerbs.

Marktstrukturursachen der Konzentration:

- Hohe Markteintritts- und Marktaustrittsschranken,
- gleich starke Anbieter im weiten Oligopol,
- Produkte in der Niedergangsphase,
- nicht-kompetitives Verhalten der Anbieter.

Rechtlich-politische Ursachen der Konzentration:

- Wettbewerbsrecht und Wettbewerbspolitik,
- Wirtschafts- und Unternehmensrecht,
- Steuersystem und Steuerpolitik,
- Patent- und Lizenzrecht,
- Forschungs- und Technologiepolitik,
- Strukturpolitik,
- Umweltpolitik.

Die häufigste **Form** der Konzentration sind Zusammenschlüsse von Unternehmen (Fusionen) zu **Konzernen**, wobei die Unternehmen eine wirtschaftliche Einheit bilden, rechtlich aber selbständig bleiben. Für den Außenstehenden ist diese Form der Konzentration überhaupt nicht erkennbar. Sehr interessant ist in diesem Zusammenhang die periodisch erscheinende Dokumentation der Commerzbank AG: Wer gehört zu wem? (1994) Natürlich gibt es auch Fusionen, bei denen die übernommenen Unternehmen auch ihre juristische Selbständigkeit aufgeben.

Eine weitere Form der Konzentration sind **Gemeinschaftsunternehmen**: Mehrere Unternehmen zumeist desselben Wirtschaftszweiges gründen eine Gesellschaft, in das sie entweder ihr Unternehmen vollständig einbringen oder dem sie nur bestimmte Funktionen (z.B. den Verkauf) übertragen (z.B. Ruhrkohle AG, die Ruhrstahl AG, das Gemeinschaftsunternehmen der deutschen Flugzeugindustrie). Die Gründung von Gemeinschaftsunternehmen wird zuweilen von der Regierung gefördert, um die Wettbewerbsfähigkeit auf dem Weltmarkt zu sichern.

Erwirbt ein Unternehmen eine **Beteiligung** von unter 50 Prozent an einer Kapitalgesellschaft, kann es zwar das Unternehmen nicht beherrschen, jedoch seinen Einfluß auf die Unternehmenspolitik wirkungsvoll zur Geltung bringen, indem es Positionen im Aufsichtsrat besetzen kann. Mit einer Beteiligung von mehr als 25 Prozent (sog. Schachtelbeteiligung) können Satzungsänderungen verhindert werden.

Wenn es einem Unternehmen gelingt, stärker als die Konkurrenten zu wachsen (**internes Unternehmenswachstum**), wird es relativ mächtiger, sein Marktanteil steigt, die größere Finanzkraft reduziert das Unternehmensrisiko. Das relative Unternehmenswachstum kann durch eine ruinöse Vernichtungsstrategie beschleunigt werden, wenn Konkurrenten dadurch zum Konkurs gezwungen werden.

Neben der **horizontalen** und der **vertikalen** Konzentration haben sich in den letzten Jahren die Fälle gehäuft, bei denen sich Unternehmen der verschiedensten Wirtschaftszweige zusammenschließen, und zwar auf nationaler und auf internationaler Ebene (**konglomerate Konzentration**). Bekannt ist das Beispiel des Oetker-Konzerns, in dem Brauereien, Versicherungen, Banken, Baugesellschaften, Reedereien - und auch eine Backpulver-Fabrik als Ursprungszelle des Konzerns - zusammengeschlossen sind. Der multinationale Konzern ITT ist in über 80 verschiedenen Branchen weltweit tätig.

4.4.3 Messung der Unternehmenskonzentration

Ziel der **Konzentrationsmessung** ist es, mit Hilfe von quantifizierbaren Merkmalen und geeigneten statistischen Verfahren den Stand und die Entwicklung des Prozesses der Unternehmenskonzentration in Maßzahlen auszudrücken, d.h. zutreffende und aussagefähige Indikatoren der Konzentration zu entwickeln. In diesem Zusammenhang sind schwierige **Probleme**

- bei der Definition der **Merkmale** und **Merkmalsträger**,
- bei der Wahl der geeigneten statistischen **Verfahren**,
- bei der Auswahl und Abgrenzung der statistischen **Daten** aus der amtlichen Statistik und
- bei der **Interpretation** der ermittelten Maßzahlen

zu lösen. In den folgenden Ausführungen wird (auch) deutlich werden, daß gerade bei der Konzentrationsmessung zwischen theoretischem Anspruch und empirischen Möglichkeiten ein großer Unterschied besteht.

4.4.3.1 Merkmalsträger und Merkmale der Unternehmenskonzentration

Bei der Messung der Unternehmenskonzentration kommt es zunächst darauf an, den **Merkmalsträger** zu definieren, d.h. zu bestimmen, was als „Unternehmen" anzusehen ist. **Unternehmen** i.S. der Konzentrationsmessung sind wirtschaftlich selbständige Entscheidungseinheiten, die auf den relevanten Märkten als Anbieter oder Nachfrager auftreten. In vielen Fällen, meistens bei kleineren und mittleren Unternehmen, decken sich die rechtliche und die wirtschaftliche Einheit. Die wettbewerbspolitisch relevanteren Fälle sind allerdings komplizierter, weil wirtschaftliche Unternehmens- und/oder Betriebseinheiten zu Konzernen, Holding- oder Beteiligungsgesellschaften zusammengefaßt werden oder in Gemeinschaftsunternehmen erscheinen.

In der Praxis kann man oft nur schwer feststellen, welches die wirtschaftliche selbständige Unternehmenseinheit ist. Große und stark diversifizierende Unternehmen, besonders konglomerate Konzerne, sind auf verschiedenen Märkten mit verschiedenen Produkten gleichzeitig aktiv. Für die Messung der Unternehmenskonzentration kommt es darauf an, diese Konglomerate in marktspezifische Unternehmenseinheiten zu zerlegen. Die Monopolkommission (1992, S. 58) unterscheidet folgende **Merkmalsträger** der Unternehmenskonzentration:

- **Unternehmen** als rechtlich-wirtschaftliche Einheiten,
- **Anbieter** (Unternehmensteile) als marktspezifische Einheiten,
- **Betriebe** als technisch-organisatorische Einheiten.

Bei der Auswahl der **Konzentrationsmerkmale** geht es darum, aus der Vielzahl technischer und ökonomisch denkbarer Größen, die über einen Merkmalsträger verfügbar sind, diejenigen zu bestimmen, die für die Konzentrationsprozesse besonders relevant und aussagekräftig sind. Theoretisch kann man Input- und Outputmerkmale der Unternehmenskonzentration unterscheiden: (Baum/Möller 1976, S. 33 f.):

- **Inputmerkmale**: Zahl der Beschäftigten, Umfang des eingesetzten realen oder finanziellen Kapitals, Wert der eingesetzten Vorprodukte,
- **Outputmerkmale**: Produktionsmenge, Produktionswert, Umsatz.

Die Auswahl der Konzentrationsmerkmale hängt zum einen vom **Ziel** der Untersuchung ab, zum anderen von der **Verfügbarkeit** des statistischen Materials, die bei der empirischen Konzentrationsmessung die Zahl der verwendeten Merkmale erheblich reduziert. Die begrenzte Zahl von verfügbaren Merkmalen ist jedoch recht unerheblich, denn MARFELS (1977, S. 24) hat festgestellt, daß die Wahl des Konzentrationsmerkmales einen relativ geringen Einfluß auf die Rangfolge der Konzentration der verschiedenen Wirtschaftszweige hat. Die verschiedenen Merkmale bestimmen eher das Konzentrations**niveau** als den relativen Konzentrations**grad** eines Wirtschaftsbereiches.

Die Monopolkommission verwendet den Produktionswert und den Umsatz als Outputmerkmale und die Beschäftigtenzahl als Inputmerkmal, wobei der **Nettoproduktionswert** (Bruttowertschöpfung) als optimales, aber schwierig zu ermittelndes Merkmal gilt, und der **Umsatz** das am häufigsten verwendete Konzentrationsmerkmal ist.

Ein kompliziertes methodisches Problem ist es, die Merkmalsträger und Merkmale für die Konzentrationsmessung aus der amtlichen Statistik abzuleiten. Die amtliche Statistik berücksichtigt keine wettbewerbspolitischen Fragestellungen. Die sachliche Abgrenzung der Märkte, die Kapitalverflechtungen im Unternehmenssektor, die unterschiedliche Nähe der Anbieter zu Konsumgütermärkten, die

Diversifizierung und die Außenhandelsverflechtungen werden nur unzureichend in der amtlichen Statistik erfaßt, so daß die Ergebnisse der empirischen Konzentrationsmessungen mit einer „Reihe systematischer Einschränkungen und Verzerrungen" belastet sind. (Monopolkommission 1992, S. 57 ff.)

4.4.3.2 Statistische Verfahren zur Konzentrationsmessung

Bei der statistischen Ermittlung der Konzentration betrachtet man die Zuordnung von bestimmten Merkmalen zu verschiedenen Merkmalsträgern. Man unterscheidet absolute und relative **Konzentrationsmaße**:

- Bei der Messung der **absoluten** Konzentration wird die absolute Zahl der Merkmalsträger (z.B. Unternehmenseinheiten) auf die relative Zahl der Merkmale (z.B. Marktanteile in Prozent) bezogen.
- Bei der Messung der **relativen** Konzentration oder Dominanz bzw. Disparität wird eine relative Zahl von Merkmalsträgern auf eine relative Zahl von Merkmalen (z.B. Linda-Index: durchschnittlicher Marktanteil der führenden Unternehmen bezogen auf den durchschnittlichen Marktanteil der nicht führenden Unternehmen) bezogen.

Die absolute Konzentration wird mit Hilfe von Konzentrationsraten (CR), die relative Konzentration (Ungleichverteilung oder Disparität) mit dem Herfindahl-Index (HF), dem Linda-Index (LI) und der Disparitätsrate (DR) ermittelt. Die **Konzentrationsrate** gibt an, wieviel Prozent der Merkmalsgesamtheit auf den bzw. die größten Merkmalsträger entfallen, z.B. wieviel Prozent des Gesamtumsatzes auf einem relevanten Markt (Marktanteil) die 3 (6, 10, 50 oder 100) größten Unternehmen auf sich vereinigen:

(1) $$CRj = (x_j/x_n) * 100$$

j = der oder die größten Merkmalsträger
xj = Anteil der Merkmalswerte der j Merkmalsträger
n = Zahl der Merkmalsträger
xn = Gesamtwert der Merkmale der n Merkmalsträger

In Abb. 4-4 können die Konzentrationsraten für eine verschiedene Zahl von größten Unternehmenseinheiten für die Modellmärkte A bis F abgelesen werden. Die Modellmärkte haben einen abnehmenden Konzentrationsgrad bis zur Gleichverteilung auf dem Modellmarkt F.

Ordnet man die Unternehmen eines relevanten Marktes nach der Größe der Merkmalsanteile und stellt die kumulierten Merkmalsanteile graphisch dar, erhält man - ähnlich der Lorenzkurve - sog. **Konzentrationskurven** (vgl. Abb. 4-5). Die Kurve der Gleichverteilung (Modellmarkt F) hat die Form einer Geraden; je steiler eine Konzentrationskurve zunächst verläuft, d.h. je mehr sie sich von der Kurve der Gleichverteilung nach links verschiebt, umso höher ist der Konzentrationsgrad auf diesem Markt.

	A	A	B	B	C	C	D	D	E	E	F	F
	MA	CR	MA	CR	MA	CR	MA	CR	MA	CR	MA	CR
U												
1	70	70	50	50	35	35	30	30	25	25	10	10
2	10	80	20	70	25	60	15	45	15	40	10	20
3	10	90	10	80	15	75	10	55	10	50	10	30
4	5	95	8	88	8	83	10	65	10	60	10	40
5	5	100	7	95	7	90	10	75	10	70	10	50
6			3	97	4	94	8	83	8	78	10	60
7			3	100	3	97	7	90	7	85	10	70
8					3	100	6	96	6	91	10	80
9							4	100	5	96	10	90
10									4	100	10	100
KM												
CR1		70		50		35		30		25		10
CR3		90		80		75		55		50		30
CR6		100		95		90		75		70		60
HF		0,515		0,312		0,222		0,149		0,134		0,1
NE		1,941		3,203		4,500		6,711		7,463		10
DR3		33,33		37,5		42,86		31,82		40		0

A, B .. F	Modellmärkte
U	Zahl und Rangfolge der Unternehmen nach der Größe
MA	Marktanteil in Prozent bzw. Umsatz in DM
KM	Konzentrationsmaße
CRj	Konzentrationsrate der j größten Unternehmen
HF	Herfindahl-Index
NE	numbers equivalent des Herfindahl-Index
DRj	Disparitätsrate der j größten Unternehmen

Abb. 4-4: Indikatoren zur Messung der Unternehmenskonzentration

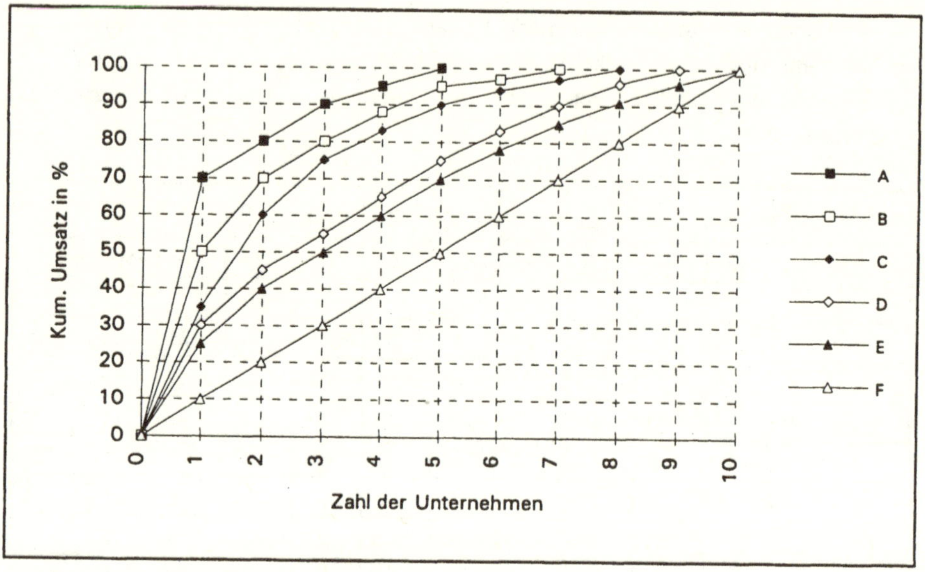

Abb. 4-5: Konzentrationskurven nach dem Modell der Lorenzkurve (Werte vgl. Abb. 4-4)

Konzentrationsraten können einfach berechnet werden und sind leicht zu interpretieren, sie haben aber den Nachteil, daß sie die Größe und Größenstruktur der kleineren Merkmalsträger nicht berücksichtigen. Wenn z.B. auf einem Markt drei große Unternehmen einen Marktanteil von 50 Prozent haben und es gibt nur noch sieben weitere Anbieter, ist der **relative** Konzentrationsgrad (die Disparität) geringer als wenn noch weitere 100 Anbieter auftreten. Diesen Umstand berücksichtigt der **Herfindahl-Index.** Er bezieht alle Merkmalsträger in die Berechnung ein und läßt den großen ein besonderes Gewicht zukommen, indem die Merkmalsanteile quadriert werden. Der Herfindahl-Index (HF) wird als Summe der quadrierten Merkmalsanteile aller Merkmalsträger berechnet:

(2) $$HF = (x_1/x_n)^2 + (x_2/x_n)^2 (x_3/x_n)^2 + ... (x_i/x_n)^2$$

Der Herfindahl-Index kann einen Wertebereich von

(3) $$1/n \leq HF \leq 1$$

annehmen. Je mehr sich der Herfindahl-Index der Zahl 1 nähert, umso größer ist der Konzentrationsgrad, je weiter er sich der Zahl 1/n nähert, umso geringer ist der Konzentrationsgrad; nimmt er den Wert 1/n an, besteht Gleichverteilung. (Vgl. Abb. 4-4, Modellmarkt F)

Die Monopolkommission bevorzugt es, die Konzentration mit dem Herfindahl-Index zu messen, weil er die größeren Merkmalswerte stärker gewichtet. Allerdings ist die Anschaulichkeit dieser Zahlen sehr gering, man kann sich unter ihren Werten nur wenig vorstellen. Um die Ergebnisse zu veranschaulichen, greift die Monopolkommission zu einer einfachen Umformung und berechnet das **„numbers equivalent“** (NE) als reziproken Wert des Herfindahl-Index:

(4) $NE = 1/HF$

Der Wert des HF erreicht sein Minimum, wenn alle Merkmalsträger gleich groß sind (Markt F), und nimmt dann den Wert 1/n an. Der reziproke Wert des HF entspricht dann derjenigen Zahl von Merkmalsträgern, deren Konzentrationsgrad genau so hoch ist, wie der der tatsächlichen Anzahl. Ist z.B. der Wert des HF für 100 Unternehmen 0,20, dann bedeutet dies, daß der Konzentrationsgrad so hoch ist, als wäre der Umsatz aller Unternehmen lediglich auf fünf Unternehmen gleichmäßig aufgeteilt. Die Ungleichverteilung unter den 100 Unternehmen wäre also relativ groß. (Vgl. im Gegensatz hierzu das NE von 10 für die Gleichverteilung auf Modellmarkt F in Abb. 4-4.) Das „numbers equivalent“ ist keine neue Maßzahl für die Unternehmenskonzentration, sondern „nur deren einfache, anschaulichere und aussagekräftigere Umformung“. (Monopolkommission 1992, S. 63)

Die **relative** Konzentration, die wirtschaftliche Dominanz und die Disparität kann mit dem einfachen und doppelt gemittelten **Linda-Index** berechnet werden. (Vgl. Schmidt 1993, S. 63). Der Monopolkommission gelang es jedoch nicht, die für die Berechnung erforderlichen Daten aus der amtlichen Statistik zu gewinnen, so daß dieser Versuch „empirisch nicht ergiebig“ war. (Monopolkommission 1992, S. 63) Deswegen versucht die Monopolkommission mit der Berechnung von **Disparitätsraten** die Ungleichverteilung von Merkmalsanteilen zu ermitteln. Eine Disparitätsrate ist der prozentuale Anteil, mit dem der Wert einer Konzentrationsrate auf der Ungleichverteilung der Merkmalsbeträge beruht.

Zu unserem Beispiel Abb. 4-4 Modellmarkt E: Die Konzentrationsrate CR3 für die drei größten Anbieter (j) beträgt 50 Prozent oder 0,5, die Zahl der Merkmalsträger (n) insgesamt 10. Bei einer Gleichverteilung hätte jeder Merkmalsträger einen Merkmalsanteil von 10 Prozent; die Konzentrationsrate der Gleichverteilung CR3* betrüge 30 % bzw. 0,3. Dann beträgt die Disparitätsrate DR3 0,4 bzw. 40 Prozent, was bedeutet, daß der Wert der Konzentrationsrate zu 40 Prozent auf der Ungleichverteilung beruht.

Die **Disparitätsrate** wird ermittelt durch

(5) $DR_j = (CR_j - j/n)/CR_j$ oder

(6) $DR_j = 1 - j/(n * CR_j)$

j = die Zahl der größten Merkmalsträger, n= die Zahl aller Merkmalsträger
CRj = Konzentrationsrate der j größten Merkmalsträger
DRj = Disparitätsrate der j größten Merkmalsträger

Die Monopolkommission mißt also lediglich den Grad der Ungleichverteilung der Merkmalswerte, nicht aber ihre Form. Dies sei so lange nicht möglich, wie die Vorschriften über die Geheimhaltung von erforderlichen Daten aus der amtlichen Statistik nicht gelockert würden. (Monopolkommission 1992, S. 63 ff.)

Trotz aller Bemühungen, den Prozeß der Unternehmenskonzentration mit statistischen Methoden zu erfassen und transparenter zu gestalten, muß man ihre Grenzen erkennen: Die bisher vorgestellten Verfahren sind nur auf die absolute und relative **horizontale** Konzentration anwendbar und mit vielen Vorbehalten verknüpft. Für **vertikale** und besonders **konglomerate** Konzentrationsprozesse konnten bisher noch keine überzeugenden Meßverfahren entwickelt werden, diese Prozesse sind aus der Sicht der Wettbewerbspolitik aber in den letzten Jahren besonders evident geworden.

4.4.3.3 Die Untersuchungen der Monopolkommission

Die Monopolkommission hat den gesetzlichen Auftrag, „den jeweiligen Stand der Unternehmenskonzentration sowie deren absehbare Entwicklung unter wirtschafts-, insbesondere wettbewerbspolitischen Gesichtspunkten (zu) beurteilen...". (§ 24b, Abs. 3 GWB) Zu diesem Zweck schlägt sie zwei Wege ein, die **Branchenanalyse** und die **Großunternehmensanalyse**. Einmal untersucht sie Stand und Entwicklung der horizontalen Konzentration in bestimmten Wirtschaftsbereichen und bestimmten Gütergruppen, zum anderen hat sie die jeweils größten Unternehmen der wichtigsten Wirtschaftssektoren und der gesamten Volkswirtschaft im Blick.

Bei der **Branchenanalyse**, die sich bisher auf die Bereiche Produzierendes Gewerbe (Bergbau, Verarbeitendes Gewerbe und Baugewerbe) und Handel (bisher nur Großhandel) beschränkt, unterscheidet die Monopolkommission die **Unternehmenskonzentration** und die **Angebotskonzentration**. Die amtliche Statistik ordnet i.d.R. den gesamten Umsatz eines Unternehmens der Branche zu, in der das Unternehmen den größten Umsatzanteil aufweist. Dies hat zur Konsequenz, daß bei diversifizierenden Unternehmen in den Berechnungen der Unternehmenskonzentration auch der branchenfremde Umsatz der betreffenden Hauptbranche zugeordnet wird, auf der anderen Seite jedoch die Umsätze branchenfremder Unternehmen nicht berücksichtigt werden können.

Erstmals im 9. Hauptgutachten (1992) versucht die Monopolkommission auch die **Angebotskonzentration** darzustellen, d.h. die Konzentration nach Gütergruppen. Hier werden die Umsätze diversifizierender Unternehmen bestimmten Gütergruppen zugeordnet und die Umsätze branchenfremder Unternehmen in die Berechnungen mit einbezogen. Die Daten der Angebotskonzentration zeichnen sich durch eine größere Marktnähe aus, können aber nicht mehr bestimmten Unternehmen zugeordnet werden. In beiden Untersuchungen werden die bereits dargestellten statistischen Meßverfahren zur Konzentration angewendet.

In der **Großunternehmensanalyse** verfolgt die Monopolkommission Stand und Entwicklung der jeweils größten Unternehmen in den folgenden Wirtschaftsbereichen, wobei sie die Unternehmen nach einem spezifischen Größenmerkmal auswählt:

- Industrieunternehmen (Größenmerkmal: Umsatz und Wertschöpfung),
- Handelsunternehmen (Größenmerkmal: Umsatz),
- Einkaufszusammenschlüsse (Größenmerkmal: Beschaffungsvolumen),
- Kreditinstitute (Größenmerkmal: Bilanzsumme),
- Versicherungsunternehmen (Größenmerkmal: Beitragseinnahmen),
- Verkehrs- und Dienstleistungsunternehmen (Größenmerkmal: Umsatz).

Stand und Entwicklung der Unternehmens- und Angebotskonzentration werden je nach Eignung mit Hilfe der Indikatoren Umsatz, Inlands- und Auslandsumsatz, Wertschöpfung, Beschäftigtenzahl und einiger Begleitmerkmale (Investitionen, Sachanlagenbestand, Cash-Flow, Rohertrag) ermittelt. Außerdem werden die Daten der größten Unternehmen nicht nur im nationalen, sondern auch im europäischen und im Weltmarktvergleich relativiert. Darüber hinaus verfolgt die Monopolkommission die Kapitalverflechtungen und die personellen Verflechtungen der 100 größten Unternehmen (G 100) in Deutschland und dokumentiert ihre Beteiligung an den beim Bundeskartellamt angezeigten Fusionen.

Aus der Fülle des in den Gutachten der Monopolkommission vorliegenden Materials sollen einige typische Ergebnisse herausgegriffen werden, um den Stand und die Entwicklung der Konzentration in Deutschland zu beschreiben.

4.4.4 Stand und Entwicklung der Unternehmenskonzentration in Deutschland

4.4.4.1 Stand und Entwicklung der Unternehmens- und der Angebotskonzentration im Produzierenden Gewerbe

Das Produzierende Gewerbe umfaßt 41 (in der amtlichen Statistik zweistellige) Wirtschaftsgruppen. Für den gesamten Bereich ermittelte die Monopolkommission (1992, S. 101) für die Jahre 1989 bzw. 1990 folgende Werte der Unternehmens- und Angebotskonzentration (vgl. Abb. 4-6):

Merkmale	Unternehmen 1989	Anbieter1990
Umsatz/Produktionswert (Mrd. DM)	1.714	1.436
Zahl der Unternehmen / Anbieter	35.938	39.027
Herfindahl-Index x 1.000	3,8176	3,1801
Variationskoeffizient	11,670	11,095
numbers equivalent	262	314
CR3	7,9	7,1
CR6	11,6	11,0
CR10	15,7	14,8
CR25	24,3	20,9
CR50	30,1	25,5
CR100	36,4	30,9
Quelle: Monopolkommission: Hauptgutachten 1990/91, S. 101		

Abb. 4-6: Stand der Unternehmens- und Angebotskonzentration im Produzierenden Gewerbe im Jahr 1989 bzw. 1990

Der absolute und relative Konzentrationsgrad ist in den 41 Wirtschaftsgruppen allerdings sehr unterschiedlich. In acht Gruppen beträgt die Konzentrationsrate C3 mehr als 50 Prozent und der mit der Zahl 1000 multiplizierte Herfindahl-Index hat einen Wert über 100. Die am höchsten konzentrierten Wirtschaftsgruppen sind für die Unternehmens- und die Angebotskonzentration nahezu identisch. In Abb. 4-7 werden die am höchsten konzentrierten Wirtschaftsgruppen des Verarbeitenden Gewerbes, nach fallendem Konzentrationsgrad geordnet, dargestellt. In Bereich „Herstellung und Verarbeitung von Spalt- und Brutstoffen" wurde eine Konzentrationsrate C3 von nahezu 100 Prozent gemessen. Aber auch im Bereich „Straßenfahrzeugbau" konzentriert sich über die Hälfte des Gesamtumsatzes auf die drei größten Unternehmen bzw. Anbieter.

Wirtschaftsgruppen mit der höchsten Unternehmenskonzentration (CR3 > 50%)	**Gütergruppen mit der höchsten Angebotskonzentration (CR3 > 50 %)**
Herstellung und Verarbeitung von Spalt- und Brutstoffen	Spalt- und Brutstoffe
Luft- und Raumfahrzeugbau	Luft- und Raumfahrzeuge
Herstellung von Büromaschinen, Datenverarbeitungsgeräten und -einrichtungen	Mineralölerzeugnisse
Tabakverarbeitung	Tabakwaren
Bergbau	Büromaschinen, Datenverarbeitungsgeräte und -einrichtungen
Mineralölverarbeitung	Bergbauliche Erzeugnisse
Straßenfahrzeugbau, Reparatur von Kraftfahrzeugen	Straßenfahrzeuge (ohne Ackerschlepper)
Reparatur von Gebrauchsgütern (ohne elektrische Geräte für den Haushalt)	
Quelle: Monopolkommission: Hauptgutachten 1990/91, S. 71 u. 106	

Abb. 4-7: Wirtschaftsgruppen und Gütergruppen mit dem höchsten Konzentrationsgrad (CR3 > 50 %) im Produzierenden Gewerbe im Jahr 1989 bzw. 1990

Der Konzentrationsgrad hat in den Jahren von 1977 bis 1987 im Bereich Produzierendes Gewerbe zugenommen und ist danach leicht gesunken. Dies wird an der Entwicklung der verschiedenen Konzentrationsraten in diesem Zeitraum deutlich (vgl. Abb. 4-8).

Der Konzentrationsprozeß ist allerdings in den einzelnen Wirtschaftsgruppen recht unterschiedlich verlaufen. (Vgl. Abb. 4-9)

- In bereits **hoch konzentrierten** Bereichen ist der Konzentrationsgrad noch **gestiegen** (Herstellung von Spalt- und Brutstoffen), aber auch **gesunken** (Bergbau, Herstellung von Büromaschinen, Datenverarbeitungsgeräten und -einrichtungen);
- in **niedrig konzentrierten** Bereichen ist der Konzentrationsgrad **gestiegen** (Textil- und Bekleidungsgewerbe), aber auch **gesunken** (Druckerei, Zimmerei und Dachdeckerei).

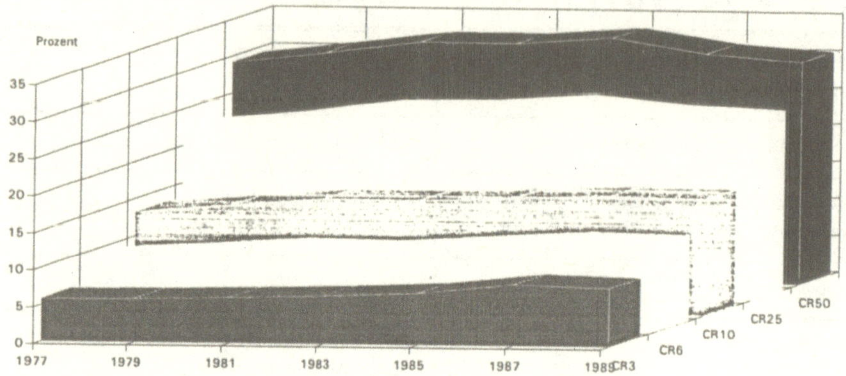

Quelle: Monopolkommission: Hauptgutachten 1990/91, S. 78

Abb. 4-8: Entwicklung der Unternehmenskonzentration im Produzierenden Gewerbe von 1977 bis 1989

Der Konzentrationsprozeß im Produzierenden Gewerbe ist also durch konträre Entwicklungen in den verschiedenen Wirtschaftsgruppen gekennzeichnet, die sich bei globalerer Betrachtung gegenseitig kompensieren. (Vgl. Abb. 4-8 u. 4-9) Es kommt deswegen bei der empirischen Konzentrationsforschung darauf an, die Entwicklung in möglichst eng abgegrenzten Wirtschafts- und Gütergruppen zu verfolgen.

Darüber hinaus kommt die Monopolkommission in ihrem 9. Hauptgutachten (1992, S. 122 f.) zu dem Ergebnis, daß die zunehmende Diversifizierung der Unternehmen in andere Wirtschaftsbereiche zur Folge hat, daß die Messung der horizontalen Konzentration nach den herkömmlichen Verfahren zu „immer weniger wettbewerbspolitisch eindeutig interpretierbaren Ergebnissen führt." Die Monopolkommission glaubt annehmen zu können, daß der Grad der **Unternehmens**konzentration bis zu 70 Prozent über- und bis zu 25 Prozent unterschätzt wird, wenn man an Stelle des branchentypischen Umsatzes den Gesamtumsatz der Unternehmen zugrundelegt. Vorläufige empirische Schätzungen lassen vermuten, daß der Grad der Angebotskonzentration „deutlich geringer" ist, wenn man alle Anbieter bestimmter Erzeugnisse, also auch die branchenfremden, erfassen könnte. (Monopolkommission 1992, S. 123)

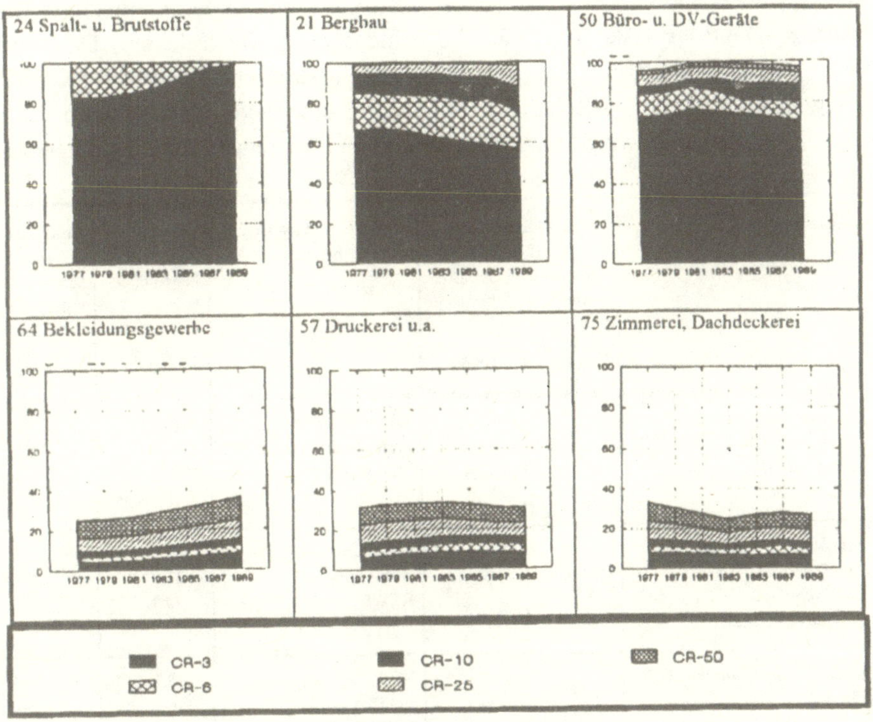

Quelle: Monopolkommission: Hauptgutachten 1990/91, S. 79 ff.

Abb. 4-9: Entwicklung der Unternehmenskonzentration in ausgewählten Wirtschaftsgruppen des Produzierenden Gewerbes von 1977 bis 1989

4.4.4.2 Stand und Entwicklung der Konzentration von Großunternehmen

Die Monopolkommission hat in jedem ihrer Gutachten den Stand und die Entwicklung der **100 größten Unternehmen** (G100) in der Bundesrepublik Deutschland untersucht. Die aggregierte Konzentration ist von besonderem wettbewerbspolitischen Interesse, „weil Großunternehmen, insbesondere durch ihre Finanzkraft, marktübergreifende wirtschaftliche Macht ausüben können“. (Monopolkommission 1992, S. 161) Die Großunternehmen werden sowohl nach dem Kriterium „Umsatz“ als auch nach dem Kriterium „Wertschöpfung“ ausgewählt, darüber hinaus wird die kapitalmäßige und personelle Verflechtung innerhalb der G100 beobachtet.

In Abb. 4-10 werden die Anteile der 10 (bzw. 20) größten Unternehmen (G10, G20) am Gesamtumsatz, die jeweils drei größten Unternehmen (G3) eines Wirtschaftszweiges und ihr Umsatzanteil aufgeführt. Da die Bundesunternehmen Bundesbahn (Deutsche Bahn AG) und die Bundespost (DBP Telekom, DBP Postdienst und DBP Postbank) durch die inzwischen verabschiedeten Reformgesetze in eigenständige und wirtschaftlich selbständig arbeitende Unternehmen umgewandelt worden sind, wurde versucht, diese in die Darstellung mit einzubeziehen.

Wirtschaftszweig	Umsatzanteil der 10 (20, 100) größten Unternehmen am Gsamtvolumen		Die drei größten Unternehmen	Umsatz, Bilanzvolumen oder Beiträge der G 3 (1990)	Anteil der G 3 am Gesamtvolumen
	1978	1990		in Mrd. DM	in %
Industrieunternehmen Anteil der G100 Anteil der G10 in % des Umsatzes	36,6	38,2 15,9	Daimler Benz AG Volkswagen AG VEBA AG	70,6 54,0 47,5	6,8
Handelsunternehmen Anteil der G20 Anteil der G10 in % des Umsatzes	11,1	10,7 9,5 [3]	Metro-Gruppe Aldi-Gruppe REWE	29,3 [1] 23,0 [1] 20,3	4,3
Einkaufszusammenschlüsse im Handel in % des Beschaffungsvolum.	–	–	REWE EDEKA Gedelfi	18,7 16,0 11,0	–
Kreditinstitute Anteil der G10 in % der Bilanzsumme	37,3	39,2	Deutsche Bank Dresdner Bank DG Bank	344,2 266,2 198,0	16,0
Versicherungsunternehmen Anteil der G 10 in % der Bruttobeiträge	--	41,4	Allianz AG Holding Münchener Rück AG Gerling-Konzern	21,4 12,6 8,0	23,0
Unternehmen im privaten Verkehrs- und Dienstleistungsgewerbe Anteil der G10 in % des Umsatzes	7,8	5,3	Deutsche Lufthansa AG Bertelsmann AG Axel Springer AG	14,3 4,3 3,5	2,9
Unternehmen im öffentlichen Verkehrs- und Dienstleistungsgewerbe	–	--	DBP Telekom Deutsche Bundesbahn DBP Postdienst	40,6 [2] 30,2 [2] 17,3 [2]	10,2

[1] Von der Monopolkommission geschätzt; [2] Nur alte Bundesländer; [3] incl. Metro, Aldi und Tengelmann
Quelle: Monopolkommission Hauptgutachten 1990/91, S. 161 ff. und eigene Berechnungen

Abb. 4-10: Daten zur aggregierten Konzentration der 100 größten Unternehmen in Deutschland

Abb. 4-10 läßt erkennen, daß die aggregierte Konzentration bei Großunternehmen weniger stark im industriellen Sektor und beim Handel als im **Banken- und Versicherungsgewerbe** ausgeprägt ist. In diesen Bereichen vereinigen allein die drei größten Unternehmen 23 Prozent des Bilanz- bzw. 16 Prozent des Beitragsvolumens auf sich. Die Konzentration im Verkehrs- und Dienstleistungsgewerbe läßt sich nur schwer beurteilen; sinnvoller wäre es, die Medienkonzerne vom Verkehrsgewerbe und den übrigen Dienstleistungsunternehmen zu trennen, darüber hinaus müßten die öffentlichen Dienstleistungsunternehmen (Post, Bahn, Fernseh- und Rundfunkanstalten) in die Betrachtung einbezogen werden. Dies muß speziellen Untersuchungen vorbehalten bleiben.

Im **internationalen Vergleich** ist die Daimler-Benz AG weltweit das elftgrößte Unternehmen überhaupt, es folgen die Volkswagen AG (Rang 16), Siemens AG (Rang 24), BASF (Rang 32), Hoechst AG (Rang 34) und die Bayer AG (Rang 39) (Monopolkommission 1992, S. 178) Im **europäischen** Vergleich ist die Daimler-Benz AG das viertgrößte Unternehmen, es folgen die Volkswagen AG (Rang 6), die Siemens AG (Rang 9) und die VEBA AG (Rang 10), die im **weltweiten** Vergleich nicht berücksichtigt worden ist. Die Daimler-Benz AG erreichte 1990 knapp 50 Prozent des Umsatzes des größten europäischen Unternehmens, der Royal Dutch/Shell. (Monopolkommission 1992, S. 180) Die Daimler-Benz AG ist Europas größter Konzern der Automobilindustrie, die BASF der größte in der chemischen Industrie, die Siemens AG der größte in der Elektroindustrie. Die Tengelmann-Gruppe und die REWE-Gruppe sind Europas größte Handels-, die DBP Telekom ist das größte europäische Dienstleistungsunternehmen.

Die **kapitalmäßige Verflechtung** der G100 untereinander wird immer enger:

> „Deutschlands Großunternehmen schirmen sich durch Überkreuzbeteiligungen gegenseitig ab. 42 Prozent aller deutschen Aktien werden als Industriebeteiligungen gehalten. Bei 100 Gesellschaften bestehen Beherrschungs- und Gewinnabführungsverträge. 50 Prozent aller Unternehmen werden von einem Großaktionär dominiert, bei einem weiteren Viertel halten jeweils zwei Großanleger die Fäden in der Hand. Nur 17 Prozent aller Aktien befinden sich im Streubesitz." (Werner 1994, S. 89)

Im Jahr 1990 waren aus dem Kreis der „100 Größten" 37 (1988: 30) Beteiligungsunternehmen, d.h. an ihnen waren ein oder mehrere Unternehmen aus diesem Kreis beteiligt; 35 (1988: 29) der G100 traten als Anteilseigner auf, d.h. sie hielten einen Anteil an diesen Unternehmen. Die Großbanken und die Allianz AG Holding stehen beim Anteilsbesitz an den „100 Größten" deutlich an der Spitze. In diesen Untersuchungen werden allerdings die Auslandsbeteiligungen der Großunternehmen und die Strategischen Allianzen nicht berücksichtigt. Besonders diese wurden in den letzten Jahren im Gefolge des Europäischen Binnenmarktes erheblich ausgebaut.

Eindrucksvoll demonstriert die Kapitalverflechtung unter den deutschen Großunternehmen eine Grafik von EKKEHARD WENGER, die in der WIRTSCHAFTSWOCHE (1994, Nr. 6 v. 04.02.1994) veröffentlicht wurde. Hier wird deutlich, wie die „Fäden“ bei der großen Versicherungsunternehmen und Kreditinstituten zusammenlaufen. (Vgl. Abb. 4-11)

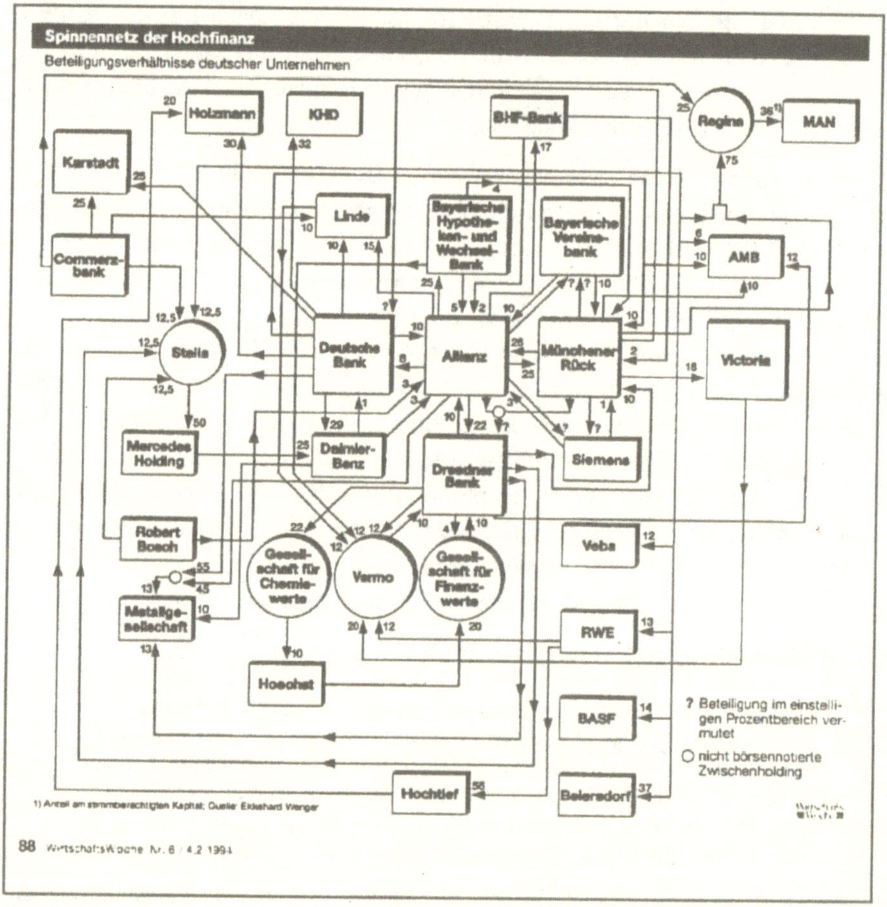

Quelle: Wenger, Ekkehard, in: Wirtschaftswoche Nr. 6 v. 04.02.1994, S. 88. (Die in Kreisen aufgeführten Gesellschaften sind nicht börsennotierte Zwischenholdings.)

Abb. 4-11: Kapitalverflechtungen innerhalb der großen deutschen Aktiengesellschaften

Die G100 sind nicht nur über Beteiligungen, sondern auch über **Gemeinschaftsunternehmen** kapital- und einflußmäßig verflochten. Dies ist gemäß der Definition der Monopolkommission dann der Fall, wenn an einem Gemeinschaftsunternehmen zwei oder mehrere Unternehmen aus dem Kreis der G100 mit mindestens 25 Prozent des Grund- oder Stammkapitals direkt oder indirekt über Beteiligungsgesellschaften beteiligt sind. (Monopolkommission 1992, S. 219) So ist z.B. die VEBA AG an 40 Gemeinschaftsunternehmen beteiligt und arbeitet mit 18 Unternehmen über die Gemeinschaftsunternehmen zusammen. Besonders die großen der „Größten“ fallen hier auf: Von den Beteiligungen an Gemeinschaftsunternehmen entfielen 1990 immerhin 80 Prozent auf die 50 größten Unternehmen. Die Gesamtzahl der Verflechtungen der G100 über Gemeinschaftsunternehmen ist von 285 im Jahr 1988 auf 330 im Jahr 1990 gestiegen. Der **Verflechtungsgrad** über Gemeinschaftsunternehmen ist mit 57,1 Prozent im Kreditgewerbe und mit 46,7 Prozent bei Unternehmen der Elektrizitätsversorgung am höchsten. (Monopol-kommission 1992, S. 220 ff.)

Auch die **personelle Verflechtung** über Mitglieder der Geschäftsführung in Aufsichtsräten oder ähnlichen Kontrollorganen ist eng, hat sich aber nicht weiter verdichtet. 1990 entsandten 46 aus dem Kreis der G100 Mitglieder der Geschäftsführung in die Kontrollorgane anderer Unternehmen aus diesem Kreis. Allein die Deutsche Bank AG war 1990 in 35 Aufsichtsräten der 100 größten Unternehmen durch Mitglieder ihrer Geschäftsführung vertreten, die Dresdner Bank und die Allianz AG Holding mit jeweils 19 Mandaten. (Monopolkommission 1992, S. 227)

Darüber hinaus können die Banken über ihre eigenen **Investmentfonds-Gesellschaften** und über das **Depotstimmrecht** die Machtposition in den Aufsichtsräten wirkungsvoll unterstützen und die Abstimmungen in den Hauptversammlungen in ihrem (und dem ihnen verbundenen Management) Sinne beeinflussen.

4.4.5 Wirkungen der Unternehmenskonzentration

Vom Standpunkt der **Unternehmen** wird die Konzentration selbstverständlich positiv beurteilt, sonst würden sie nicht diese Strategie verfolgen. Die Unternehmen versprechen sich durch den Konzentrationsprozeß eine Verbesserung ihrer Wettbewerbsfähigkeit und ein Nachlassen des Wettbewerbsdruckes. Aber auch aus **gesamtwirtschaftlicher** Betrachtung darf die Konzentration nicht nur negativ beurteilt werden:

- Konzentration kann sich positiv auf die **Kostenentwicklung** auswirken, wenn mit moderner Technologie und flexiblem Management die Vorteile der Massenproduktion und der Unternehmensgröße realisiert werden. Kostenvorteile stellen für die Volkswirtschaft insgesamt Effizienzgewinne dar. Allerdings können Großunternehmen auch Kostenvorteile realisieren, indem sie ihre Marktmacht gegenüber Kunden und Zulieferern einsetzen und lediglich Kosten auf diese abwälzen. Im übrigen steigen mit steigender Unternehmensgröße die Verwaltungs- und Bürokratiekosten, die Organisationen werden schwerfälliger, was gesamtwirtschaftlich nicht als Vorteil bewertet werden kann.

- Konzentration kann sich positiv auf **Forschungsaktivitäten, Innovationen** und den **technischen Fortschritt** auswirken. Großunternehmen verfügen über relativ hohe Forschungsressourcen und ein entsprechendes Durchsetzungsvermögen auf den Absatzmärkten. Der Zusammenhang zwischen Unternehmensgröße und Innovationsrate ist jedoch empirisch nicht eindeutig nachzuweisen. Es kann auch vorkommen, daß der technische Fortschritt wegen des fehlenden Wettbewerbsdruckes gebremst wird. Monopolunternehmen werden bequem.

- Konzentration kann sich positiv auf die **Beschäftigung** von Arbeitnehmern auswirken, weil Großunternehmen aus vielen Gründen sicherere Arbeitsplätze zur Verfügung stellen und im Krisenfall u. U. aus beschäftigungspolitischen Gründen von der öffentlichen Hand unterstützt werden. Konzentration kann aber auch Arbeitsplätze vernichten, weil übernommene Unternehmen erst durch verstärkte Rationalisierung wieder rentabel werden.

- Konzentration kann sich positiv auf den **Wettbewerb** auswirken, weil Unternehmen mit hohen Marktanteilen und großer Innovationsfähigkeit gleichstarke Partner im dynamischen Wettbewerbsprozeß sein können. Es können aber durch Konzentration auch Machtpositionen entstehen, die einen funktionsfähigen Wettbewerb weitgehend verhindern.

Die **Wettbewerbspolitik** befindet sich unter den Bedingungen der modernen Großtechnologien heute in dem **Dilemma**, zwischen technisch und ökonomisch effizienter Unternehmensgröße und wettbewerbspolitisch optimaler Marktstruktur entscheiden zu müssen. Dabei ist die Frage, ob ein höherer Konzentrationsgrad wettbewerbspolitisch bedenklich ist oder ob er die Effizienz der Produktion verbessert, im voraus nur schwer zu beantworten, insbesondere deswegen, weil eine Fusion nur selten als „einmaliger Akt" gewürdigt werden darf: Oft zieht eine Fusion andere nach sich, andere Unternehmen werden vom Markt verdrängt oder ihr Markteintritt wird verhindert, auch werden die Wirkungen nicht nur in der unmittelbar betroffenen Branche spürbar, sondern auf verschiedenen Märkten.

Vom wettbewerbspolitischen Standpunkt wird die Konzentration von Unternehmen immer dann bedenklich, wenn Freiheit und Funktionsfähigkeit des Wettbewerbsprozesses **nachhaltig** beeinträchtigt werden. Durch den fortschreitenden Konzentrationsprozeß entstehen **monopolähnliche Marktstrukturen** mit den bekannten Nachteilen:

- Der Wettbewerbsdruck läßt nach, die Voraussetzungen für ein friedliches Parallelverhalten werden günstiger;
- die Markteintritts- und -austrittsschranken werden höher;
- die Anpassungsflexibilität und Allokationseffizienz des Wettbewerbs wird beeinträchtigt;
- der Anreiz zu innovativ-kreativem Verhalten und zur Durchsetzung des technischen Fortschritts erlahmt;
- der Gewinn der konzentrierten Unternehmensbereiche steigt zu Lasten der Abnehmer und/oder der Lieferanten.

Empirische Untersuchungen, die vornehmlich in den USA angestellt wurden, bestätigen diese Hypothesen. KANTZENBACH vermutet, daß die negativen ökonomischen Wirkungen der Konzentration besonders dann deutlich werden, wenn die Grenze vom weiten zum **engen Oligopol** überschritten wird. (1971, S. 178 ff., 1994 S. 295 ff.) Diese Grenze konnte aber bisher empirisch nicht ermittelt werden.

Vom **ordnungspolitischen** Standpunkt aus betrachtet, führt die Unternehmenskonzentration auch zu einer **Zentralisierung der Entscheidungsträger**, was bedeutet, daß die ökonomischen und gesellschaftlichen Folgen von Irrtümern, Fehlentscheidungen und Fehlhandlungen der Entscheidungsträger immer spürbarer werden. Eine Voraussetzung für die Effizienz des marktwirtschaftlichen Systems ist eine Vielzahl von kleinen und mittelgroßen Entscheidungseinheiten, die die Chance bieten, daß sich Planungsfehler gegenseitig kompensieren und auch ihrer begrenzten Dimension wegen keine gravierenden Folgen haben. Nur dann können sich Marktpreise nach den Knappheitsrelationen bilden, die ihrerseits eine verläßliche Planungsgrundlage für die am Wirtschaftsprozeß Beteiligten darstellen. (Berg 1992, S. 270)

Die spektakulären Skandale im Unternehmensbereich der westdeutschen Wirtschaft, die durch nicht mehr korrigierbare Entscheidungsfehler, das Machtstreben und den Eigennutz des verantwortlichen Managements verursacht worden sind, können als Beleg für diese Vermutung gelten. Die Folgen der Skandale z.B. um die Hessische Landesbank, die Neue Heimat, die AEG, die DG-Bank, den MHG-Konzern, das Volkswagenwerk, die Metallgesellschaft, den Dr. Schneider-Baukonzern und andere hätten bei entsprechend kleineren Unternehmen nicht diese gravierenden Folgen gezeigt, wären also wirklich „peanuts" geblieben. Und die Folgen tragen nicht die unmittelbaren Verursacher, wie bei kleineren Unternehmen, sondern die Anteilseigner, die Arbeitnehmer und die Steuerzahler. Die Frage sei erlaubt, wie viele gravierende Fehlentscheidungen dieser Art in Großunternehmen der Öffentlichkeit gar nicht bekannt werden.

Diese Entwicklungen lassen vermuten, daß durch den Konzentrationsprozeß Unternehmensgrößen entstehen können, die von Menschen immer schwieriger, risikoreicher und weniger effizient beherrscht werden, auch gerade dann, wenn der Wettbewerbsdruck besonders groß ist. Es wird deutlich, daß der Konzentrationsprozeß schon volkswirtschaftliche Schäden verursacht, wenn die Funktionsfähigkeit des Wettbewerbs noch nicht oder nur geringfügig beeinträchtigt wird und die gesellschaftspolitische „Schmerzgrenze" noch nicht überschritten worden ist.

Vom **gesellschaftspolitischen** Aspekt wird ein zunehmender Grad an Unternehmenskonzentration dann bedenklich, wenn dadurch die Freiheitsspielräume der Wirtschaftssubjekte, der Konsumenten, der Arbeitnehmer, der Zulieferer und Abnehmer und der kleineren Konkurrenten spürbar eingeengt werden. Wirtschaftliche Macht gefährdet die ökonomische und gesellschaftliche **Freiheit.** Nach MAX WEBER (1964, S. 38) bedeutet **Macht** „jede Chance innerhalb einer sozialen Beziehung, den eigenen Willen auch gegen Widerstreben durchzusetzen, gleichviel, worauf diese Chance beruht". Und HELMUT ARNDT (1971b, S. 133) meint: „Ökonomische Macht verwandelt 'ökonomische Daten' in Variable und, wenn es den Interessen der Mächtigen dient, umgekehrt auch Variable in Daten."

Großunternehmen verfügen über Marktmacht, Finanzkraft und Einflußmacht, die sie nicht nur als wirtschaftliche, sondern auch als **politische Macht** dem Staat gegenüber einsetzen können. Sie können z.B. im Standortwettbewerb die Regionalpolitik und die Beschäftigungspolitik zu ihren Gunsten beeinflussen; sie können auf die Forschungs-, Innovations-, Energie- und Umweltpolitik so einwirken, daß die Unternehmensziele nicht gefährdet, sondern gefördert werden; sie können über die Androhung von Produktionsverlagerungen ins Ausland Subventionen erpressen und Einfluß auf die Steuerpolitik nehmen. „Großunternehmen gewinnen damit faktisch einen Einfluß auf die Politik, zu dem sie nach liberalem Demokratieverständnis in keiner Weise legitimiert sind." (Kantzenbach 1971, S. 174 5.)

An dieser Stelle wird besonders deutlich, daß sich eine konsequente Wettbewerbspolitik dem Konzentrationsprozeß entschieden entgegenstellen muß.

4.5 Mißbrauch von Marktmacht

4.5.1 Wesen des Marktmachtmißbrauchs

Aus den bisherigen Überlegungen ergibt sich, daß durch externes und internes Unternehmenswachstum wirtschaftliche Macht entsteht; Zwischen Unternehmenswachstum und Marktmacht besteht eine **positive Interdependenz**: Unternehmenswachstum fördert das Entstehen von Marktmacht und Marktmacht beschleunigt den Konzentrationsprozeß.

Unternehmensgröße und Marktmacht darf nicht von vornherein negativ bewertet werden: Sie kann zur Intensivierung des Leistungswettbewerbs eingesetzt werden, wie an verschiedenen Stellen dieses Buches bereits erwähnt wurde. Unternehmensgröße und wirtschaftliche Macht kann aber gegenüber Konkurrenten, Kunden und Lieferanten auch so eingesetzt werden, daß das marktmächtige Unternehmen sich auf Kosten seiner Marktpartner oder Konkurrenten ungerechtfertigte Vorteile verschafft. **Ungerechtfertigt** sind Vorteile dann, wenn sie unter den Bedingungen eines freien, funktionsfähigen Wettbewerbs nicht erzielt werden könnten. In diesem Fall spricht man vom **Mißbrauch der Marktmacht**. Mit HOPPMANN könnte man auch dann vom Mißbrauch der Marktmacht sprechen, wenn durch sie die Wettbewerbsfreiheit anderer Unternehmen unangemessen beschränkt wird.

4.5.2 Arten und Strategien des Marktmachtmißbrauchs

Je nachdem, gegen wen sich die Marktmacht eines Unternehmens richtet, spricht man von Anbieter-, Nachfrager- oder Rivalitätsmacht (vgl. Abb. 4-12).

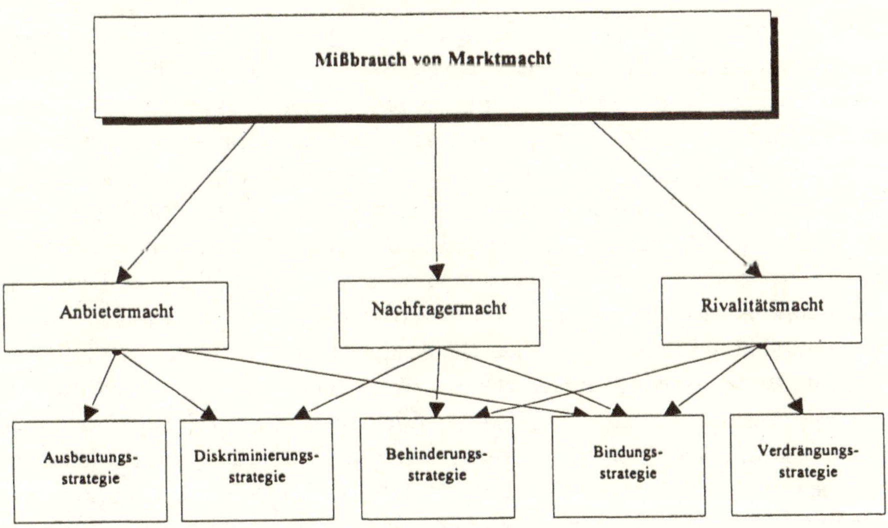

Abb. 4-12: Formen und Strategien des Mißbrauchs von Marktmacht

- **Anbietermacht** richtet sich gegen Kunden bzw. Abnehmer,
- **Nachfragermacht** richtet sich gegen Lieferanten,
- **Rivalitätsmacht** richtet sich gegen vorhandene oder potentielle Wettbewerber.

Anbieter-, Nachfrager- und Rivalitätsmacht können sich gegenseitig verstärken: Kann ein Unternehmen seine Macht auf der Beschaffungsseite erfolgreich einsetzen, verstärkt dies auch seine Anbietermacht und die Wettbewerbsposition gegenüber den Konkurrenten; kann ein Unternehmen durch Rivalitätsmacht Wettbewerber verdrängen, verstärkt dies wiederum seine Anbieter- und Nachfragermacht.

Bei Einsatz von Marktmacht können verschiedene **Strategien** verfolgt werden. Man unterscheidet:

- die Ausbeutungsstrategie,
- die Behinderungsstrategie,
- die Diskriminierungsstrategie,
- die Bindungsstrategie und
- die Verdrängungsstrategie.

Manche Autoren (Markert, Berg) und das GWB fassen die verschiedenen Strategien unter den Bezeichnungen „Ausbeutungsmißbrauch“ und „Behinderungsmißbrauch“ zusammen und betrachten den Fall der Verdrängungsstrategie in diesem Zusammenhang nicht.

Ausbeutungsstrategie betreibt ein marktmächtiges Unternehmen, wenn es die Leistungen seiner Lieferanten nicht „angemessen“ vergütet oder für seine eigenen Leistungen „unangemessene“ Gegenleistungen verlangt. Was allerdings als „angemessen“ und als „unangemessen“ zu bezeichnen ist, ist ein schwieriges wettbewerbstheoretisches und -politisches Problem. Der Ausbeutungsmißbrauch durch Nachfragermacht kann von Großunternehmen (Industrie- oder Handelsunternehmen) ausgehen, die auf der Anbieterseite unter großem Wettbewerbsdruck stehen. Oft gelingt es diesen Unternehmen, ihren meist kleineren Lieferanten Kosten anzulasten, die sie unter normalen Wettbewerbsbedingungen selbst tragen müßten. Bekannt sind die Beispiele, die das Bundesministerium für Wirtschaft (1975) in seinem „Beispielkatalog“ für Wettbewerbsverzerrungen im Handel veröffentlicht hat. Die Phantasie eines „Normalbürgers“ reicht nicht aus, um sich die Vielfalt der Möglichkeiten vorzustellen, mit denen manche Unternehmen ihre Lieferanten „ausbeuten“: Eintrittsgelder für die Erstbestellung, Regalmieten, Werbekostenzuschüsse, Sonderleistungen bei Neueröffnungen oder Jubiläen, Verlagerung der Regalpflege, der Preisauszeichnung, Meistbegünstigungsklausel, Bereitstellung von Arbeitskräften, Preisdiktate usw.

Bekannt ist der Fall des Ausbeutungsmißbrauchs auf der Anbieterseite, den das Bundeskartellamt bei der Firma Ernst Merck feststellen ließ; diese hatte ihr Vitaminpräparat B 12 im Inland zu deutlich überhöhten Preisen an die Apotheken verkauft, während es im Ausland zu wesentlich günstigeren Preisen abgesetzt wurde.

Behinderungsstrategie liegt vor, wenn ein marktstarkes Unternehmen die Beschaffungs- und Absatzmöglichkeiten seiner Konkurrenten in nicht gerechtfertigter Weise beeinträchtigt. BERG (1992, S. 263) erwähnt den Fall des „Squeezings“: Wenn ein Unternehmen sowohl auf dem Beschaffungsmarkt als auch auf dem Absatzmarkt eine starke Marktstellung hat und Anbieter des gleichen Endproduktes bei diesem Hersteller Vorleistungen beziehen müssen, kann der Marktbeherrscher die Preise für die Vorleistungen herauf- und für die Endprodukte heruntersetzen, um den Gewinn der Konkurrenten „zusammenzudrücken“. Durch Sperrkäufe können potentielle Wettbewerber vom Markt gehalten werden, wenn das marktbeherrschende Unternehmen die von ihnen benötigten Rohstoffe und Vorprodukte nur mit dem Ziel kauft, die Versorgung der Konkurrenten zu erschweren oder zu verhindern. Durch Sperrpatente (Patente, die nicht angemeldet werden) und die Verweigerung von Patentlizenzen können Wettbewerber den Vorsprungsgewinn des Pionierunternehmens nicht abbauen.

Eine **Diskriminierungsstrategie** betreibt ein Marktbeherrscher, wenn er gleichartige Lieferanten oder Abnehmer ungleich behandelt, indem er unterschiedliche Konditionen gewährt bzw. verlangt. So kann ein großes Unternehmen durch Gesamtumsatzrabatte, unterschiedliche Rabattstaffeln oder durch Preisdifferenzierungen kleinere Unternehmen diskriminieren. Besonders schwer wiegt der Fall der Androhung einer Liefer- und Bezugsverweigerung, weil sich die betroffenen Unternehmen den Bedingungen des Marktbeherrschers unterwerfen müssen, wenn sie nicht Gefahr laufen wollen, aus dem Markt auszuscheiden.

Die **Bindungsstrategie** beeinträchtigt den unternehmerischen Entscheidungs- und Handlungsspielraum von Abnehmern, Lieferanten und Wettbewerbern. Das marktbeherrschende Unternehmern kann seinen Abnehmern die Endverkaufspreise für seine Produkte verbindlich vorschreiben (Preisbindung der zweiten Hand). Durch **Ausschließlichkeitsbindungen** kann der Marktbeherrscher seine Lieferanten zwingen, nur ihn zu beliefern, oder seine Abnehmer verpflichten, nur seine Erzeugnisse zu vertreiben und nicht auch die der Konkurrenz. Bekannt ist das Beispiel des führenden Touristikunternehmens TUI, das im Rahmen von Agenturverträgen die angeschlossenen Reisebüros verpflichtete, Pauschalreisen der Konkurrenten nicht anzubieten. (Markert 1981, S. 310)

Die technische Entwicklung kann diese Art von Behinderungsstrategien fördern: Im Zusammenhang mit der Einführung des just-in-time-Systems sind die Lieferanten in das DV-System großer Industrie- und Handelsunternehmen eingebunden. Die DV-Systeme der führenden Unternehmen sind nicht allerdings selten kompatibel, so daß ein Zulieferer, wenn er mehrere Unternehmen gleichzeitig bedienen will, auch über die entsprechenden elektronischen Systeme verfügen muß, was mit hohen Kosten verbunden ist. Das gleiche gilt für die Warenwirtschaftssysteme der großen Handelskonzerne. Im Bereich der Reisebüros wird, um diese Art der technischen Bindung zu verhindern, das unternehmensübergreifende Buchungssystem START eingeführt.

Bei **Kopplungsgeschäften** zwingt der Marktbeherrscher seine Kunden, auch andere als nicht gewünschte Produkte abzunehmen oder dessen vollständiges Sortiment anzubieten. Bekannt ist das Beispiel, daß ein Hersteller von Handpreisauszeichnern seine Kunden gezwungen hat, für mehrere Jahre auch die Etiketten von ihm zu beziehen. Bei **Gegenseitigkeitsgeschäften** berücksichtigt das marktbeherrschende Unternehmen nur Lieferanten, die auch bei ihm selbst kaufen.

Die **Verdrängungsstrategie** richtet sich direkt gegen die Mitbewerber. Ein marktmächtiges Unternehmen kann durch Preisdumping, Preisdifferenzierung, Massivwerbung und weitere Methoden seine Konkurrenten direkt aus dem Markt verdrängen. Aber wie kompliziert die wettbewerbspolitischen Überlegungen sind, zeigt folgender Fall: Ein großer Supermarkt bietet an seiner Tankstelle Benzin deutlich unter dem Einkaufspreis an, um Kunden auf das Gelände zu locken. Das Unternehmen betrachtet die Kosten als Werbeaufwand, den es auch in anderer Form ausgeben könnte. Die Kunden kommen in den Genuß des preiswerten Benzins, gleichzeitig aber werden die umliegenden Tankstellen aus dem Markt verdrängt. Dem Wettbewerbsvorteil steht ein Wettbewerbsnachteil gegenüber.

4.5.3 Grenze zwischen Leistungswettbewerb und Marktmachtmißbrauch

Das wettbewerbspolitisch brisanteste Problem bei der Beurteilung des Mißbrauchs von Marktmacht besteht in der Frage, wann die **Grenze vom Leistungswettbewerb zum Marktmachtmißbrauch** überschritten wird. Die unternehmenspolitischen Aktionsparameter können für beide Zwecke eingesetzt werden:

- Eine regionale Preisdifferenzierung kann den Wettbewerb zugunsten der Abnehmer intensivieren, sie kann aber auch zur Verdrängung kleinerer Anbieter auf diesem Markt führen.

- Ausschließlichkeitsbindungen und Preisbindungen können die Existenz kleinerer Unternehmen sichern und damit die bestehende wettbewerbliche Marktstruktur erhalten, die Unternehmen können aber auch durch diese Diskriminierungen vernichtet werden.

- Die Ausbeutungsstrategie kann den Leistungs- und Innovationswettbewerb fördern, in dem die Lieferanten und Abnehmer zu kreativem Verhalten gezwungen werden, und die erzielten Kostenvorteile können zu niedrigeren Angebotspreise führen, sie können die betroffenen Unternehmen auch vernichten.

Die Frage, ob ein Unternehmen durch seine Marktmacht den Leistungswettbewerb fördert oder sie mißbraucht, kann nur für den konkreten Einzelfall beurteilt werden. Und es gibt täglich Fälle des Machtmißbrauchs, aber sie sind nur sehr schwierig juristisch nachzuweisen. Das GWB beschränkt deswegen die Mißbrauchsaufsicht bewußt auf den Ausbeutungs- und Behinderungsmißbrauch von marktbeherrschenden Großunternehmen. Aber auch hier war das Kartellamt in den letzten Jahren nur begrenzt erfolgreich.

4.6 Staatliche Regulierungen

Im dritten Kapitel wurde aus wettbewerbstheoretischer Sicht erörtert, wann der Staat in einer Marktwirtschaft Marktprozesse regulieren oder die Produktion bestimmter Güter selbst übernehmen soll. Als **wettbewerbstheoretisch begründbare Ausnahmebereiche** wurden identifiziert:

- die Bereitstellung kollektiver Güter,
- labile Marktgleichgewichte,
- externe Effekte und
- ruinöse Konkurrenz und sog. „natürliche Monopole".

C. CHRISTIAN V. WEIZSÄCKER (1988, S. 15) bringt es auf eine noch einfachere Formel: „Staatliche Regulierung ist ... dort gerechtfertigt, wo sie transaktionskostensenkend und daher transaktionsvermehrend ist." Eine Ampelregelung auf einer wenig befahrenen Straßenkreuzung hält den Verkehr auf, aber bei dichtem Verkehr ist sie sinnvoll, weil sie den Verkehrsfluß beschleunigt. Das bedeutet: Staatliche Regulierung ist dann gerechtfertigt, wenn sie die besseren Wirkungen als der Wettbewerb, d.h. eine größere ökonomische Effizienz haben. Das Gegenteil ist allerdings meistens der Fall: Der Staat reguliert weite Bereiche der Wirtschaft und beschränkt dadurch die Handlungsfreiheit der Wirtschaftssubjekte, beschränkt den Wettbewerb und verhindert bessere ökonomische Ergebnisse. Wenn man schon die Überregulierung in der deutschen Wirtschaft beklagen muß, so ist besonders die Bürokratie der Europäischen Union in den letzten vierzig Jahren durch einen übermäßigen Regulierungseifer hervorgetreten.

Von Regulierung spricht man, wenn der Wettbewerbsprozeß als Steuerungsinstrument einer Marktwirtschaft ganz oder teilweise durch staatliche Eingriffe ersetzt wird. (Kroker 1985, S. 9) Staatliche Regulierung muß von den allgemeinen ordnungspolitischen Rahmenbedingungen genau unterschieden werden: Die Rahmenbedingungen gelten für alle Wirtschaftssubjekte, während die Regulierungen immer nur für Teile der Wirtschaft erlassen werden, in denen Marktversagen vermutet wird. (Horn 1988, S. 20) Deswegen kann man unter Regulierung auch alle staatlichen Eingriffe in die wirtschaftliche Entscheidungs- und Handlungsfreiheit zusammenfassen, die keine allgemein geltenden Spielregeln der Marktwirtschaft festlegen, sondern für bestimmte Wirtschaftsbereiche bestimmt sind.

Allgemein unterscheidet man die Preisregulierung, die Qualitätsregulierung, den Kontrahierungszwang und die Marktzugangsregulierung durch den Staat. Die **Preisregulierung** wird i.d.R. damit gerechtfertigt, daß der Staat in monopolisierten Bereichen ein überhöhtes Preisniveau verhindern oder daß er durch Mindest- bzw. Höchstpreise bestimmte Anbieter oder Nachfrager schützen will. Das Gegenteil ist allerdings oft zu beobachten:

- Die **Leistungen geschützter Monopole** oder öffentlicher Unternehmen sind i.d.R. im Vergleich zu ihren wettbewerblichen Alternativen überteuert oder von schlechterer Qualität; sie wirken transaktionskostenerhöhend und transaktionsvermindernd (Telefondienstleistungen, Müllabfuhr, Öffentlicher Nahverkehr). Sowie allerdings die Preisregulierung zu einer Erhöhung der Transaktionen beiträgt (z.B. Theater, Museen, Schulen, Universitäten), kann sie als sinnvoll betrachtet werden.

- Staatliche **Mindestpreise** zum Schutz der Anbieter (z.B. Agrarpreise) liegen über dem Gleichgewichtspreis, wenn sie wirksam sein sollen: Die Nachfrage geht zurück, die Zahl der Transaktionen sinkt, die Produktion steigt, muß u.U. vom Staat aufgekauft werden, die Transaktionskosten steigen.

- Staatliche **Höchstpreise** zum Schutz der Nachfrager (z.B. Mieten) liegen unter dem Gleichgewichtspreis, wenn sie wirksam sein sollen: Das Angebot geht zurück, die Zahl der Transaktionen sinkt, die Nachfrage steigt, sie muß subventioniert werden, oder es entstehen schwarze Märkte, die Transaktionskosten steigen.

Die **Qualitätsregulierung** bezieht sich i.e.S. auf Produktgestaltung, Produktinformationen, Produktionsverfahren und die verschiedenen Formen des Kontrahierungszwangs. Sie haben das Ziel, den Verbraucher vor unzureichenden oder unzutreffenden Informationen oder vor gefährlichen Produkten zu schützen. Es ist im einzelnen empirisch zu prüfen, ob Qualitätsregulierungen transaktionsvermehrend oder -vermindernd wirken. Werden z.B. Normen für den bargeldlosen Zahlungsverkehr oder für die Kompatibilität von Kommunikationsgeräten erlassen, wirken diese transaktionsvermehrend, während z.B. das Ladenschlußgesetz transaktionsvermindernd wirkt und die Transaktionskosten erhöht, das gleiche gilt für die Unzahl von Bauvorschriften, aber auch für die Gestaltung von Arbeitsverhältnissen. Durch **Kontrahierungszwang** soll erreicht werden, daß gewisse sozial erwünschte Dienstleistungen flächendeckend angeboten werden.

Die **Marktzugangsregulierung** ist das „meistpraktizierteste und problematischste" Regulierungsinstrument. (Kruse 1989, S. 11). Marktzugangsregulierungen verhindern den Marktzugang für potentielle Wettbewerber. Sie dienen der Absicherung von staatlichen oder staatlich geschützten Monopolen und nur den Interessen derer, die bereits eine Lizenz oder Konzession besitzen.

Die ökonomische Ineffizienz staatlicher Regulierung und staatlicher Leistungen ist für viele marktwirtschaftlich organisierte Volkswirtschaften empirisch nachgewiesen worden. Wenn es auch schwierig ist, die volkswirtschaftlichen **Kosten der Regulierung** exakt zu erfassen, weisen die Untersuchungen übereinstimmend volkswirtschaftliche Mehrkosten in einer beachtlichen Größenordnung aus. (z.B. Horn 1988, S. 37 u. 53 ff.; Kroker 1985, S. 19 ff.) Die Mehrkosten müssen von denen getragen werden, die nicht durch die Regulierung begünstigt werden, das heißt von der Mehrheit der Konsumenten und den Steuerzahlern. Die Kosten der Einschränkung der wirtschaftlichen Entscheidungs- und Handlungsfreiheit, die durch die Regulierung entstehen, können überhaupt nicht beziffert werden.

Die Frage bleibt, warum eine Deregulierung nicht konsequenter vorangetrieben wird. Eine Antwort gibt die Politische Ökonomie, die auch die Motive der handelnden Akteure in Staat (Politiker und Bürokraten) und Gesellschaft (Unternehmen und Manager, Verbände und Verbandsfunktionäre) untersucht. Nach der von STIGLER und PELTZMAN entwickelten Grundhypothese geht der Anstoß zur Regulierung i.d.R. nicht vom Staat, sondern von bestimmten Interessengruppen aus:

> „Staatliche Regulierung entsteht dort, wo relativ gut organisierte Minderheiten den Staat veranlassen können, durch einen Regulierungseingriff Einkommen von der Mehrheit zu ihren Gunsten umzuverteilen. Dies geschieht ... vornehmlich dadurch, daß der staatliche Regulierungseingriff die begünstigte Gruppe vor Wettbewerb schützt und ihr so ermöglicht, die Einkommen ihrer Mitglieder zu erhöhen, die nun ein staatlich sanktioniertes Kartell bilden. Die Gegenleistung, die die Interessengruppe bringt, besteht in der Hilfe bei der Erringung und Erhaltung eines politischen Amtes." (Horn 1988, S. 56)

Deregulierung bedeutet demnach eigentlich die Abschaffung staatlicher Privilegien. Deregulierung gefährdet also die Interessen der begünstigten Gruppen und Verbände, entzieht den Politikern Einfluß- und Gestaltungsmacht, vermindert Verwaltungs- und Kontrollaufgaben, wodurch die Existenz staatlicher Bürokratien und damit die Existenzgrundlage von Bürokraten bedroht ist.

5 Wettbewerbspolitik

5 Wettbewerbspolitik

5.1 Überblick und Rechtsgrundlagen

Wettbewerbspolitik ist ein Teil der Wirtschaftspolitik, genauer gesagt: der **Wirtschaftsordnungspolitik**. GIERSCH definiert **Wirtschaftspolitik** allgemein als „die Gesamtheit aller Bestrebungen, Handlungen und Maßnahmen, die darauf abzielen, den Ablauf des Wirtschaftsgeschehens in einem Gebiet oder Bereich zu ordnen, zu beeinflussen oder unmittelbar festzulegen". (Giersch 1960, S. 17) Analog könnte man Wettbewerbspolitik als die Gesamtheit aller Bestrebungen, Handlungen und Maßnahmen beschreiben, die darauf abzielen, den Wettbewerbsprozeß in einer Volkswirtschaft zu ordnen, zu beeinflussen oder unmittelbar festzulegen. Mit dieser Definition werden allerdings die Ziele und dic Träger der Wettbewerbspolitik noch nicht erfaßt. Um dies zu konkretisieren, wollen wir unter **Wettbewerbspolitik** alle Bestrebungen, Handlungen und Maßnahmen staatlicher Institutionen verstehen, die einen freien funktionsfähigen Wettbewerbsprozeß in einem marktwirtschaftlichen System ermöglichen, ordnen und sichern.

Mit dieser - zugegeben - engeren Definition werden bewußt sowohl die wettbewerbspolitischen Aktivitäten privater Organisationen (z.B. Wirtschaftsverbände) als auch die politischen Maßnahmen zum Schutz der Marktteilnehmer vor **unlauterem** Wettbewerb ausgeklammert. Im Vordergrund dieses Kapitels sollen diejenigen wettbewerbspolitischen Aktivitäten stehen, dic in Deutschland auf der Grundlage des Gesetzes gegen Wettbewerbsbeschränkungen (GWB) vom 27. 5. 1957 und in der Europäischen Union auf der Grundlage der Römischen und der Maastrichter Verträge stehen; nicht dargestellt werden sollen die wettbewerbspolitischen Aktivitäten, die auf der Grundlage des Gesetzes gegen unlauteren Wettbewerb (UWG) vom 7. 6. 1909 (Vorläufer 1896) und der entsprechenden europäischen Richtlinien und Verordnungen erfolgen.

Diese Abgrenzung ist nicht ganz unproblematisch, läßt sich aber durchaus rechtfertigen: Beide Gesetze, GWB und UWG, sind auf den marktwirtschaftlichen Wettbewerb gerichtet, aber mit überwiegend unterschiedlichen Zielrichtungen: Während das UWG eher die **Marktteilnehmer** vor unlauteren Wettbewerbshandlungen schützen soll (Individualschutz der Mitbewerber, Lieferanten und Kunden), d.h. durch das Aufstellen von bestimmten rechtlichen Rahmenbedingungen (Spielregeln) den „lauteren", den „anständigen" Wettbewerb sichern soll, schützt die Wettbewerbspolitik auf der Grundlage des GWB den freien funktionsfähigen **Wettbewerb** an sich (Institutionenschutz). Überspitzt ausgedrückt, werden mit dem UWG **ethisch-moralische** Kategorien geschützt, während das GWB die **ökonomischen** Kategorien des Wettbewerbsprozesses in den Vordergrund stellt.

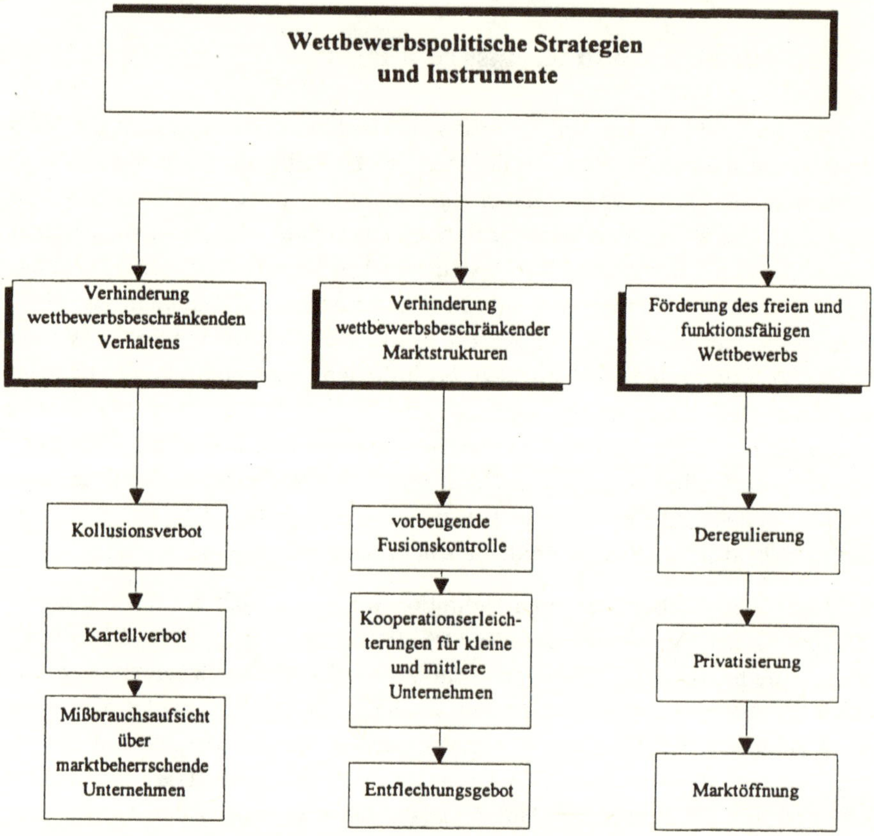

Abb. 5-1: Wettbewerbspolitische Strategien und Instrumente

Im Zusammenhang mit der Darstellung der wettbewerbspolitischen Leitbilder (Kapitel 3) ist bereits deutlich geworden, daß sich die Wettbewerbspolitik auf zwei wettbewerbstheoretische **Paradigmen** stützen kann, den wohlfahrtstheoretischen Ansatz und den ordnungspolitischen Ansatz:

- Der **wohlfahrtstheoretische** Ansatz betont die makroökonomische Funktionsfähigkeit des Wettbewerbsprozesses im Hinblick auf seine wirtschaftliche Effizienz: Wettbewerb ist ein **Instrument** zur Wohlfahrtssteigerung in der Marktwirtschaft.
- Der **ordnungspolitische** Ansatz stellt die mikroökonomische Funktion der Sicherung der Entscheidungs- und Handlungsfreiheit der Wirtschaftssubjekte in der Marktwirtschaft in den Vordergrund: Wettbewerb ist eine ordnungspoli-

tische **Norm** der wirtschaftlichen Freiheit in der Marktwirtschaft, die dadurch auch ökonomisch vorteilhafte Ergebnisse ermöglicht.

Die theoretische Trennung der wettbewerbspolitischen Paradigmen kann in der Praxis so nicht nachvollzogen werden. Wir werden erkennen, daß sich die **praktische** Wettbewerbspolitik in Deutschland und in der Europäischen Union auf beide Leitbilder beruft, wenn auch mit unterschiedlichem Gewicht.

Theoretisch kann man drei **Strategien und Ansatzpunkte der Wettbewerbspolitik** unterscheiden: (Vgl. Abb. 5-1)

- die Verhinderung wettbewerbsbeschränkenden **Verhaltens**,
- die Verhinderung von wettbewerbsgefährdenden **Marktstrukturen**,
- die Förderung des freien und funktionsfähigen **Wettbewerbsprozesses**.

Auch die Strategien können in der wettbewerbspolitischen Realität nicht eindeutig voneinander getrennt werden: Wenn wettbewerbsbeschränkendes Verhalten bekämpft wird, können u.U. auch wettbewerbsgefährdende Marktstrukturen verhindert werden; wenn wettbewerbsgefährdende Marktstrukturen verhindert werden können, fördert man auch wettbewerbliches Verhalten. Im übrigen stellt jede wettbewerbspolitische Maßnahme einen Eingriff in den Wettbewerbsprozeß dar.

Die zur Zeit gültige **gesetzliche Grundlage** der Wettbewerbspolitik i.e.S. in Deutschland stellt das Gesetz gegen Wettbewerbsbeschränkungen (GWB) vom 27.5.1957 nach fünf Novellierungen dar, die gesetzlichen Grundlagen für die europäische Wettbewerbspolitik sind seit dem Vertragsabschluß in Maastricht im Vertrag zur Europäischen Union und über die Europäische Gemeinschaft (EGV) vom 7.2.1992 und der europäischen Fusionskontrollverordnung (EFKVO) von 21.12.1989 verankert. Die gesetzlichen Grundlagen für die Wettbewerbspolitik i.w.S. werden in Abb. 5-2 zusammengestellt.

In der Wettbewerbspolitik werden verschiedene marktkonträre Instrumente eingesetzt, die i.d.R. durch einen hoheitlichen Verwaltungsakt und/oder einen Gerichtsbeschluß verwirklicht werden. Marktkonforme Instrumente stehen der Wettbewerbspolitik i.d.R. nicht zur Verfügung. (Vgl. Abb. 5-1) Die **wettbewerbspolitischen Instrumente** des Kartellverbots und des Verbots abgestimmter Verhaltensweisen beziehen sich auf wettbewerbsbeschränkende Kollusionen und Kartelle; mit der vorbeugenden Fusionskontrolle sollen wettbewerbsgefährdende Strukturen verhindert, mit den Kooperationserleichterungen für kleine und mittlere Unternehmen sollen wettbewerbliche Strukturen verbessert werden. Die Mißbrauchsaufsicht über marktbeherrschende Unternehmen soll wettbewerbsbeschränkende Machtausübung unterbinden, durch Deregulierung und Privatisierung öffentlicher Unternehmen kann der marktwirtschaftliche Wettbewerb ebenso intensiviert werden, wie durch eine Politik der Marktöffnung.

Die gesetzlichen Grundlagen der Wettbewerbspolitik

1. **Das Recht gegen unlauteren Wettbewerb:**
   - Gesetz gegen den unlauteren Wettbewerb (UWG) vom 7. 6. 1909 (Vorläufer von 27. 5. 1896) i.d.F.v. 23. 6. 1970;
   - Verordnung des Reichspräsidenten zum Schutze der Wirtschaft. Erster Teil: Zugabewesen (Zugabeverordnung) (ZugabeVO) vom 9. 3. 1932 i.d.F.v. 22. 10. 1987; Gesetz zur Änderung der Zugabeverordnung vom 25. 7 .1994;
   - Verordnung zur Durchführung des Gesetzes über Preisnachlässe (Rabattgesetz) (DVRabattG) vom 25. 11. 1933 i.d.F.v. 21. 5. 1976;

2. **Gewerblicher Rechtsschutz:**
   - Gesetz über Urheberrecht und verwandte Schutzrechte (Urheberrechtsgesetz) (UrhG) vom 9. 9. 1965 i.d.F.v. 17. 8. 1973;
   - Gesetz über den Schutz von Marken und sonstigen Kennzeichen (Markengesetz) vom 25. 10. 1994;
   - Patentgesetz (PatG) i.d.F.v. 16. 12. 1980;
   - Gesetz betreffend das Urheberrecht an Mustern und Modellen (Geschmacksmustergesetz) (GeschmMG) vom 11. 1. 1876 i.d.F.v. 7. 3. 1990;
   - Gebrauchsmustergesetz (GebrMG) vom. 5. 5. 1936 i.d.F.v. 20. 12. 1991;

3. **Recht gegen Wettbewerbsbeschränkungen:**
   - Gesetz gegen Wettbewerbsbeschränkungen (GWB) vom 25. 5. 1957 i.d.F.v. 20. 2. 1990 (Vorläufer: Verordnung gegen den Mißbrauch wirtschaftlicher Machtstellungen vom 2. 11. 1923, nicht mehr in Kraft);

     1. Novelle vom 15. 9. 1965,

     2. Novelle vom 3. 8. 1973,

     3. Novelle vom 28. 6. 1976,

     4. Novelle vom 26. 4. 1980,

     5. Novelle vom 22. 12. 1989;
   - Vertrag über die Europäische Union (EUV) vom 7. 2. 1992;
   - Vertrag über die Europäische Gemeinschaft für Kohle und Stahl (EGKSV) vom 18. 4. 1951 i.d.F.v. 7. 2. 1992, Art. 65 u. 66;
   - Vertrag zur Gründung der Europäischen Gemeinschaft (EGV) vom 25. 3. 1957 i.d.F.v. 7. 2. 1992, Art. 85 - 94;
   - Europäische Fusionskontroll-Verordnung (FKVO) vom 21. 12. 1989.

Abb. 5-2: Die gesetzlichen Grundlagen der Wettbewerbspolitik in Deutschland und in der Europäischen Union

Die **praktische** Wettbewerbspolitik steht vor erheblichen **Problemen**. Zum einen ist eine operationale Zieldefinition eines „freien, funktionsfähigen Wettbewerbsprozesses" theoretisch umstritten und praktisch kaum möglich, zum anderen ist, nicht zuletzt aus diesem Grund, auch die Definition und Erfassung wettbewerbsbeschränkenden Verhaltens und entsprechender Marktstrukturen äußerst schwierig. Die Wettbewerbspolitik wird in vielen Fällen mit Zielkonflikten und Abgrenzungsproblemen konfrontiert, so daß politische Güterabwägungen erforderlich werden, die durchaus der reinen Lehre widersprechen können. Oft ist die Grenze zwischen intensivem Wettbewerb und Wettbewerbsbeschränkung nicht eindeutig erkennbar. Auch sind die Landesgrenzen, innerhalb deren die Wettbewerbsgesetze gelten, nicht mit den Märkten identisch, auf denen sich der Wettbewerbsprozeß vollzieht und Wettbewerbsbeschränkungen stattfinden. Im übrigen stehen die Träger der Wettbewerbspolitik in den juristischen Verfahren vor gravierenden Beweisnöten.

5.2 Entwicklung, Träger und Verfahren der Wettbewerbspolitik in Deutschland

5.2.1 Entwicklung

5.2.1.1 Kartellpolitik vor 1945

Im vierten Kapitel wurde bereits festgestellt: Deutschland war von der Gründerkrise um 1880 bis zum Ende des Zweiten Weltkriegs im Jahr 1945 das **klassische Land der Kartelle** und der wirtschaftlichen Machtkonzentration. Dies war nur möglich, weil die jeweiligen Regierungen - anders z.B. als in den USA - der Vergrößerung wirtschaftlicher Macht grundsätzlich **positiv** gegenüberstanden und praktisch keine Politik gegen Wettbewerbsbeschränkungen entwickelt haben. Im Gegenteil, durch das schon erwähnte Reichsgerichtsurteil vom 4. Februar 1898 waren Kartelle (und die damit verbundenen Konzentrationsprozesse wirtschaftlicher Macht) rechtlich zulässig, es bestand ein Rechtsanspruch auf Kartellbildung und Kartellschutz, und die Regierungen halfen dort, wo es die private Wirtschaft selbst nicht schaffte, mit staatlichen Zwangskartellen nach. RITTNER (1993, S. 130) weist allerdings darauf hin, daß das Reichsgericht damals auch schon vor den Gefahren der Monopolisierung und der „wucherischen Ausbeutung der Konsumenten" gewarnt habe.

Als nach dem Ersten Weltkrieg die negativen Folgen der wirtschaftlichen Machtzusammenballung deutlich wurden, versuchte die Reichsregierung mit der „Verordnung gegen den Mißbrauch wirtschaftlicher Machtstellungen" vom 2. 11. 1923 (auch hier wird noch einmal deutlich, daß Kartellierung und wirtschaftliche Machtkonzentration in Deutschland sprachlich synonym verwendet wurden) das Kartellwesen unter staatliche Kontrolle zu bringen. Dies gelang jedoch nicht, weil die Mißbrauchsaufsicht sehr locker gehandhabt wurde. Das Gegenteil wurde erreicht: Dieser erste Versuch staatlicher Wettbewerbspolitik **förderte** die weitere Kartellbildung, weil sie die Voraussetzungen festlegte, unter denen Kartelle erlaubt waren, und die Ausübung ihrer Macht nach innen und außen rechtlich schützte. (Reuter 1967, S. 42)

Die Konzentrationsentwicklung erreichte ihren absoluten Höhepunkt unter der Anti-Wettbewerbspolitik der nationalsozialistischen Regierung: Unmittelbar nach der Machtergreifung begann mit dem **Zwangskartellgesetz** von 15. 7. 1933 die Unterwerfung der freien Wirtschaft unter die staatliche Diktatur. Neue Kartelle wurden gebildet, und Außenseiter wurden in die Kartelle gezwungen. In den folgenden Jahren wurden durch zahlreiche Verordnungen die Befugnisse der staatlichen Behörden in bezug auf die direkte Wirtschaftslenkung systematisch erweitert, bis schließlich durch den „Kartellbereinigungserlaß" des Reichswirtschaftsministeriums vom 20. 5. 1943 alle Kartelle der nationalsozialistischen „Organisation der gewerblichen Wirtschaft" unterstellt wurden (Kartte/Holtschneider 1981, S. 200) Die Kartelle wurden gewissermaßen „kartellisiert"; auf diese Weise wurde in Deutschland schließlich eine staatliche Befehlswirtschaft etabliert.

5.2.1.2 Entstehung des GWB

Nach dem zweiten Weltkrieg fand in Westdeutschland eine **Wende der Wettbewerbspolitik** statt, nun wurde die eigentliche Politik gegen Wettbewerbsbeschränkungen und Mißbrauch wirtschaftlicher Macht begründet. Fast alle Kartelle lösten sich auf oder wurden nicht wieder zum Leben erweckt. „An ihrer Stelle faßte das Wettbewerbsdenken Fuß, die Idee des freien Wettbewerbs, wie sie sich in den USA von ihrer Gründung an entwickelt hatte, die in Deutschland aber bis dahin niemals recht zum Zuge gekommen war." (Rittner 1993, S. 135)

Eingeleitet wurde die „neue" Wettbewerbspolitik durch die **Dekartellierungspolitik** der westlichen Alliierten, durch die auf der Grundlage des Potsdamer Abkommens vom 2. 8. 1945 und den alliierten Dekartellierungsgesetzen vom 12.2.1947 die deutschen Großunternehmen nach dem Vorbild des amerikanischen Antitrustrechts entflochten werden sollten. (Herdzina 1984, S. 109 ff.; Kartte/-Holtschneider 1981, S. 200 f.) Die praktische Entflechtung fand allerdings nur im Bereich der Montanindustrie, der chemischen Industrie und der Großbanken statt, weil die sich abzeichnenden Ost-West-Spannungen einen Wandel der alliierten

Sicherheitspolitik bewirkten, in der ein wirtschaftlich erstarkendes Westdeutschland ein wesentliches Kalkül darstellte.

Dieser grundsätzliche Wandel der alliierten Sicherheits- und Wirtschaftspolitik belebte auch die Diskussion um die Gestaltung der zukünftigen Wirtschaftsordnung in Westdeutschland. Während sich die Sozialdemokratische Partei unter KURT SCHUMACHER, aber auch die Christlichen Demokraten im Ahlener Programm vom Februar 1947 eher eine sozialistische Form der Wirtschaftsordnung vorgestellt haben, setzte sich in liberaleren Kreisen die Idee der Sozialen Marktwirtschaft allmählich durch. Sie wurde von MÜLLER-ARMACK und LUDWIG ERHARD auf der Grundlage der Gedanken von EUCKEN, V. MISES, HAYEK, RÖPKE, BÖHM u.a. zu einem ordnungspolitischen Programm entwickelt, das selbstverständlich auch eine stringente Politik gegen Wettbewerbsbeschränkungen vorsah:

> „Es ist durchaus im Sinne der Marktwirtschaft, gewisse Sicherungen gegen die Ausübung wirtschaftlicher Übermacht im Sinne der amerikanischen Antitrustgesetzgebung einzuführen." (Müller-Armack 1981, S. 30)

LUDWIG ERHARD bereitete als Direktor der Verwaltung für Wirtschaft im Wirtschaftsrat des Vereinigten Wirtschaftsgebietes (amerikanische und britische Besatzungszone) im Zusammenhang mit der Währungsreform am 20. Juni 1948 auch die Einführung wesentlicher marktwirtschaftlicher Ordnungselemente vor. Über die Köpfe der Alliierten hinweg erließ der Wirtschaftsrat am 24. Juni 1948 das „Gesetz über die Leitsätze für die Bewirtschaftung und Preispolitik nach der Geldreform" (das berühmte „Leitsätzegesetz"), mit dem die staatlichen Preiskontrollen und die Güterbewirtschaftung weitgehend abgeschafft und wichtige Voraussetzungen für die Marktwirtschaft eingeführt worden sind. In seinem „Wohlstand für alle" erinnert sich LUDWIG ERHARD:

> „Mitte 1948 winkte dann **die große deutsche Chance**: Sie lag darin begründet, **die Währungsreform** mit einer ebenso **entschiedenen Wirtschaftsreform zu verkoppeln**, um der ... völlig wirklichkeitsfremden administrativen Wirtschaftslenkung ... **das verdiente unrühmliche Ende** zu bereiten. Heute ist es nur noch wenigen bewußt, welches Maß an Mut und Verantwortungsfreudigkeit dazu gehörte, diesen Schritt zu vollziehen." (Erhard 1990, S. 21)

Daß ERHARD von Anfang an die Notwendigkeit einer stringenten **Wettbewerbspolitik** sah und die gesetzlichen Grundlagen dafür schaffen wollte, belegt z.B. die Tatsache, daß er in Abschnitt III des Leitsätzegesetzes die Forderung nach Leistungswettbewerb und einer staatlichen Monopolaufsicht verankerte:

> „Soweit der Staat den Verkehr mit Waren und Leistungen nicht regelt, ist dem **Grundsatz des Leistungswettbewerbs** Geltung zu verschaffen. Bilden sich wirtschaftliche Monopole, so sind sie zu beseitigen und bis dahin der staatlichen Aufsicht zu unterstellen. Der Entwurf eines dahingehenden deutschen Gesetzes ist dem Wirtschaftsrat alsbald vorzulegen." (zit. n. Erhard 1990, S. 160 f.)

„Angesichts der Bedeutung und der Dringlichkeit dieses Problems“ (Erhard 1990, S. 160) hatte ERHARD einen Sachverständigenausschuß berufen, der für „diese unendlich schwierige Materie“ einen Gesetzentwurf formulieren sollte. Diesem später als JOSTEN-Ausschuß bekanntgewordenen Gremium gehörten namhafte Wettbewerbstheoretiker und Politiker wie die Professoren FRANZ BÖHM, WILHELM KROMPHARDT, BERNHARD PFISTER, der Kartellspezialist WALTER BAUER und der langjährige Leiter des Kartellreferates im Reichswirtschaftsministerium PAUL JOSTEN an. Der Ausschuß legte LUDWIG ERHARD am 5. Juli 1949 seinen „Entwurf zu einem Gesetz zur Sicherung des Leistungswettbewerbs und zu einem Gesetz über das Monopolamt“ vor. Dieser sog. **JOSTEN-Entwurf** ging von der Grundsatzentscheidung **für** die Soziale Marktwirtschaft aus und formulierte ein ungewöhnlich strenges Wettbewerbsgesetz mit folgenden ordoliberalen Elementen: (Günther 1975 a, S. 197 ff.)

- eine zentrale Definition des Begriffs „wirtschaftliche Macht“ (§ 3),
- ein nahezu absolutes Kartellverbot (§ 7),
- ein Entflechtungs- und Aufgliederungsgebot von wirtschaftlichen Machtgebilden ohne Kartelleigenschaft (§§ 15 ff.),
- Aufsichtsrechte gegenüber Inhabern wirtschaftlicher Macht einschließlich Bundesbahn und Bundespost (§§ 21 ff.),
- ein unabhängiges, gerichtsähnliches Monopolamt,
- strenge strafrechtliche Sanktionen einschließlich der Freiheitsstrafe für Gesetzesübertretungen (§§ 59 ff.).

In seiner ordnungspolitischen Rigidität war der Gesetzentwurf für deutsche Verhältnisse vollkommen neu und stieß auf den erbitterten **Widerstand** der Wirtschaftsverbände, aber auch der politischen Parteien, so daß ihn ERHARD dem Wirtschaftsrat gar nicht erst vorgelegt hat. „Er war bis in seine Formulierungen hinein jedoch allzu doktrinär und dazu streng und restriktiv geraten, so daß er für eine Vorlage an den Gesetzgeber kaum in Betracht kam.“ (Rittner 1993, S. 135; vgl. auch Günther 1975 a, S. 183 ff.) Der JOSTEN-Entwurf war politisch gescheitert, nicht zuletzt auch deswegen, weil sich die Wirtschaftspolitik unter der Regierung ADENAUER von wichtigen Prinzipien des Ordoliberalismus zugunsten einer reinen Politik der wirtschaftlichen Leistungssteigerung gelöst hatte. (Kartte/Holtschneider 1981, S. 204 f.)

Ein vom Bundeswirtschaftsministerium mit Rückendeckung der westlichen Alliierten erarbeiteter und von der Regierung am 13. 6. 1952 verabschiedeter Gesetzentwurf sah ein allgemeines Kartellverbot (mit nur drei Ausnahmen), eine Mißbrauchsaufsicht über marktbeherrschende Unternehmen und eine Fusionskontrolle vor. Aber auch dieser Entwurf scheiterte insbesondere am Widerstand aus den Regierungsparteien und am mächtigen Bundesverband der Industrie. In einem langen und schwierigen politischen Prozeß einigte man sich schließlich auf einen Gesetzentwurf, in den zahlreiche Ausnahmen vom Kartellverbot eingefügt und die Vorschriften zur Fusionskontrolle und eine weitergehende Marktbeherrschungsdefinition wieder gestrichen wurden. „Damit waren der 'konzentrationspolitische Eckstein' herausgebrochen, die politischen und wirtschaftlichen Gefahren der Konzentration fast vergessen, die Einheit von Wirtschafts- und Gesellschaftsordnung und -politik kaum noch erkennbar." (Kartte/Holtschneider 1981, S. 210)

EUCKEN hatte das Dilemma zwischen konsequent gestalteter Ordnungs- und Wettbewerbspolitik und der Macht der Großunternehmen, Verbände und Gewerkschaften klar vorausgesehen:

> „Mögen einzelne Beamte der Ministerien Gutes leisten; die Stütze, die sie im Staatsaufbau haben, ist zu schwach, wie gerade auch die große deutsche Erfahrung lehrt. Man mache sich über die Effizienz der Monopolkontrolle keine Illusionen, wenn sie in Wirtschaftsordnungen erfolgt, in denen die Monopole der Industrie oder der Landwirtschaft oder der Arbeiterschaft wuchern." (Eucken 1990, S. 292)

Das Gesetz gegen Wettbewerbsbeschränkungen (GWB) wurde am 4. Juli 1957 vom Bundestag verabschiedet und trat am 1. 1. 1958 in Kraft. Es war wirklich nur noch ein „Kartellgesetz", und zwar ein lückenhaftes, mit dem sich auch LUDWIG ERHARD in keiner Weise identifizieren konnte, obwohl er an der Entwicklung nicht ganz schuldlos zu sein scheint: ERHARD hatte sich nahezu ausschließlich auf ein generelles Kartellverbot konzentriert, ohne zu beachten, daß die anderen Formen der Wettbewerbsbeschränkung weitaus gravierender sind. Die ordoliberale Wettbewerbspolitik hatte eine empfindliche Niederlage erlitten.

5.2.1.3 Novellierungen des GWB

Dieser entscheidende Mangel des Gesetzes gegen Wettbewerbsbeschränkungen von 1957 wurde bald offenkundig: Das GWB hatte zwar geeignete Mittel gegen horizontale und vertikale Wettbewerbsbeschränkungen in Form von Kartellen, aber gegen die anderen Formen von Wettbewerbsbeschränkungen mußte es versagen, weil keine entsprechenden wettbewerbspolitischen Instrumente vorgesehen waren. Insbesondere enthielt das GWB gegen das Entstehen von Marktmacht durch Fusionen keine und gegen den Mißbrauch von Marktmacht durch marktbeherrschende Unternehmen nur unzureichende Bestimmungen. Überdies ist offensichtlich die Kreativität der Unternehmen, neue Formen von Wettbewerbsbeschränkungen zu erfinden, wesentlich größer als die Vorstellungskraft des Gesetzgebers, dies präventiv zu verhindern. Deswegen mußte das GWB in den letzten 37 Jahren bereits fünfmal novelliert werden.

Mit der **1. Novelle** vom 15. September 1965 wurden die Bestimmungen über die Mißbrauchsaufsicht über marktbeherrschende Unternehmen (§ 22 GWB) und die Preisbindung der zweiten Hand verschärft (§ 17 GWB), die Kartellbehörde erhielt das Recht, Geldbußen festzulegen (§ 81 GWB), die Kooperation der Unternehmen im Rahmen von Spezialisierungskartellen wurde legalisiert (§ 5a GWB).

Mit der **2. Novelle** vom 3. August 1973 wurde der Wettbewerbspolitik ein **neues zusätzliches Leitbild** gegeben, das „weite Oligopol mit mäßiger Produktdifferenzierung“. Unverkennbar sind die Auswirkungen der Wettbewerbstheorie KANTZENBACHS auf die Neugestaltung der Wettbewerbspolitik. Nun wurde die **vorbeugende Fusionskontrolle** für große Unternehmenszusammenschlüsse eingeführt; sie sind verboten, wenn durch die Fusion eine marktbeherrschende Stellung entsteht oder verstärkt wird (§§ 23 - 24a GWB). Gleichzeitig wurde durch das Einfügen des Kriteriums „eine im Verhältnis zu den Wettbewerbern überragende Marktstellung“ die Machtschwelle bei der Marktbeherrschung herabgesetzt. Mit Hilfe von gesetzlichen „Vermutungstatbeständen“ für marktbeherrschende Stellungen sollte die vorbeugende Fusionskontrolle und die Mißbrauchsaufsicht objektiviert werden (§ 22 GWB). Die **Mißbrauchsaufsicht über marktbeherrschende Unternehmen** wurde wiederum verschärft (§ 22 GWB). Das Kartellverbot wurde durch das Verbot „abgestimmter Verhaltensweisen“ ergänzt (§ 25,1 GWB), die Preisbindung der zweiten Hand für Markenartikel mit Ausnahme der Verlagsartikel wurde verboten (§ 16 u. 17 GWB). Zusätzlich wurde die Kooperation zwischen kleinen und mittleren Unternehmen erleichtert (§ 5b GWB). Eine fünfköpfige **Monopolkommission** wurde geschaffen, die in regelmäßigen Gutachten den Stand und die Entwicklung der Unternehmenskonzentration und die Maßnahmen zur Fusionskontrolle und zur Mißbrauchsaufsicht beurteilen soll; sie soll auch auf notwendige Veränderungen des GWB aufmerksam machen (§ 24b GWB).

Mit der **3. Novelle** vom 28. Juni 1976 wurde die Fusionskontrolle im Pressewesen so verschärft, daß auch Zusammenschlüsse mit und von kleineren Verlagen der Fusionskontrolle unterliegen, um die grundgesetzlich garantierte Informationsfreiheit und die Vielfalt im Pressewesen zu erhalten (24,9 GWB). Die als „Lex Springer“ bezeichnete Novelle belegt die These vom „Wettlauf zwischen dem Igel und dem Hasen“ in der Wettbewerbspolitik: Die Unternehmen sind in bezug auf neue Wettbewerbsbeschränkungen immer schneller als der Gesetzgeber; der Hase hetzt immer hinterher.

Die **4. Novelle** vom 26. April 1980 verschärfte die sieben Jahre zuvor eingeführte Fusionskontrolle. Es wurden zusätzliche Vermutungstatbestände für eine „überragende“ Marktstellung eingeführt, um insbesondere konglomerate Zusammenschlüsse und das Eindringen von großen Unternehmen in mittelständisch strukturierte Märkte zu verhindern. Großen Unternehmen wurde es untersagt, mit kleinen zu fusionieren (sog. „Elefant-Mücke-Hochzeiten"), die Fusionen von Umsatzmilliardären wurden erschwert (sog. „Elefantenhochzeiten"), das Entstehen enger Oligopole wurde durch die Bestimmung behindert, daß auch eine Gesamtheit von fünf oder weniger Unternehmen auf einem Markt als marktbeherrschend eingestuft wird (§ 23a GWB). Im Rahmen der Mißbrauchsaufsicht wurden die verschiedenen Formen des Mißbrauchs von Nachfragemacht konkretisiert (§ 26 GWB).

Die **5. Novelle** vom 22. Dezember 1989 schließlich richtete sich besonders gegen die zunehmenden Konzentrationstendenzen im Handel und gegen die von einigen großen Unternehmen, insbesondere im Lebensmitteleinzelhandel ausgehende Anbieter- und Nachfragermacht. Es wurde ein Diskriminierungsverbot und das Verbot von Liefer- und Bezugssperren gegenüber kleinen und mittleren Unternehmen eingeführt (§ 26,2 GWB). Außerdem wurden eine Vielzahl von Ausnahmeregelungen in den wettbewerbspolitischen Ausnahmebereichen (Verkehr, Banken und Versicherungen, Versorgungswirtschaft) gestrichen.

5.2.2 Träger

Träger der Wettbewerbspolitik in der Bundesrepublik Deutschland sind staatliche Behörden: das Bundeskartellamt, der Bundesminister für Wirtschaft und die Landeskartellbehörden.

Das **Bundeskartellamt** mit Sitz in Berlin als selbständige Bundesoberbehörde wird tätig, „wenn die Wirkung der Marktbeeinflussung oder des wettbewerbsbeschränkenden oder diskriminierenden Verhaltens oder einer Wettbewerbsregel über das Gebiet eines (Bundes-)Landes hinausreicht" (§ 44,1 GWB). Das Bundeskartellamt gehört zum Geschäftsbereich des Bundesministeriums für Wirtschaft, das dem Kartellamt allgemeine Weisungen erteilen kann, die im Bundesanzeiger veröffentlicht werden müssen (§ 49 GWB). Dies ist bisher in nur fünf Fällen geschehen. (Rittner 1993, S. 489)

Obwohl das Kartellamt eine Behörde ist, ist es nicht hierarchisch organisiert, sondern gliedert sich in zehn **Beschlußabteilungen**, die die erforderlichen Sachentscheidungen treffen. Die Beschlußabteilungen bestehen jeweils aus einem Vorsitzenden und zwei Beisitzern, die als Beamte auf Lebenszeit die Befähigung zum Richteramt oder zum höheren Verwaltungsdienst haben müssen. Die Beschlußabteilungen müssen nach den Bestimmungen des Bundesministers für Wirtschaft gebildet werden (§ 48 GWB). Jede Beschlußabteilung ist für bestimmte Branchen zuständig, außerdem gibt es für bestimmte Sachfragen drei „übergreifende" Beschlußabteilungen. Mit dieser Organisationsform soll sichergestellt werden, daß die Beschlußabteilungen grundsätzlich in gerichtsähnlicher Unabhängigkeit entscheiden. Weder der Bundeswirtschaftsminister noch der Präsident des Bundeskartellamtes kann die Beschlußabteilungen anweisen, wie sie in einem bestimmten Verfahren entscheiden sollen. Die Beschlußabteilung hat allein nach dem Gesetz zu entscheiden.

Das Bundeskartellamt muß jeweils in dem darauffolgenden Jahr, in dem die Monopolkommission ein Hauptgutachten zu erstatten hat, einen Tätigkeitsbericht veröffentlichen; in den Bericht sollen die allgemeinen Weisungen des Wirtschaftsministers aufgenommen werden (§ 50 GWB).

Der **Bundesminister für Wirtschaft** entscheidet selbst über die Genehmigung von Sonderkartellen (§ 8 GWB), er verfügt über eine besondere Aufsicht über Ausfuhrkartellen (§ 12,2 i.V.m. § 6,1 GWB) und kann über die sog. „Ministererlaubnis" bei Fusionsvorhaben entscheiden. (§ 24,3 bis 5 GWB).

Die **Landeskartellbehörden** sind für regionale Wettbewerbsbeschränkungen zuständig; sie sind i.d.R. als besondere Kartellreferate bei den Landes-Wirtschaftsministerien eingerichtet. Sie müssen das Bundeskartellamt informieren, wenn sie ein Verwaltungs- oder ein Bußgeldverfahren einleiten (§ 44 u. 45 GWB). Das Schwergewicht bei der Verteilung der Zuständigkeiten für die Wettbewerbspolitik in Deutschland liegt eindeutig beim Bundeskartellamt.

Mit der zweiten Kartellgesetznovelle (1973) wurde, in ähnlicher Funktion wie der Sachverständigenrat zur Begutachtung der gesamtwirtschaftlichen Entwicklung, die **Monopolkommission** gebildet (§ 24b u. 24c GWB). Sie besteht aus fünf unabhängigen Fachleuten, die über besondere volkswirtschaftliche, betriebswirtschaftliche, sozialpolitische, technologische oder wirtschaftsrechtliche Kenntnisse verfügen müssen. Die Mitglieder werden auf Vorschlag der Bundesregierung vom Bundespräsidenten für vier Jahre berufen; jedes Jahr, in dem ein Hauptgutachten erscheint, scheidet ein Mitglied aus der Kommission aus.

Die rechtlich unabhängige Monopolkommission erstellt und veröffentlicht alle zwei Jahre ein Gutachten (Hauptgutachten), in dem sie den Stand der Unternehmenskonzentration und deren absehbare Entwicklung besonders unter wettbewerbspolitischen Gesichtspunkten würdigt. Darüber hinaus kann die Monopolkommission von sich aus zusätzliche Gutachten (Sondergutachten) erstellen bzw. vom Bundeswirtschaftsminister dazu beauftragt werden (§ 24b,5 GWB). (Vgl. Literaturverzeichnis)

Der gesetzliche Auftrag an die Monopolkommission geht über rein analytische Arbeit hinaus, sie beeinflußt auch die **Wettbewerbspolitik**, besonders durch die nicht erbetenen Sondergutachten, deren Wirkung sich weder das Bundeswirtschaftsministerium noch das Kartellamt entziehen kann, und durch die Möglichkeit, notwendige Änderungen des Kartellgesetzes aufzuzeigen. Die Monopolkommission kann Kritik an der Entscheidungspraxis des Bundeskartellamtes und der Landeskartellbehörden üben.

5.2.3 Verfahren und Sanktionen

Die Kartellbehörden werden entweder auf Antrag oder von Amts wegen tätig, wenn ein hinreichender Verdacht besteht. (Vgl. Abb. 5-3) Ob auch ein Dritter ein Einschreiten der Kartellbehörde verlangen kann, ist strittig; aus der Grundkonzeption des GWB und besonders aus § 35 GWB (Schadenersatz) schließt man, daß der zivilrechtliche Drittschutz vorgeht, „so daß es praktisch selten auf einen kartellverwaltungsrechtlichen Drittschutz ankommt". (Rittner 1993, S. 503)

Die Kartellbehörden können von Amts wegen nur tätig werden, wenn ein hinreichender Verdacht besteht; ein allgemeines Untersuchungsrecht über wettbewerbspolitisch relevante Fragen hat die Behörde nicht. Besteht jedoch hinreichender Verdacht, dann stehen der Kartellbehörde folgende **Befugnisse** zur Verfügung (§ 46 GWB):

- Die Behörde kann bereits vor der Einleitung eines förmlichen Verwaltungsverfahrens von Unternehmen und Vereinigungen von Unternehmen schriftlich **Auskunft** über ihre wirtschaftlichen Verhältnisse verlangen; für diese besteht das allgemeine Auskunftsverweigerungsrecht.
- Die Behörde kann bei Unternehmen und Vereinigungen von Unternehmen innerhalb der üblichen Geschäftszeiten die **geschäftlichen Unterlagen einsehen** und prüfen.
- Auf Anordnung eines Amtsrichters kann die Behörde **Durchsuchungen** vornehmen, wenn Gefahr im Verzug erscheint, sogar ohne richterliche Anordnung.
- Sie kann, allerdings erst nach der Einleitung eines förmlichen Verwaltungsverfahrens, Beweismittel beschlagnahmen.

Selbstverständlich haben viele Unternehmen - z.T. auch auf Empfehlung ihrer Unternehmensverbände - Gegenstrategien entwickelt, wie sie sich bei Ermittlungen durch die Kartellbehören zu verhalten haben. Man kann sich vorstellen, daß die Untersuchungen nicht in jedem Fall bereitwillig von den verdächtigten Unternehmen unterstützt werden. Auch die Mitarbeiter werden sich aus Loyalität zu ihren Arbeitgebern in den meisten Fällen nicht besonders kooperativ zeigen.

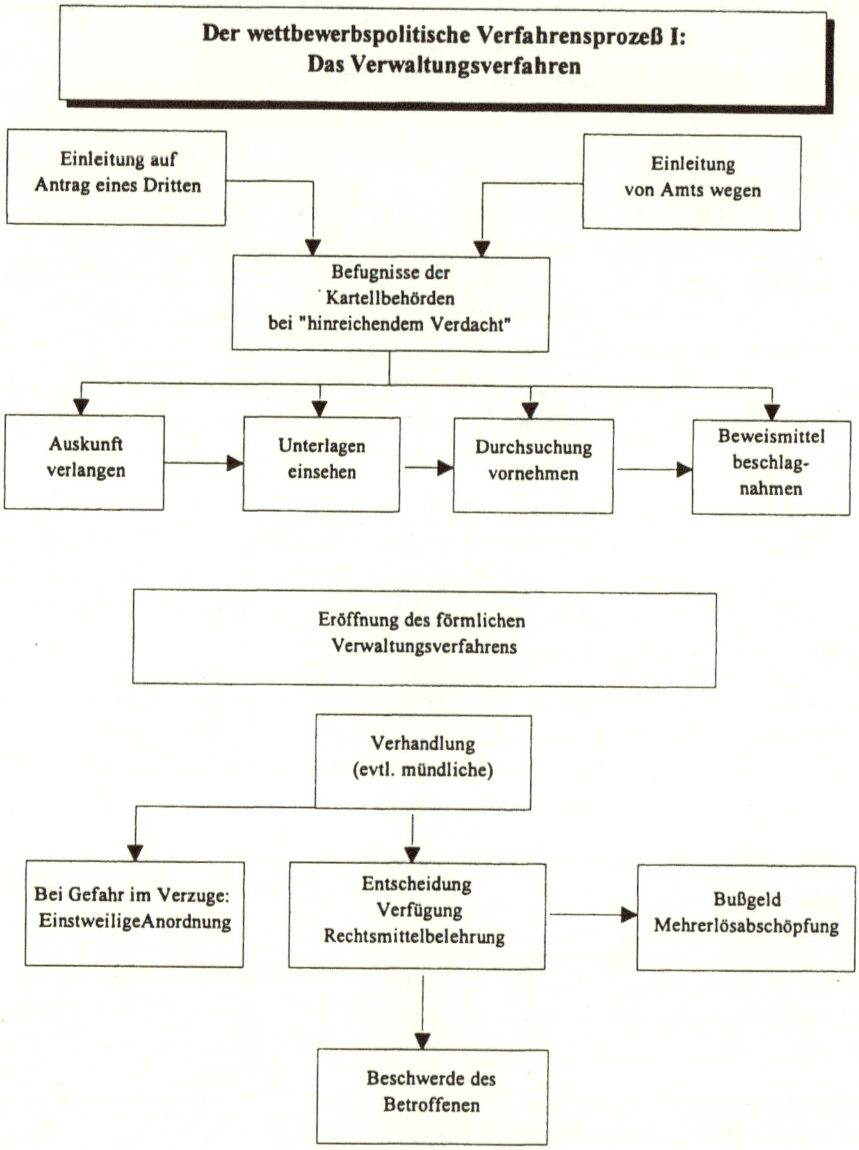

Abb. 5-3: Der wettbewerbspolitische Verfahrensprozeß I: Das Verwaltungsverfahren

Um zu einer Entscheidung zu gelangen, muß die Kartellbehörde ein justizähnliches **Verwaltungsverfahren** einleiten, und zwar sowohl dann, wenn Unternehmen oder Vereinigungen von Unternehmen eine für sie günstige Entscheidung beantragen, als auch dann, wenn die Behörde von Amts wegen tätig wird. Die Einleitung eines Verwaltungsverfahrens muß den Beteiligten (nach § 51,2 GWB) mitgeteilt werden. Alle Beteiligten haben Anspruch auf rechtliches Gehör. Die Behörde kann eine öffentliche oder nicht öffentliche mündliche Verhandlung anordnen, zu deren Erscheinen aber niemand rechtlich verpflichtet ist.

In bestimmten Fällen (§ 56 GWB) kann die Kartellbehörde eine Einstweilige Anordnung erlassen, normalerweise endet das Verfahren mit einer **Entscheidung**, die den Betroffenen als **Verfügung** zugestellt wird. Mit der Verfügung endet das Verwaltungsverfahren. Jede Verfügung ist mit einer Rechtsmittelbelehrung zu versehen, sie muß im Falle des Bundeskartellamtes im Bundesanzeiger oder im Falle der Landeskartellbehörde im amtlichen Verkündigungsblatt des Bundeslandes veröffentlicht werden.

Gegen die Verfügung einer Kartellbehörde kann der Betroffene innerhalb von vier Wochen schriftlich **Beschwerde** vor dem zuständigen Oberlandesgericht (OLG) einlegen. (Vgl. Abb. 5-4) Zuständig ist das Oberlandesgericht, an dem die Kartellbehörde ihren Sitz hat. Für das Bundeskartellamt ist das Kammergericht, das Berliner Oberlandesgericht, zuständig. An diesen Gerichten sind besondere Kartellsenate eingerichtet worden (§ 62 GWB). Die Beschwerde hat in vielen Fällen aufschiebende Wirkung (§ 63 GWB). In das Beschwerdeverfahren können neue Beweise eingebracht werden.

Gegen den Beschluß eines Oberlandesgerichtes kann der Betroffene **Rechtsbeschwerde** beim Bundesgerichtshof einlegen, wenn das OLG sie zugelassen hat. Dies ist i.d.R. der Fall, wenn die strittige Rechtsfrage von grundsätzlicher Bedeutung ist, oder wenn die Sicherung der Einheitlichkeit der Rechtsprechung eine Entscheidung des Bundesgerichtshofes erfordert (§ 73 GWB). Gegen die Nichtzulassung der Rechtsbeschwerde kann beim Bundesgerichtshof (BGH) eine **Nichtzulassungsbeschwerde** eingereicht werden. Die Entscheidung über die Nichtzulassungsbeschwerde muß der BGH schriftlich begründen (§ 74 GWB).

Um Verbote, Verfügungen, Einstweilige Anordnungen und die Erfüllung von Auflagen durchzusetzen, und bei Auskunftsverweigerung bzw. Erteilung falscher Aussagen, stehen den Kartellbehörden **verwaltungsrechtliche** (Bußgelder) und **zivilrechtliche** (Schadenersatz) **Sanktionen** zur Verfügung. Strafrechtliche Sanktionen sieht das GWB nicht vor, obwohl dies immer wieder einmal gefordert wird.

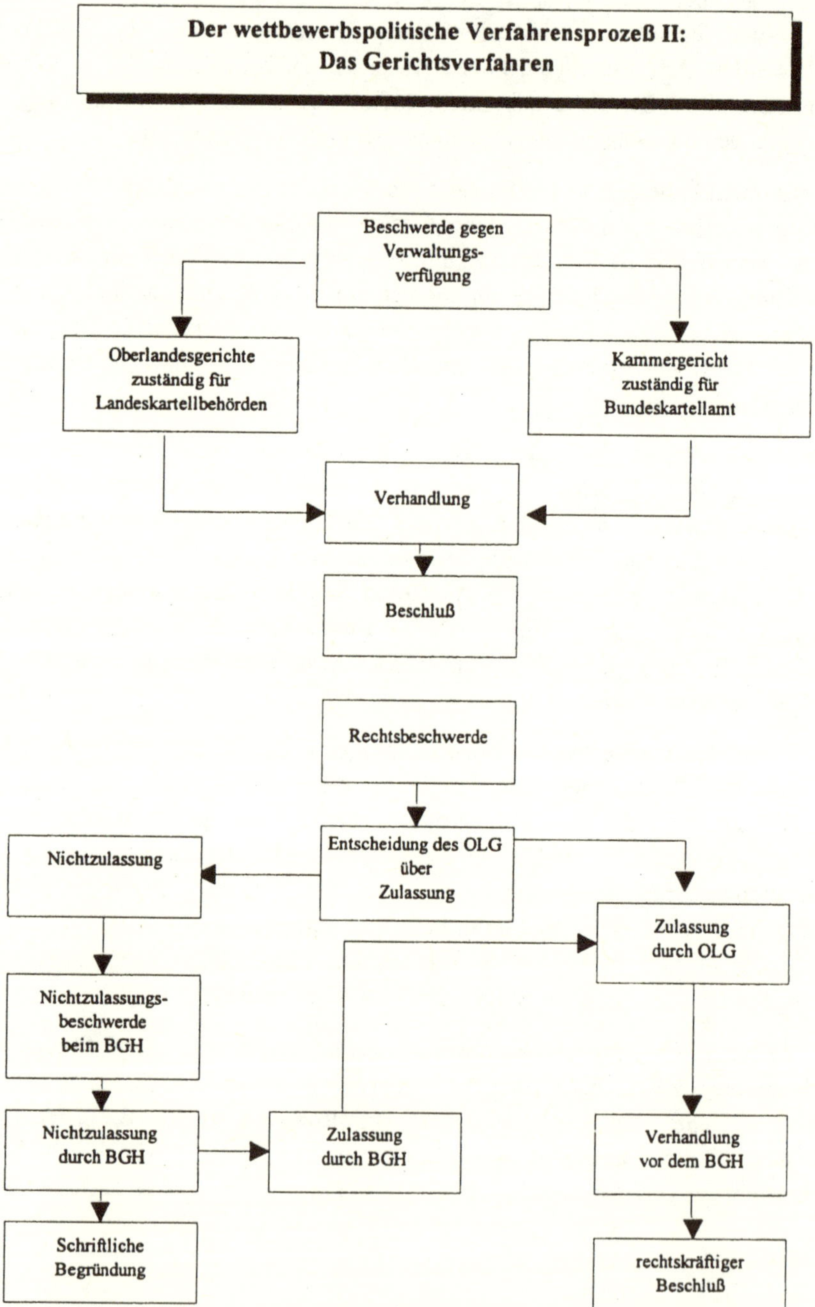

Abb. 5-4: Der wettbewerbspolitische Verfahrensprozeß II: Das Gerichtsverfahren

In den §§ 38 und 39 GWB sind die Ordnungswidrigkeiten, die zu **Bußgeldverfahren** führen, lückenlos aufgeführt. Die Höhe des Bußgeldes kann bis zu einer Höhe von einer Million Deutsche Mark festgesetzt werden, darüber hinaus kann das Bußgeld bis zur dreifachen Höhe des durch die Zuwiderhandlung erzielten Mehrerlöses betragen. Eine **Mehrerlösabschöpfung** ohne Bußgeldverfahren können die Kartellbehörden vornehmen, wenn ein Unternehmen vorsätzlich oder fahrlässig gegen eine Mißbrauchsverfügung nach §§ 22,5 oder 105,6 GWB verstößt, nachdem sie unanfechtbar geworden ist (§ 37 b GWB). Die Höhe des Mehrerlöses kann geschätzt werden. Geldbußen können nicht als Betriebsausgaben steuerlich geltend gemacht werden.

Außerdem sieht § 35 GWB **zivilrechtliche Sanktionen** vor: Wer vorsätzlich oder fahrlässig gegen eine kartellrechtliche Bestimmung oder eine kartellamtliche Verfügung, die einen Dritten schützt, verstößt, ist dem Dritten gegenüber zum Ersatz des entstandenen (Vermögens-) Schadens verpflichtet. Zuständig ist das Landgericht (§ 87 GWB), das OLG und der BGH sind Berufungs- und Revisionsinstanz.

5.3 Wettbewerbspolitische Instrumente

5.3.1 Kartellverbot und Verbot abgestimmter Verhaltensweisen

Mit dem Inkrafttreten des Gesetzes gegen Wettbewerbsbeschränkungen am 1. Januar 1958 sind in Deutschland Kartelle grundsätzlich verboten. § 1 GWB lautet:

> „Verträge, die Unternehmen oder Vereinigungen von Unternehmen zu einem gemeinsamen Zweck schließen, und Beschlüsse von Vereinigungen von Unternehmen sind unwirksam, soweit sie geeignet sind, die Erzeugung oder die Marktverhältnisse für den Verkehr mit Waren oder gewerblichen Leistungen durch Beschränkung des Wettbewerbs zu beeinflussen."

Die Gesetzesnorm des § 1 GWB erfüllt in der Wettbewerbspolitik drei **Funktionen**: (Rittner 1993, S. 221)

1. Sie sollte die bereits bestehenden Branchen**kartelle** - Deutschland war das „Land der Kartelle" - endgültig **verhindern**.
2. Sie stellt eine Grundnorm für die wettbewerbspolitische Beurteilung von Kartellabsprachen dar, eine Art **„Generalklausel"**, mit der die deutsche Wettbewerbspolitik „eine sichere, mittlerweile fast selbstverständlich gewordene Grundlage gewonnen" hat.
3. Sie soll auch **wettbewerbsbeschränkende Abreden** verhindern, die keine förmlichen Kartelle darstellen, diesen aber funktional gleichgestellt werden können.

Die zuletzt genannte Funktion hat der Gesetzgeber durch die Einbeziehung des Verbots abgestimmter Verhaltensweisen (§ 25 GWB) in der zweiten Kartellgesetznovelle 1973 nachdrücklich unterstrichen. Dennoch ist die Anwendung des Kartellverbotes an wichtige **Voraussetzungen** geknüpft, und es wurden zahlreiche **Ausnahmen** zugelassen. Der Kartelltatbestand muß nach § 1 GWB folgende sich gegenseitig bedingende **Voraussetzungen** erfüllen:

a) **Der Tatbestand des Kartellvertrages oder des Kartellbeschlusses.**

Diese Voraussetzung ist durch die ständige Rechtsprechung und durch die Einfügung des Verbots abgestimmter Verhaltensweisen so erweitert worden, daß heute im Prinzip „jegliche Koordination, die auf Gegenseitigkeit beruht", verboten ist. (Cox 1981, S. 258). Verboten sind auch Beschlüsse von Unternehmensvereinigungen, wenn die Mitglieder in ihren absatzpolitischen Aktionsparametern in irgend einer Weise gebunden sind.

b) **Der Vertrag zwischen Unternehmen.**

Am Vertrag oder der Vereinbarung muß mindestens ein Unternehmen beteiligt sein, und der Vertrag, der Beschluß oder die Vereinbarung muß mindestens einen Partner rechtlich oder wirtschaftlich in der Weise binden, daß er in seiner unternehmerischen Freiheit in bezug auf sein Wettbewerbsverhalten beeinträchtigt wird. Der Unternehmensbegriff wird weit ausgelegt, so daß auch öffentliche und gemeinnützige Unternehmen, Genossenschaften und freie Berufe erfaßt werden. Empfehlungen und das oligopolistische Parallelverhalten werden von den §§ 1 und 25 GWB nicht erfaßt, sind also nicht als Kartelle zu bezeichnen, weil sie die Unternehmen nicht binden. Dennoch können sie nach § 38,1 Nr. 10 und 11 und über § 22 GWB (Mißbrauchsaufsicht über marktbeherrschende Unternehmen) rechtlich erfaßt werden.

c) **Der Tatbestand der Wettbewerbsbeschränkung (Eignungsklausel)**

Die Eignungsklausel ist die zentrale Voraussetzung des § 1 GWB: Die Verträge, Beschlüsse oder Vereinbarungen müssen den Wettbewerb auf den Märkten für Waren oder gewerblichen Leistungen beschränken. Das GWB erfaßt also nur Kartelle auf Gütermärkten, nicht aber auf Faktor- oder Finanzmärkten. An der Interpretation der Eignungsklausel entzündete sich ein Theorienstreit: (Cox 1981, S. 259; Rittner 1993, S. 225 ff.)

- Die **Gegenstandstheorie** forderte, daß die Wettbewerbsbeschränkung selbst als Verpflichtung der Beteiligten Gegenstand des Vertrages oder Beschlusses sein müsse;
- die **Zwecktheorie** vertrat die Auffassung, daß die Wettbewerbsbeschränkung nur Zweck des Vertrages aber nicht Gegenstand des Vertrages selbst sein müsse;

- die **Folgetheorie** besagt, daß es weder auf den Gegenstand noch den Zweck des Vertrages ankomme, sondern auf seine wettbewerbsbeschränkenden Folgen.

  Während COX die Auffassung vertritt, die Folgetheorie sei herrschende Meinung (S. 259), ist RITTNER der Ansicht, der BGH habe sich in den letzten Jahren die **„kartellrechtlich-funktionale Theorie"** zu eigen gemacht: Voraussetzung für die Eignungsklausel ist, „daß der Vertrag Wettbewerbsverhältnisse regeln, also Verhaltensweisen der Vertragspartner in der Weise bestimmen muß, daß der Wettbewerb beschränkt wird"; allein die wettbewerbsbeschränkende Funktion des Vertrages oder Beschlusses sei für den Tatbestand des § 1 GWB wichtig. (Rittner 1993, S. 226)

Verträge, Vereinbarungen und Beschlüsse, die diese Voraussetzungen erfüllen, sind **unwirksam**; wer sich über die Unwirksamkeit hinwegsetzt, begeht nach § 38 GWB eine Ordnungswidrigkeit, die mit einem Bußgeld belegt werden kann, er begeht jedoch keine strafrechtliche Handlung.

Der Gesetzgeber hat allerdings eine Reihe von **Ausnahmen** vom Kartellverbot vorgesehen, deren Begründungen allerdings „teilweise fragwürdigen Charakter aufweisen" (Aberle 1992, S. 87). Man unterscheidet:

- **Anmeldekartelle**, die bereits wirksam werden, wenn sie bei der Kartellbehörde angemeldet worden sind: Anmeldepflichtig sind Normen- und Typenkartelle § 5,1 GWB), Leistungsbeschreibungs- und Kalkulationskartelle (§ 5,4 GWB) und die reinen Exportkartelle (§ 6,1 GWB).

- **Widerspruchskartelle**, die wirksam werden, wenn die Kartellbehörde nicht innerhalb von drei Monaten widerspricht. Widerspruchsberechtigt sind Konditionen-, Rabatt- und Spezialisierungskartelle (§§ 2, 3 und 5a GWB) und Kooperationskartelle (§ 5b GWB).

- **Erlaubniskartelle**, die nur nach ausdrücklicher Erlaubnis der Kartellbehörde wirksam werden. Erlaubnispflichtige Kartelle sind einfache und höherstufige Rationalisierungskartelle mit Preisabsprachen oder Syndikaten (§ 5 GWB), Exportkartelle (§ 6 GWB) und Importkartelle (§ 7 GWB), Strukturkrisenkartelle (§ 4 GWB) und Sonderkartelle (§ 8 GWB). Für die Genehmigung von Exportkartellen und Rationalisierungskartellen besteht ein Rechtsanspruch, für die übrigen nicht. Die Erlaubnis soll i.d.R. für einen Zeitraum von drei Jahren erteilt werden.

Einkaufskartelle kleinerer und mittlerer Unternehmen (§ 5c GWB) sind auch ohne Anmeldung wirksam, wenn durch sie der Wettbewerb auf dem Markt nicht wesentlich beeinträchtigt wird.

Nicht jedes Kartell beschränkt den Wettbewerb, und nicht jeder Kartellzweck ist der wettbewerbspolitischen Zielsetzung unbedingt unterzuordnen; man kann man folgende **Begründungen für die Legalisierung** von Kartellen unterscheiden:

- Kartelle können die Markttransparenz erhöhen. Dies ist der Fall bei Normungs- und Typenkartellen (§ 5,1 GWB), bei Kalkulations- und Leistungsbeschreibungskartellen (Angebotskartellen) (§ 5,4 GWB), bei Konditionen- und Rabattkartellen (§ 2 und § 3 GWB).
- Kartelle können zur **Verbesserung der Marktversorgung** führen. Dies ist der Fall bei Normen- und Typenkartellen, bei Spezialisierungs- und Kooperationskartellen (§ 5a und b GWB) und bei Rationalisierungskartellen (§ 5,2 und 3 GWB)
- Kartelle können zur **Gegenmachtbildung auf Auslandsmärkten** beitragen. Deswegen können Export- und Importkartelle (§ 6 und § 7 GWB) erlaubt werden.
- Kartelle können die **Existenz kleinerer und mittlerer Unternehmen** sichern und sie (gemeinsam) gegenüber größeren Unternehmen wettbewerbsfähiger machen. Deswegen sind Kooperationskartelle (§ 5b GWB) und Einkaufskartelle (§ 5c GWB), die diese Unternehmen bilden, legal.
- Kartelle können die **Anpassungsbedingungen an strukturelle Nachfrageveränderungen** verbessern. Diesem Zweck dienen das Strukturkrisenkartell (§ 4 GWB) und die Sonderkartelle (auch „Ministerkartelle") genannt (§ 8 GWB). Bei der Erlaubnis sollen auch gesamtwirtschaftliche Entwicklungen und das Gemeinwohl berücksichtigt werden. Die Förderung des Gemeinwohls und der Gesamtwirtschaft muß die Nachteile der Wettbewerbsbeschränkung überwiegen.

Der weitgehenden Legalisierung von Kartellen durch den Gesetzgeber muß man, auch wenn die Begründungen einzeln betrachtet durchaus überzeugen könnten, sehr skeptisch gegenüberstehen. Nicht nur die Tatsache, daß jedes legale Kartell auch zur Wettbewerbsbeschränkung mißbraucht werden kann, daß es den Leistungsdruck des Wettbewerbs vermindert, und manches die Durchsetzung des technischen Fortschritts eher behindert. Es besteht darüber hinaus die Gefahr, daß die Praxis der Einzelfallgenehmigung zu einem permanenten wettbewerbspolitischen Interventionismus führt. Immerhin hat ABERLE (1992, S. 88 f.) ermittelt, daß vom 1. Januar 1958 bis zum 31. Dezember 1990 143 Anmeldekartelle, 568 Widerspruchskartelle und 179 Erlaubniskartelle durch die Wettbewerbsbehörden in Deutschland legalisiert worden sind. Hierunter nahmen die Kooperationskartelle mit 200 Legalisierungen die Spitzenstellung ein, immerhin wurden auch 99 Syndikate (§ 5,2 und 3 GWB) genehmigt.

5.3.2 Fusionskontrolle

Die Fusionskontrolle durch das Bundeskartellamt wurde erst mit der 2. GWB-Novelle im Jahr 1973 eingeführt; sie trägt dem Wunsch des Gesetzgebers Rechnung, den Konzentrationsprozeß der Unternehmen wettbewerbspolitisch besser kontrollieren zu können und ihn zu erschweren.

a) Das Verfahren im Überblick

Das Gesetz definiert zunächst den **Tatbestand des Zusammenschlusses** (§ 23,2 GWB). Grundsätzlich sind auch heute Zusammenschlüsse von Unternehmen erlaubt; erst von einer - gemessen am Umsatz und u.U. weiteren Merkmalen - gewissen Unternehmensgröße an sind Fusionen beim Kartellamt **anzeige- oder anmeldepflichtig** (§ 23 GWB). Großunternehmen (mit mehr als 1 Mrd. DM Jahresumsatz) müssen bereits Fusions**vorhaben** beim Kartellamt anmelden (§ 24a GWB). Das Kartellamt prüft daraufhin innerhalb einer bestimmten Frist, ob zu erwarten ist, daß durch die Fusion eine **marktbeherrschende Stellung** entsteht oder verstärkt wird (§ 24,2 GWB). Zur Prüfung dieser Erwartung greift das Gesetz auf den § 22 GWB, in dem der Tatbestand der Marktbeherrschung definiert wird, zurück; die dort aufgeführten „Vermutungstatbestände“ gelten auch für die Fusionskontrolle, darüber hinaus wurden mit dem § 23a GWB weitere Vermutungstatbestände speziell für die Fusionskontrolle eingeführt.

Führt die Prüfung zu dem Ergebnis, daß eine marktbeherrschende Stellung entsteht oder verstärkt wird, kann das Kartellamt die **Fusion untersagen** (§ 24,2 GWB), es sei denn, die beteiligten Unternehmen können nachweisen, daß durch den Zusammenschluß Verbesserungen der Wettbewerbsbedingungen eintreten, und daß diese die Nachteile der Marktbeherrschung überwiegen (**Toleranzklausel** § 24,1 GWB). Gelingt dieser Nachweis nicht, ist der Zusammenschluß zu untersagen, ein bereits vollzogener Zusammenschluß ist aufzulösen (§ 24,2 GWB).

Die betroffenen Unternehmen haben nun noch die Möglichkeit, beim Bundesminister für Wirtschaft einen Antrag auf **Erlaubnis** zu stellen. Wenn im Einzelfall die Wettbewerbsbeschränkungen von gesamtwirtschaftlichen Vorteilen aufgewogen werden oder die Fusion durch ein überragendes Interesse der Allgemeinheit gerechtfertigt erscheint, kann die sog. **Ministererlaubnis** erteilt werden (§ 24,3 GWB). Im übrigen steht den Unternehmen gegen eine Untersagungsverfügung des Kartellamts der ordentliche **Rechtsweg** bis zum Bundesgerichtshof offen. (Vgl. Abb. 5-5 und 5-4)

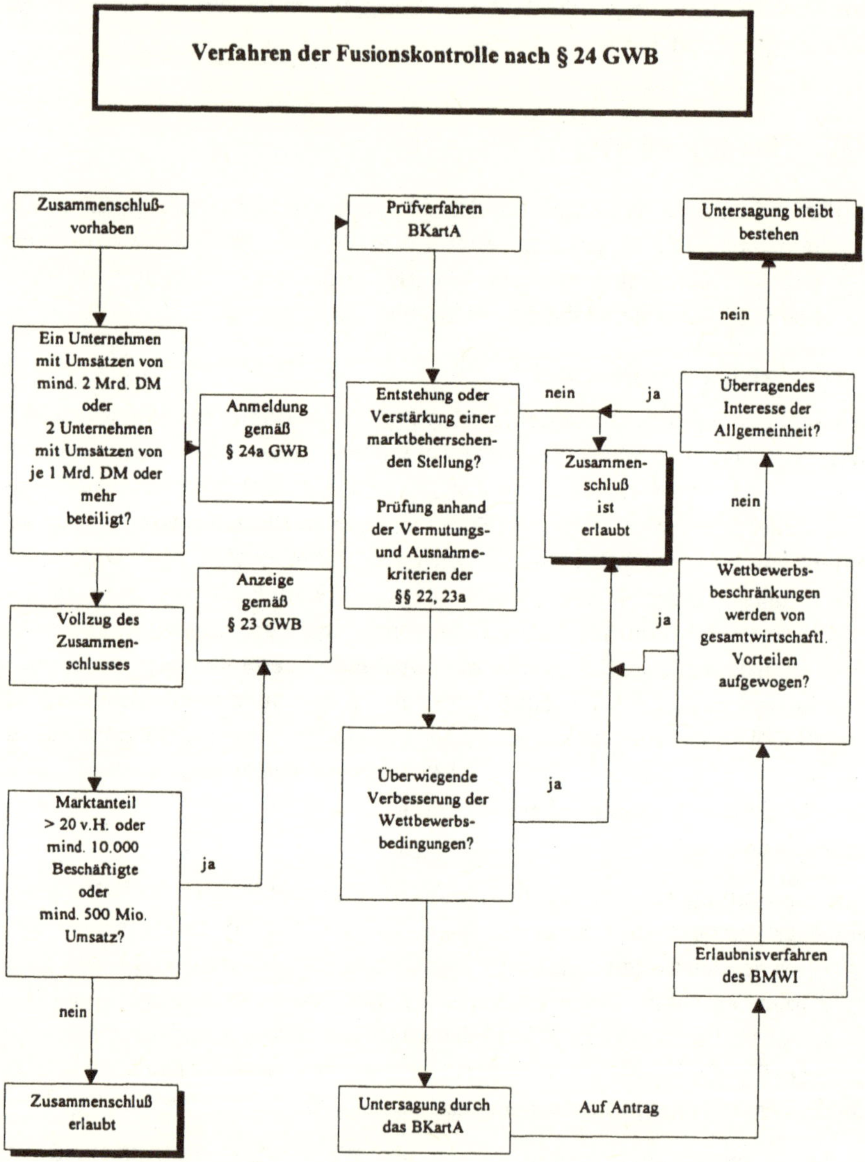

Abb. 5-5: Das Fusionskontrollverfahren nach dem GWB

b) Tatbestand des Zusammenschlusses

Obwohl sich in der wissenschaftlichen Literatur, aber auch umgangssprachlich der Begriff „Fusion“ weitgehend durchgesetzt hat, verwendet das GWB den Begriff „Zusammenschluß“, vermutlich, weil dieser Terminus weitere Tatbestände als nur die „Verschmelzung" (Fusion) von Unternehmen umfaßt. Als **Zusammenschluß** nennt das Gesetz vier Tatbestände (§ 23,3 Nr. 1 - 4), einen allgemeinen Auffangtatbestand (§ 23,2 Nr. 5) und nach der 5. GWB-Novelle einen zusätzlichen Auffangtatbestand (§ 23,2 Nr. 6). Danach gelten als Zusammenschluß nicht nur der vollständige Vermögenserwerb oder die vollständige Beherrschung eines Unternehmens durch ein oder mehrere andere Unternehmen, sondern auch

1. der **Erwerb** eines wesentlichen Teils **des Vermögens** des anderen Unternehmens;
2. der **Anteilserwerb**, sofern 25 bzw. 50 Prozent des Kapitals bzw. der Stimmrechte oder eine Mehrheitsbeteiligung i.S.d. § 16,1 AktG erreicht werden;
3. **Unternehmensverträge**, durch die ein Konzern gebildet oder erweitert wird, auch Geschäftsführungs-, Gewinnabführungs- und Betriebspacht- und Betriebsüberlassungsverträge;
4. **Personengleichheit** von mindestens der Hälfte der Mitglieder der Geschäftsführungs- oder Aufsichtsorgane;
5. „jede sonstige Verbindung von Unternehmen, auf Grund deren ein oder mehrere Unternehmen unmittelbar oder mittelbar einen **beherrschenden** Einfluß auf ein anderes Unternehmen ausüben können" (allgemeiner Auffangtatbestand);
6. jede Verbindung von Unternehmen, die zwar die Bedingungen der Nr. 2, 4 oder 5 nicht erfüllen, aber „unmittelbar oder mittelbar einen **wettbewerblich erheblichen Einfluß** auf ein anderes Unternehmen ausüben können" (zusätzlicher Auffangtatbestand).

Der **Auffangtatbestand** nach § 23,2 Nr. 5 GWB stellt auf den „beherrschenden Einfluß" eines Unternehmens auf ein anderes ab, der zusätzliche Auffangtatbestand nach § 23,2 Nr. 6 GWB auf den „wettbewerblich erheblichen Einfluß". Der Unterschied zwischen beiden Kriterien ist bisher noch sehr unscharf geblieben. (Rittner 1993, S. 426) Problematisch ist auch die Interpretation von unscharfen Normen wie „wesentlicher Teil des Vermögens", „beherrschender Einfluß" oder „wettbewerblich erheblicher Einfluß"; sie müssen durch die laufende Rechtsprechung präzisiert werden.

Besonders problematisch sind in diesem Zusammenhang **Gemeinschaftsunternehmen**, d.h. der Tatbestand, daß zwei oder mehrere Unternehmen, die nicht fusionieren wollen oder dürfen, ein gemeinsames Tochterunternehmen gründen. Insbesondere Großunternehmen setzen auf diese Strategie, um weiter zu expandieren. (Nagel 1981, S. 340) Bei Gemeinschaftsunternehmen besteht die Gefahr, daß die beteiligten Muttergesellschaften ihre Geschäftspolitik koordinieren, sich über Produktionspaletten und Absatzgebiete verständigen und unter sich den Wettbewerb weitgehend vermeiden.

Das Kartellamt unterscheidet zwischen **konzentrativen** und **kooperativen** Gemeinschaftsunternehmen; die konzentrativen unterliegen der Fusionskontrolle, die kooperativen dem Kartellverbot nach § 1 GWB. Sind die Tatbestände des § 23,2 Nr. 2 Satz 1 GWB erfüllt, d.h. erwerben zwei oder mehrere Unternehmen Anteile von 25 bis 50 Prozent an einem Gemeinschaftsunternehmen, so gilt dies als Zusammenschluß der sich beteiligenden Unternehmen selbst (§ 23,2 Nr. 2 Satz 2). Diese an sich klare Regelung des Gesetzgebers stellt allerdings noch keine vollständige Lösung des Problems dar, weil Gemeinschaftsunternehmen in vielfältiger Art erscheinen und wettbewerbspolitisch differenziert behandelt werden müssen. Im übrigen kommt es bei jedem Zusammenschluß darüber hinaus darauf an, ob durch ihn eine marktbeherrschende Stellung entsteht oder verstärkt wird.

c) Anzeige- und Anmeldepflicht

Einerseits hat das Kartellamt ein Interesse, über Unternehmensfusionen einen möglichst vollständigen Überblick zu gewinnen, andererseits sind Zusammenschlüsse von kleineren Unternehmen wettbewerbspolitisch kaum relevant. Deswegen wurde die Pflicht, bereits vollzogene Fusionen anzuzeigen und Fusionsvorhaben vorher anzumelden, von einer bestimmten **Unternehmensgröße** abhängig gemacht:

- Eine **vollzogene** Fusion ist dem Kartellamt **anzuzeigen**, wenn die beteiligten Unternehmen zusammen im Geschäftsjahr vor der Fusion Umsatzerlöse von mindestens 500 Mio. DM gehabt haben. Bei der Umsatzermittlung werden Auslandsumsätze und die Außenumsätze in einem Konzern verbundener Unternehmen mit berechnet, die Innenumsätze zwischen verbundenen Unternehmen bleiben außer Betracht (§ 23,1 Satz 2 GWB). Bei Handelsunternehmen werden die Umsätze nur zu 75 Prozent in Ansatz gebracht, bei Presseunternehmen mit dem Zwanzigfachen, um die Konzentration kleinerer Zeitungsverlage steuern zu können; bei Kreditinstituten und Bausparkassen liegt die Grenze bei 10 Prozent des Geschäftsvolumens, bei Versicherungsunternehmen gelten die Prämieneinnahmen.

- Ein **Fusionsvorhaben** kann beim Kartellamt **angemeldet** werden. Es muß angemeldet werden, wenn eines der beteiligten Unternehmen im letzten Geschäftsjahr mehr als 2 Mrd. DM Umsatz oder mindestens zwei der beteiligten Unternehmen jeweils mehr als 1 Mrd. Umsatz gehabt haben. Auch ein Zusammenschluß nach Landesrecht durch Gesetz oder sonstigen Hoheitsakt (z.B. die Fusion von Sparkassen) muß vorher angemeldet werden (§ 24a GWB). Die Anmeldung einer geplanten Fusion liegt auch im Interesse der beteiligten Unternehmen, weil sie auf diese Weise schon vor der Fusion die Entscheidung des Kartellamtes herbeiführen können.

Grundsätzlich sind alle am Zusammenschluß beteiligten Unternehmen bzw. deren Inhaber oder Mitinhaber verpflichtet, eine Fusion anzuzeigen oder ein Fusionsvorhaben anzumelden. Die Anzeige bzw. Anmeldung muß u.a. detaillierte Auskunft über die Größenkriterien und über die Höhe der Beteiligungen geben (§ 23,5 GWB). Erst nachdem die Anzeige vollständig vorliegt, beginnt die Jahresfrist, innerhalb derer das Kartellamt eine Fusion untersagen darf (§ 24,2 Satz 2 GWB). Schon aus diesem Grund haben die beteiligten Unternehmen i.d.R. ein Interesse, die Anzeigepflicht vollständig zu erfüllen.

d) Der Tatbestand der marktbeherrschenden Stellung

Grundsätzlich sind nach dem GWB auch Fusionen von Großunternehmen erlaubt. Entscheidend ist die **Erwartung**, daß durch den Zusammenschluß von Unternehmen „eine marktbeherrschende Stellung entsteht oder verstärkt wird" (§ 24,1 GWB). Diese Erwartung unterstellt das Kartellgesetz von vornherein nicht bei Fusionen von kleinen und mittleren Unternehmen, bei Anschlußfusionen und bei Fusionen auf sog. Bagatellmärkten (§ 24,8 GWB). Die Fusionskontrolle soll sich ausschließlich auf die wettbewerbsrelevanten Fälle konzentrieren, an denen Großunternehmen beteiligt sind, oder wenn die Fusionen auf bedeutsamen Märkten stattfinden. Eine marktbeherrschende Stellung entsteht **nicht** oder wird **nicht** verstärkt,

- wenn die an der Fusion beteiligten Unternehmen im letzten Geschäftsjahr zusammen einen **Umsatz** von weniger als 500 Mio. DM Umsatz hatten (§ 24,8 Nr. 1);
- wenn sich ein kleineres nicht abhängiges Unternehmen mit maximal 50 Mio. DM mit einem Unternehmen zusammenschließt, ohne direkt dazu gezwungen zu sein (sog. **Anschlußfusion**, § 24,8 Ziff. 2). Dies gilt jedoch nicht, wenn ein Kleinunternehmen mit mindestens 4 Mio. DM Umsatz mit einem Umsatzmilliardär fusioniert, um das Eindringen von Großunternehmen in mittelständische Märkte zu verhindern;
- wenn Fusionen auf Märkten stattfinden, die seit mindestens fünf Jahren bestehen und auf denen weniger als 10 Mio. DM Umsatz erzielt worden sind.

In allen anderen Fällen muß das Kartellamt prüfen, ob die Fusion zu untersagen ist. Die Kriterien für den Tatbestand der marktbeherrschenden Stellung gelten sowohl für die Fusionskontrolle als auch für die Mißbrauchsaufsicht (vgl. Abschnitt 5.3.3), allerdings mit einem wesentlichen Unterschied: Bei der Mißbrauchsaufsicht untersucht das Kartellamt das **bisherige Marktverhalten** des betreffenden Unternehmens, bei der Fusionskontrolle muß eine **Prognose** über die künftige Veränderung der Marktstruktur abgegeben werden; dies ist juristisch ungleich schwieriger.

Für das Entstehen oder die Verstärkung einer marktbeherrschenden Stellung definiert das GWB drei Möglichkeiten, die es an den Kriterien festmacht, ob das fusionierte Unternehmen in Zukunft noch „wesentlichem Wettbewerb ausgesetzt" ist. (Prozeßansatz) oder ob es „eine im Vergleich zu seinen Wettbewerbern überragende Marktstellung" erreicht (Strukturansatz). Einc **marktbeherrschende Stellung** liegt demnach vor (§ 22,1 Ziff. 1 u. 2 GWB),

1. wenn ein Unternehmen als Anbieter oder Nachfrager einer bestimmten Art von Waren oder gewerblichen Leistungen, d.h. auf einem relevanten Markt **ohne Wettbewerber ist oder keinem wesentlichen Wettbewerb ausgesetzt** ist (Monopol oder Quasimonopol);

2. wenn das Unternehmen auf dem relevanten Markt eine im Vergleich zu seinen Wettbewerbern **überragende Marktstellung** erlangt. Um dies zu beurteilen, werden der Marktanteil, die Finanzkraft, die Zugangsmöglichkeiten zu den Absatz- und Beschaffungsmärkten, Verflechtungen mit anderen Unternehmen, Marktzutrittsschranken für andere Unternehmen, die Umstellungsflexibilität und die Nachfragebeweglichkeit als Kriterien herangezogen; es genügt, daß ein Kriterium erfüllt ist, um die überragende Marktstellung nachzuweisen;

3. wenn zwischen zwei oder mehreren Wettbewerbern auf dem relevanten Markt kein wesentlicher Wettbewerb mehr besteht oder diese eine überragende Marktstellung besitzen.

Das Kartellamt muß nun detaillierte Erkenntnisse ermitteln, die für oder gegen die Erwartung der Marktbeherrschung sprechen, und sie gegeneinander abwägen. Selbstverständlich können die beteiligten Unternehmen Gegenargumente anführen, die in die Untersuchung einbezogen werden.

Als besonders schwierig hat sich in diesem Zusammenhang die **Abgrenzung des relevanten Marktes** herausgestellt, denn die Marktbeherrschung muß nach § 22,1 GWB auf einem konkreten Markt bestehen („als Anbieter oder Nachfrager einer bestimmten Art von Waren oder gewerblichen Leistungen"). Märkte können nach sachlichen (d.h. nach dem Marktobjekt und seinen Substitutionsmöglichkeiten), nach räumlichen (z.B. die Bundesrepublik Deutschland) oder nach zeitlichen (z.B. die Dauer einer Messe) abgegrenzt werden. Am häufigsten wird das sachliche **Bedarfsmarktkonzept** herangezogen, d.h. die Märkte werden nach dem Marktobjekt und seinen Substitutionsmöglichkeiten abgegrenzt.

Da das „Fehlen wesentlichen Wettbewerbs" auf einem relevanten Markt in der Praxis nur sehr selten nachzuweisen ist, wurde mit der 2. Kartellgesetznovelle 1973 ein neues Kriterium, die **„überragende Marktstellung"**, in das Gesetz eingefügt (§ 22,1 Ziff. 2 GWB). Dieser Tatbestand bezieht sich nicht mehr auf bestimmte Märkte und Wettbewerbsverhältnisse, sondern auf ein oder mehrere bestimmte Unternehmen. Hierdurch kann eine marktbeherrschende Stellung auch für Unternehmen mit einem breiten Sortiment und vertikalen Verflechtungen mit Hilfe der Kriterien Finanzmacht, Ressourcen, Marktzugang, Umstellungsflexibilität oder Nachfragebeweglichkeit nachgewiesen werden. Diese verschiedenen Ansätze bei der Definition der Marktbeherrschung führen dazu, daß es u.U. „marktbeherrschende Unternehmen" gibt, „die möglicherweise auf keinem Markt eine marktbeherrschende Stellung besitzen, wegen ihrer relativen Größe aber schlechthin" der Fusionskontrolle und der Mißbrauchsaufsicht unterworfen sind. (Rittner 1993, S. 373)

Kann die Frage der Marktbeherrschung auch nach Abwägung aller relevanten Einzelheiten nicht eindeutig geklärt werden, können die sog. „**Vermutungstatbestände**" weiterhelfen. Für die Fusionskontrolle und die Mißbrauchsaufsicht gemeinsam gelten die drei allgemeinen Vermutungstatbestände der Marktbeherrschung nach § 22, 3 GWB; mit der Kartellgesetznovelle von 1980 wurden für vertikale und konglomerate Zusammenschlüsse noch drei weitere spezielle Vermutungstatbestände eingeführt (§ 23a GWB). Die **allgemeinen** Vermutungstatbestände beziehen sich auf einen dominierenden Marktanteil bzw. auf marktbeherrschende (enge) Oligopole. Es wird vermutet, daß

- ein Unternehmen marktbeherrschend ist, wenn es einen Marktanteil von mindestens 33 Prozent und mehr als 250 Mio. DM Umsatz hatte;
- drei oder weniger Unternehmen zusammen einen Marktanteil von 50 Prozent und jedes mehr als 100 Mio. DM Umsatz hatten oder
- fünf oder weniger Unternehmen zusammen einen Marktanteil von 66 Prozent und jedes mehr als 100 Mio. DM Umsatz hatten.

Die **speziellen** Vermutungstatbestände für die Fusionskontrolle umfassen folgende Fälle:

- Fusionen von Großunternehmen mit zusammen mehr als 12 Mrd. DM Umsatz, von denen mindestens zwei beteiligte Unternehmen jeweils mehr als 1 Mrd. DM Umsatz hatten;
- Fusionen von Großunternehmen mit mehr als 2 Mrd. DM Umsatz mit einem anderen Unternehmen, das auf einem mittelständisch strukturierten Markt tätig ist, auf dem kleinere und mittlere Unternehmen einen Marktanteil von mindestens 66 Prozent haben, und die an der Fusion beteiligten Unternehmen zusammen mindestens einen Marktanteil von 5 Prozent erreichen;
- Fusionen von Großunternehmen mit mehr als 2 Mrd. DM Umsatz mit einem Unternehmen, das auf dem relevanten oder anderen Märkten bereits marktbeherrschend ist.

Die Vermutungstatbestände sind allerdings sowohl für die Fusionskontrolle als auch für die Mißbrauchsaufsicht nur bedingt hilfreich, denn ihre Kriterien gelten nicht - wie im Zivilrecht - bis zum Beweis des Gegenteils per se. In diesem Fall hätten die betroffenen Unternehmen die Beweislast. Die Vermutungstatbestände sind lediglich als zusätzliche **Aufgreiftatbestände** zu betrachten, durch die das Kartellamt zur Einleitung eines Verfahrens veranlaßt werden soll. (Nagel 1981, S. 347) In der Praxis haben sie kaum Bedeutung erlangt, weil selbst bei Erfüllung der Vermutungstatbestände Kartellamt und Gerichte nicht davon befreit werden, alle zum Nachweis der marktbeherrschenden Stellung erforderlichen Gründe zu ermitteln und im Rahmen einer Gesamtbetrachtung zu würdigen. (Rittner 1993, S. 377 u. 461) An der Beweislast des Kartellamts bzw. der Beschwerdegerichte gibt es keine Zweifel (§ 69,1 GWB).

e) Ausnahmen

Während des Fusionskontrollverfahrens können die Unternehmen oder eine Gesamtheit von Unternehmen nachweisen, daß sie auch in einem engen Oligopol wesentlichem Wettbewerb ausgesetzt sind und/oder daß sie keine überragende Marktstellung innehaben (§ 23a, 2 GWB). Gelingt ihnen dies nicht, bleibt ihnen noch die Möglichkeit, nach § 24,1 GWB darzulegen, daß durch den Zusammenschluß auch **Verbesserungen der Wettbewerbsbedingungen** eintreten und diese die Nachteile der Marktbeherrschung überwiegen (**Abwägungsklausel**). Die Vorteile dürfen sich allerdings nur auf die Wettbewerbsbedingungen auf dem relevanten Markt beziehen, nicht z.B. auf die Sicherung der Beschäftigung von Arbeitnehmern, auf regionalpolitische Aspekte oder internationale Märkte. Die Wettbewerbsbedingungen können sich durch eine Fusion verbessern, wenn beispielsweise leistungsfähigere Betriebseinheiten geschaffen werden, wenn Anbieter sich gegenüber marktmächtigen Konkurrenten verstärken und wenn dadurch ein Marktmachtgegengewicht geschaffen werden kann.

Während des Fusionskontrollverfahrens können sich die beteiligten Unternehmen und das Kartellamt im Vorfeld durch Verhandlungen auch auf bestimmte **Auflagen und Beschränkungen** einigen, unter denen dann eine Fusion erlaubt würde. Die Fusion zwischen der Karstadt AG und Neckermann AG wurde z.B. nur nach der Ausklammerung des Touristikunternehmens NUR erlaubt.

Schließlich haben die betroffenen Unternehmen noch die Möglichkeit, nach einer negativen Entscheidung durch das Kartellamt die sog. **Ministererlaubnis** zu beantragen (§ 24,3 GWB). Hierdurch wird dem rechtsstaatlichen Verfahren ein **politisches** Entscheidungsverfahren aufgesetzt, das dem Bundeswirtschaftsminister einen großen Ermessensspielraum gewährt, eine sehr umstrittene Gesetzesnorm. Der Bundeswirtschaftsminister kann auf Antrag eine Fusion, die das Kartellamt aus objektiven Gründen nach dem GWB untersagen würde, im Einzelfall genehmigen, wenn

- die Wettbewerbsbeschränkung von **gesamtwirtschaftlichen** Vorteilen aufgewogen wird, oder
- die Fusion durch ein überragendes **Interesse der Allgemeinheit** gerechtfertigt wird, solange die **marktwirtschaftliche Ordnung** nicht gefährdet wird.

Die Erlaubnis kann mit Auflagen und Beschränkungen verbunden werden, deren Einhaltung allerdings durch eine spätere Verhaltenskontrolle nicht überprüft werden darf, sondern nur der allgemeinen Mißbrauchsaufsicht unterliegt (§ 24,3 GWB). Die wichtigsten **gesamtwirtschaftlichen** Motive für eine Ministererlaubnis waren in der Vergangenheit die Sicherung von Arbeitsplätzen und die Stärkung der Wettbewerbsfähigkeit auf Auslandsmärkten. (Zur Problematik der Ministererlaubnis: Bartram 1979, S. 372 ff.) Die Monopolkommission muß vor der Entscheidung des Ministers eine gutachterliche Stellungnahme abgeben, die den politischen Ermessensspielraum des Ministers sicher einschränkt, über die er sich aber letztlich auch hinwegsetzen kann.

NAGEL (1981, S. 352) befürchtete, daß mit der Ministererlaubnis die Fusionskontrolle „nahezu beliebig überspielt" werden könne. Daß dies bis heute nicht der Fall war, zeigt die Praxis: Seit Einführung der Fusionskontrolle im Jahr 1973 wurden bis Ende 1991 nahezu 16.000 Fusionskontrollverfahren durchgeführt. In etwa 200 Fällen hat das Bundeskartellamt die Unternehmen im Vorfeld überzeugen können, daß die Fusion nicht erlaubt würde, sie haben die Fusionsabsichten nicht weiter verfolgt. In insgesamt 98 Fällen sind förmliche Untersagungsentscheidungen ergangen, von denen allerdings nur die Hälfte rechtskräftig geworden ist. Im gleichen Zeitraum wurden 15 Anträge auf Ministererlaubnis gestellt; davon wurden fünf z.T. mit Auflagen erteilt, fünf wurden abgelehnt und fünf wurden von den Unternehmen zurückgezogen. Die bekanntesten Fälle, in denen der Minister die Fusion erlaubt hat, sind die Fusionen von VEBA/BP (1979), von IHB/WIBAU (1981) und von Daimler Benz/MBB im Jahr 1989. (Bundesministerium für Wirtschaft 1992, S. 2 ff.)

f) Rechtsfolgen einer Untersagung

Liegen die Voraussetzungen des § 24,1 GWB vor, kann das Kartellamt den Unternehmenszusammenschluß untersagen. Die betroffenen Unternehmen können nun den ordentlichen Gerichtsweg einschlagen. Nachdem die Untersagung endgültig rechtskräftig geworden ist, darf ein Fusions**vorhaben** nicht mehr vollzogen werden, niemand darf am Vollzug weiter mitwirken.

Ein bereits **vollzogener** Zusammenschluß muß aufgelöst werden, jedoch ist eine Entflechtung von Unternehmen u.U. problematisch, wenn das fusionierte Unternehmen bereits eine Zeitlang gearbeitet hat und der ursprüngliche Zustand nicht mehr hergestellt werden kann. Deswegen kann die Auflösung nach § 24,6 GWB auch darin bestehen, daß das Bundeskartellamt Maßnahmen anordnet, durch die unter Wahrung der Belange Dritter mit dem geringsten Aufwand und der geringsten Belastung die Wettbewerbsbeschränkung wieder bescitigt wird.

Um die Untersagungsanordnung durchzusetzen, stehen dem Kartellamt nach § 24,7 GWB verschiedene Mittel zur Verfügung, die von der Festsetzung eines Zwangsgeldes bis zum Einsetzen eines Treuhänders bestehen. Verstöße gegen eine rechtskräftige Anordnung werden als Ordnungswidrigkeit nach § 38 GWB geahndet.

5.3.3 Mißbrauchsaufsicht über marktbeherrschende Unternehmen

Ziel der Mißbrauchsaufsicht ist es, Vorteile, die sich marktbeherrschende Unternehmen auf Kosten ihrer Abnehmer, Lieferanten oder Wettbewerber verschaffen können, wettbewerbspolitisch zu verhindern. In diesem Zusammenhang entstehen zwei gesetzestechnisch und wettbewerbspolitisch schwierige **Probleme**: erstens die Definition der Marktbeherrschung und zweitens der Nachweis des Marktmachtmißbrauchs.

a) Tatbestand der Marktbeherrschung

Die Definition der Marktbeherrschung entspricht den allgemeinen Kriterien und Vermutungstatbeständen, die auch für die Fusionskontrolle gelten (s. oben); danach ist ein Unternehmen marktbeherrschend, wenn es ohne Wettbewerber ist oder keinem wesentlichen Wettbewerb ausgesetzt ist oder eine im Verhältnis zu seinen Wettbewerbern überragende Marktstellung hat (§ 22,1 GWB) Die wettbewerbspolitische Problematik des Nachweises der Marktbeherrschung wurde bereits erörtert. Noch problematischer ist der Nachweis des **Mißbrauchs** von Marktmacht marktbeherrschender Unternehmen.

b) Tatbestand des mißbräuchlichen Verhaltens

Schon in der ursprünglichen Fassung des GWB von 1957 war eine Mißbrauchsaufsicht über Monopole und Unternehmen mit monopolähnlichen Marktstellungen vorgesehen. Gemäß des neoliberalen Leitbildes der vollständigen Konkurrenz sollten das Marktverhalten dieser Unternehmen der besonderen Kontrolle des Staates unterliegen. Das Ziel der Wettbewerbspolitik war es, auch auf monopolistisch strukturierten Märkten die Wirkungen des freien Wettbewerbs gleichsam gesetzlich zu erzwingen. Nach dem ursprünglichen Ansatz der Wettbewerbspolitik mußte das Kartellamt den Nachweis führen, „daß die Preise oder Geschäftsbedingungen erheblich von dem Stand abweichen, der bei wirksamem Wettbewerb bestehen würde, und daß für diesen Unterschied eine sachliche Rechtfertigung nicht vorhanden ist". (Berg 1992, S. 283) Dieser Nachweis konnte nur mit Hilfe des theoretisch umstrittenen „Als-ob-Markt-Konzepts" erbracht werden, d.h. das Kartellamt hätte die Preise und Geschäftsbedingungen für einen fiktiven Wettbewerbsmarkt hypothetisch ermitteln und nachweisen müssen, daß negative Abweichungen sachlich nicht gerechtfertigt sind.

Im Laufe der Entwicklung stellte sich heraus, daß einerseits die Beschränkung der Mißbrauchsaufsicht auf den Preis- und Konditionenmißbrauch zu eng war, und daß andererseits die neoliberale Dichotomie von Monopol und vollständiger Konkurrenz den dynamischen Wettbewerbsprozeß von Aktion und Reaktion gefährden konnte, weil sie in letzter Konsequenz zu viele Eingriffe des Staates in den Wettbewerbsprozeß erforderte. Die Wettbewerbspolitik konzentrierte sich nach der zweiten Kartellgesetznovelle 1973 auf die **Kontrolle des Marktverhaltens** marktbeherrschender Unternehmen.

Die theoretische Unterscheidung von Anbieter- und Nachfragermacht und von Behinderungs- und Ausbeutungsmißbrauch ist im GWB nur schwer nachzuvollziehen. Bei der Beurteilung des Marktmachtmißbrauchs müssen die Bestimmungen des § 22,4 - 6 GWB (Mißbrauchsaufsicht) und des § 26,2 - 4 GWB (Behinderungs- und Diskriminierungsverbot) als Einheit betrachtet werden. § 22,4 - 6 GWB enthält die **allgemeinen Normen**: Die Kartellbehörde kann marktbeherrschenden Unternehmen ein mißbräuchliches Ausnutzen ihrer Marktmacht untersagen und Verträge für unwirksam erklären (§ 22,4 u. 5 GWB).

Darüber hinaus wurden mit der vierten Kartellgesetznovelle 1980 die Tatbestände für den Mißbrauch von Marktmacht im § 22,4 GWB durch drei Beispiele nicht nur näher erläutert, sondern auch erweitert: Ein marktbeherrschendes Unternehmen mißbraucht demnach seine Marktmacht „als **Anbieter** oder **Nachfrager** einer bestimmten Art von Waren oder gewerblichen Leistungen",

- wenn es die **Wettbewerbsmöglichkeiten** anderer Unternehmen „in einer für den Wettbewerb auf dem Markt erheblichen Weise ohne sachlich gerechtfertigten Grund **beeinträchtigt**" (Behinderungsmißbrauch);
- wenn es Entgelte oder sonstige Geschäftsbedingungen fordert, die von denjenigen abweichen, die sich bei wirksamem Wettbewerb mit hoher Wahrscheinlichkeit ergeben würden (Ausbeutungsmißbrauch als Preis- und Konditionenmißbrauch);
- wenn es ungünstigere Entgelte oder Geschäftsbedingungen fordert, als sie das marktbeherrschende Unternehmen selbst auf vergleichbaren Märkten von

gleichartigen Abnehmern fordert (Ausbeutungsmißbrauch als Preis- und Konditionendifferenzierung).

Das Behinderungs- und Diskriminierungsverbot des § 26, 2 u. 3 GWB richtet sich ebenfalls gegen marktbeherrschende Unternehmen und Vereinigungen von Unternehmen:

- Sie dürfen ein anderes Unternehmen „in einem Geschäftsverkehr, der gleichartigen Unternehmen üblicherweise zugänglich ist, weder unmittelbar noch mittelbar unbillig **behindern** oder gegenüber gleichartigen Unternehmen ... **unterschiedlich behandeln**". (Behinderungsmißbrauch gegenüber Wettbewerbern, Ausbeutungsmißbrauch gegenüber Lieferanten und Abnehmern);
- sie dürfen ihre Marktstellung auch nicht dazu ausnutzen, von anderen Unternehmen **Vorzugsbedingungen** zu fordern (Ausbeutungsmißbrauch gegenüber Lieferanten und Abnehmern).

Außerdem werden **mittelständisch strukturierte Märkte** noch einmal besonders vor dem Marktmachtmißbrauch größerer Unternehmen geschützt: „Unternehmen mit gegenüber kleinen und mittleren Wettbewerbern überlegener Marktmacht dürfen ihre Marktmacht nicht dazu ausnutzen, solche Wettbewerber unmittelbar oder mittelbar unbillig zu behindern" (§ 26,4 GWB). Diese Vorschrift wurde nötig, um die Verdrängung von kleinen und mittleren Handelsunternehmen durch Großunternehmen zu verhindern, wobei der Tatbestand der Marktbeherrschung nicht vorausgesetzt wird.

c) Probleme

Die Mißbrauchsaufsicht über marktbeherrschende Unternehmen hat in der Bundesrepublik Deutschland bisher **keine wesentliche wettbewerbspolitische Bedeutung** erlangt. Dies mag daran liegen, daß die Beweisführung durch die Kartellbehörden ungeheuer schwierig ist, und die Rechtsprechung bisher noch keine objektiven Normen entwickelt hat. Die Verfügungen zu den beiden spektakulärsten Fällen von Preismißbrauch wurden vom BGH aus unterschiedlichen Gründen beanstandet: Der Fall „Vitamin B 12" scheiterte bereits am Nachweis der marktbeherrschenden Stellung; im Fall „Valium", der sich von 1973 bis 1980 hingezogen hat, hat der BGH die Ermittlung des wettbewerblichen Referenzpreises nicht anerkannt. Der BGH verlangt z.B. im Falle des Preismißbrauchs nicht nur eine „erhebliche Überschreitung des wettbewerbsanalogen Preises", sondern darüber hinaus muß der geforderte Preis „ungerechtfertigt" und „nur auf Grund der marktbeherrschenden Stellung durchsetzbar" sein. (Rittner 1993, S. 398)

Die Ermittlung der **wettbewerblichen Referenzsituation**, durch die das Ausmaß des Mißbrauchs in den Mißbrauchsverfahren nachgewiesen werden muß, ist besonders problematisch. Die möglichen Methoden führen zu unsicheren Ergebnissen: Das „Als-ob-Markt-Konzept“ ist theoretisch umstritten und empirisch nicht durchführbar; das Konzept des räumlichen, zeitlichen oder sachlichen „Vergleichsmarkt“ hat bisher nur in wenigen Fällen vor den Beschwerdegerichten standgehalten.

Darüber hinaus enthalten die gesetzlichen Vorschriften eine Fülle von **interpretationsbedürftigen Normen**: Was bedeuten im § 22,4 GWB folgende Kriterien für die Beweisführung des Behinderungs- bzw. Ausbeutungsmißbrauchs:

- „... in einer für den Wettbewerb **auf dem Markt erheblichen** Weise **ohne sachlich gerechtfertigten** Grund“?
- „Entgelte ..., die von denjenigen abweichen, die sich bei **wirksamem** Wettbewerb mit **hoher** Wahrscheinlichkeit ergeben würden“?

Und folgende Kriterien im § 26, 2 - 4 GWB:

- „... weder unmittelbar noch mittelbar **unbillig** behindern“?
- „ ... **ausreichende** und **zumutbare** Möglichkeiten, auf **andere Märkte** auszuweichen“?

Ein weiteres Problem ist auch in diesem Zusammenhang wieder die Frage, wann die Grenze zwischen scharfem Wettbewerb und positiven Marktergebnissen auf der einen Seite und Mißbrauch der Marktmacht auf der anderen Seite überschritten ist. Setzt ein großes Handelsunternehmen (z.B. ALDI) mit Hilfe seiner Nachfragermacht gegenüber seinen Lieferanten günstige Einkaufskonditionen durch, kann es auf der Angebotsseite seine Wettbewerbsposition verbessern, und gleichzeitig können die Konsumenten zu günstigeren Preisen einkaufen; gleichzeitig kann die Existenz vornehmlich kleiner und mittlerer Unternehmen bedroht sein.

Die wettbewerbspolitische Praxis steht vor großen Schwierigkeiten, marktbeherrschenden Unternehmen den Mißbrauch der Marktmacht nachzuweisen. Oft werden Fälle insbesondere von Mißbrauch der Nachfragermacht überhaupt nicht bekannt, weil die Betroffenen aus Angst, Aufträge an die Konkurrenz zu verlieren, schweigen. Dennoch darf man die **Vorfeldwirkung** des § 22 GWB nicht unterschätzen. Besonders die Vermutungstatbestände führen zu einer dauernden Präsenz des Bundeskartellamts gegenüber potentiell marktbeherrschenden Unternehmen, die mögliche Reaktionen des Kartellamtes durchaus in ihre Überlegungen einbeziehen. Auch, um dem Mißbrauch von Marktmacht großer Unternehmen besser entgegentreten zu können, hat der Gesetzgeber Kooperationserleichterungen für kleine und mittlere Unternehmen eingeführt.

5.3.4 Kooperationserleichterungen für kleine und mittlere Unternehmen

Mit dem Wechsel der Wettbewerbspolitik vom neoliberalen Leitbild der vollständigen Konkurrenz zum Leitbild der optimalen Wettbewerbsintensität durch die zweite Kartellgesetznovelle 1973 wurden auch die Möglichkeiten der Kooperation von kleinen und mittleren Unternehmen erweitert. Der **Kooperationsgedanke** wurde allerdings schon vorher verfolgt: Bereits im Jahr 1963 hatte das Bundeswirtschaftsministerium eine erste „Kooperationsfibel" veröffentlicht. Aber mit dem Leitbildwechsel konnte auch die wettbewerbspolitische Nützlichkeit von Kooperationserleichterungen theoretisch begründet werden: Durch Kooperationen können auch kleine und mittlere Unternehmen gegenüber größeren Konkurrenten im weiten Oligopol leistungsfähiger werden und gegenüber ihrer Marktmacht ein Gegengewicht bilden, so daß die Wettbewerbsintensität sich potentiell erhöht.

a) Begriff der Kooperation

Kooperation muß begrifflich deutlich von den wettbewerbsbeschränkenden Formen der Konzentration und des Kartells abgegrenzt werden. Unter **Kooperation** versteht man bestimmte Formen der zwischenbetrieblichen Zusammenarbeit in horizontaler oder vertikaler Richtung zwischen selbständig bleibenden kleineren oder mittleren Unternehmen in bezug auf eine oder mehrere unternehmerische Funktionen. Die Kooperationserleichterungen erlaubt § 5b GWB unter zwei Bedingungen:

1. Die Kooperation muß die **Leistungsfähigkeit** von kleineren und mittleren Unternehmen fördern, und
2. der **Wettbewerb** darf dadurch nicht wesentlich beeinträchtigt werden.

Kooperation unterscheidet sich von Konzentration im wesentlichen dadurch, daß nicht alle unternehmerischen Funktionen gleichzeitig unter eine einheitliche Leitung gestellt werden und die Unternehmen nicht ihre wirtschaftliche und rechtliche Selbständigkeit aufgeben. Ein verbotenes oder erlaubnispflichtiges Kartell unterscheidet sich von der Kooperation vor allem durch seine überwiegend wettbewerbsbeschränkenden Wirkungen und durch das Argument, daß beim Kartell das Ziel der wettbewerblichen Leistungsfähigkeit nicht im Vordergrund steht.

b) Definition von kleinen und mittleren Unternehmen

Das GWB definiert im Zusammenhang mit den Kooperationserleichterungen keine **absoluten** Größenangaben für Umsatz, Marktanteil oder Beschäftigtenzahl für die Grenze zwischen kleinen, mittleren und großen Unternehmen. Die Grenze wird vielmehr innerhalb einer Branche bzw. eines Marktes relativ bestimmt: Ein Unternehmen mit z.B. 100 Mio. DM Jahresumsatz kann auf einem Markt, auf dem mehrere Umsatzmilliardäre aktiv sind, als ein mittleres Unternehmen gelten, wenn es jedoch auf einem Markt tätig ist, auf dem alle Konkurrenten deutlich weniger Umsatz haben, würde es als großes Unternehmen behandelt. Zusätzlich wird die „Mittelstandsklausel" in § 24,8 Nr. 2 GWB so interpretiert, daß Unternehmen mit maximal 50 Mio. DM auf keinen Fall als Großunternehmen behandelt werden.

c) Kooperationsformen und Kooperationsfelder

Die Kooperationsformen und -felder sind in der Realität sehr vielschichtig. Die vom Bundeswirtschaftsministerium herausgegebene Kooperationsfibel (Bundesministerium für Wirtschaft 1976), die kleinen und mittleren Unternehmen verschiedene Kooperationsmöglichkeiten aufzeigt, unterscheidet folgende **Kooperationsfelder**:

1. Zusammenarbeit bei der **Beschaffung und Auswertung von Informationen:** Erfahrungs- und Meinungsaustausch, Marktinformationsverfahren, gemeinschaftliche Marktforschung und Markterkundung, Konjunktur- und Strukturanalysen, Betriebs- und Branchenvergleiche, Kalkulationsschemata und -schulung, gemeinschaftliche Betriebsberatung;
2. Zusammenarbeit beim **Einkauf**: Einkaufsgenossenschaften, Einkaufsgemeinschaften, Einkaufskontore, gemeinschaftliche Beschäftigung von Einkäufern;
3. Zusammenarbeit bei der **Produktion**: gemeinschaftliche Forschung und Entwicklung, Vereinbarungen über einheitliche Anwendung von Typen und Normen, gemeinschaftliche Benutzung von Produktionsanlagen, Arbeitsgemeinschaften, gemeinschaftlicher Kunden- und Reparaturdienst;
4. Zusammenarbeit beim **Vertrieb**: gemeinschaftlicher Verkauf, Gemeinschaftswerbung, Gütezeichengemeinschaften, Transport- und Lagergemeinschaften;
5. Zusammenarbeit bei der **kaufmännischen Verwaltung** und im **Personalwesen**: Zusammenarbeit im Rechnungswesen, Verwendung einheitlicher Vordrucke, Inkassogemeinschaften, Zusammenarbeit bei der Kreditbeschaffung und -sicherung, Zusammenarbeit bei der Aus- und Fortbildung, gemeinschaftliche soziale Einrichtungen.

Die Grenze zwischen Kooperationen und Kartellen ist fließend. Das Gesetz unterscheidet eine **kartellfreie** und eine **kartellförmige** Kooperation, letztere kann und wird jedoch nach den §§ 5a, 5b und 5c GWB vom Kartellverbot ausdrücklich freigestellt. Außerdem können Vereinigungen von kleinen und mittleren Unternehmen „Empfehlungen" der verschiedendsten Art geben, soweit sie ausdrücklich als „unverbindlich" bezeichnet werden und kein Druck auf die Unternehmen ausgeübt wird (§ 38,2 GWB).

Mit der fünften Kartellgesetznovelle von 1980 wurden die **Einkaufskooperationen** kartellrechtlich legalisiert, soweit sie keinen Bezugszwang auf die beteiligten Unternehmen ausüben. Die Realität zeigt aber, daß dies bei den großen Einkaufsorganisationen im Handel, besonders im Lebensmittelhandel (Edeka, Spar usw.) tatsächlich der Fall ist, ohne daß das Kartellamt einschreitet. Weil die Gefahr besteht, daß durch erfolgreiche Kooperationen auch bei den gemeinschaftlichen Einrichtungen **Marktmacht** entsteht und größer wird, die sich in negativer Weise sogar gegen ihre eigenen Mitglieder richten kann, sollte die wettbewerbs-politische Praxis den Bereich der Kooperationsunternehmen nicht ganz übersehen: Sowohl das Kartellverbot als auch die Mißbrauchsaufsicht müssen hier weiter und konsequent angewendet werden.

5.3.5 Privatisierung und Marktöffnung

MADSEN PIRIE, der Präsident des Adam Smith Instituts, London, schildert die Verhältnisse in Großbritannien im Jahr 1979, also vor der umfassenden Privatisierung, „im Steinzeitalter der britischen Wirtschaft“:

> „Im Jahr 1979 konnte man seinen ganzen Tag verbringen, ohne je auf die private Wirtschaft zu stoßen. Ich wachte morgens auf und hörte dem staatlichen Rundfunk zu, stand auf und köpfte mit einem vom Staat produzierten Stahlmesser mein vom Staat produziertes Ei, holte die staatliche Post herein, die eine Woche zu spät ankam, und sagte dem staatlichen Müllmann, der gerade Müll auf dem Bürgersteig verschüttete, guten Morgen.
>
> Dann stieg ich in mein vom Staat hergestelltes Auto, fuhr die Kinder in eine staatliche Schule und setzte meine Frau am staatlichen Krankenhaus ab und ging zur Arbeit - für den Staat natürlich. Mit dem staatlichen Telefon rief ich ein staatliches Reisebüro an, um einen Flug in einem vom Staat produzierten Flugzeug zu buchen. Auf diese Weise konnte man tatsächlich ein ganzes Leben verbringen, ohne jemals auf die Art von Wirtschaft zu stoßen, die doch eigentlich den Wohlstand schafft.“ (Pirie 1988, S. 86 f.)

Wenn auch die Verhältnisse in Deutschland nicht so extrem beschrieben werden können, auch in diesem Land produziert und reguliert der Staat zu viel.

5.3.5.1 Potentielle Privatisierungsbereiche

Unter formalrechtlichen Aspekten kann man die öffentlichen Aufgaben in die Bereiche Eingriffsverwaltung und Leistungsverwaltung unterteilen. Hierbei spielt es keine Rolle, ob diese Leistungen durch öffentliche Unternehmen, Regiebetriebe oder die öffentliche Verwaltung selbst erstellt werden.

Zur **Eingriffsverwaltung** zählen die öffentlichen Leistungen, soweit sie als hoheitlicher Akt in die Freiheit und das Eigentum der Bürger und der privaten Unternehmen nach rechtsstaatlichen Grundsätzen eingreifen, d.h. durch Gebote, Verbote, Verfügungen und Anordnungen ausgesprochen werden. Leistungen der Eingriffsverwaltung sind prinzipiell nicht privatisierbar. (Fuest/Kroker 1981, S. 10 ff.)

Zur **Leistungsverwaltung** zählen die öffentlichen Leistungen, die der Staat (Bund, Länder und Kommunen) als Monopolanbieter oder unter Wettbewerbsbedingungen den Bürgern oder sich selbst kostenpflichtig oder kostenfrei zur Verfügung stellt. Aufgaben der Leistungsverwaltung können grundsätzlich privatisiert werden. Zu den **potentiell** privatisierbaren Staatsleistungen zählen beispielsweise in Anlehnung an Vorschläge des Deutschen Städtetages folgende Aufgaben, wobei diese Liste sicher unvollständig bleiben muß: (Schneider/Hofreither 1990, S. 87 f.)

- **Verkehrswesen**: Schienenverkehr, Luftverkehr, öffentlicher Personennahverkehr, Wasserstraßenverkehr, Wartung von Verkehrssignalanlagen und Straßenbeleuchtung, Straßenreinigung und Winterdienst;
- **Postwesen**: Telekommunikation, Postdienste;
- **Bankwesen**: öffentliche Banken wie Sparkassen, Landesbanken, Banken mit Sonderaufgaben;
- **Ver- und Entsorgung**: Strom-, Gas- und Wasserversorgung, Müllabfuhr und Abfallbeseitigung, Abwasserbeseitigung;
- **Grünflächen-, Friedhofs- und Bestattungswesen**: Gärtnereien, Friedhofsverwaltung, Parkpflege, Brunnenpflege;
- **Planungs-, Vermessungs- und Bauwesen**: Stadtplanung, Vermessungsarbeiten, Bauhöfe;
- **Öffentliche Betriebe**: Stadtwerke, Vieh- und Schlachthöfe, Hafenbetriebe, Markteinrichtungen, Stadthallen, Gaststätten, Fremdenverkehrseinrichtungen, Lottogesellschaften, Rundfunk- und Fernsehgesellschaften;
- **Soziale und kulturelle Einrichtungen**: Kindergärten, Jugendhäuser, Krankenhäuser, Altenheime, Kantinen, Bildungsstätten, Museen, Theater, Bibliotheken;
- **Interne Dienste:** Reinigungsdienste, Fahrbereitschaften, Rechnungs- und Abrechnungswesen, EDV, Hausdruckereien, Reparaturdienstleistungen, Versanddienstleistungen, Beratungsdienstleistungen.

Darüber hinaus könnten sich Bund, Länder und Kommunen von sämtlichen Beteiligungen an privaten Unternehmen trennen.

5.3.5.2 Gründe für die Privatisierung

Grundsätzlich gilt, daß es vorteilhaft ist, öffentliche Aufgaben zu privatisieren, wenn sie durch private Anbieter effizienter (kostengünstiger, produktiver) hergestellt und angeboten werden können. Für die Privatisierung gilt das gleiche wie für die Deregulierung: Die Transaktionskosten müssen sich vermindern, und die Zahl der Transaktionen muß sich erhöhen. Dies trifft sicher nicht für jeden der oben aufgeführten potentiellen Privatisierungsfälle zu, besonders nicht im sozialen und kulturellen Bereich. Daß aber in vielen Fällen von einer Privatisierung öffentlich erstellter Leistungen eine höhere allokative Effizienz erwartet werden kann, soll mit den **Ursachen** der ineffizienten Produktion öffentlicher Leistungen erklärt werden:

1. Bei der öffentlichen Leistungserstellung fehlt der **Zwang zur Gewinnerzielung**, weil entweder die Preise monopolistisch so festgesetzt (administriert), daß die Kosten gleich welcher Höhe gedeckt werden, oder nicht kostendeckende Preise werden durch allgemeine Steuern oder aus Gewinnen anderer Bereiche subventioniert.

2. Die öffentlichen Leistungsanbieter und ihre Manager werden weniger effizient kontrolliert, weil das **Eigeninteresse der Kapitalgeber** und meistens auch der **Wettbewerbsdruck** fehlen. Die Leistungserstellung wird politisch gerechtfertigt und ökonomisch von den Politikern positiv sanktioniert. Diese ökonomisch ineffizienten Leistungen werden von den Politikern darüber hinaus gern herausgestellt, wenn sie um ihre Wiederwahl kämpfen.

3. Die öffentlichen Leistungsanbieter sind i.d.R. **bürokratisch und kameralistisch** organisiert. Nach der ökonomischen Theorie der Bürokratie haben Behördenleiter kein Interesse und durch das kameralistische Haushaltswesen keinen Anreiz, sich bei der Leistungserstellung ökonomisch rational zu verhalten. Sie streben persönlich nach Einkommen, Einflußmacht und Prestige, was z.B. eher in der Größe der Behörde, der Höhe des Budgets, der Ausstattung der Büros und der Art des Dienstwagens zum Ausdruck kommt als in einer effizienten Leistungserstellung.

4. Die öffentlichen Leistungsanbieter stehen unter **erhöhtem gewerkschaftlichen Druck**, weil ihr Organisationsgrad höher ist als in der privaten Wirtschaft. Die Gewerkschaften können sowohl für höhere Reallöhne als auch für sichere Arbeitsplätze im öffentlichen Bereich erfolgreich kämpfen, weil Wett-

bewerbsdruck und Konkursrisiko fehlen. Die Gewerkschaften finden in den öffentlichen Arbeitgebern Verhandlungspartner mit einem äußerst geringen Sanktions- und Machtspielraum, die Macht der Gewerkschaften und der Personalräte ist im öffentlichen Dienst perfekt abgesichert. Eine Privatisierung würde die Verhandlungsmacht der Gewerkschaften und somit ihren Einfluß auf die ineffiziente Leistungserstellung empfindlich schwächen.

Die **Erfahrungen** mit Privatisierungen in Großbritannien und den USA, aber auch in Deutschland zeigen, daß privatisierte öffentliche Leistungen in vielen Fällen effizienter produziert werden. Soweit sich dies in den Marktpreisen oder der Abgabenlast niederschlägt, werden die Transaktionskosten sinken und die Zahl der Transaktionen sich erhöhen.

Über das Effizienzkriterium hinaus erhöht sich durch die Privatisierung öffentlicher Leistungen die **Wettbewerbsintensität**, Märkte werden geöffnet, Marktzutrittsschranken werden abgebaut. Durch die Privatisierung kann die Anreiz-, Lenkungs- und Kontrollfunktion des Wettbewerbs auch auf die öffentliche Leistungserstellung wirken, mit allen positiven Effekten, die funktionsfähiger Wettbewerb hat: Die Leistungen werden bedarfsgerechter, die Zahl der Alternativen für Anbieter und Nachfrager erhöht sich, die Produktionsfaktoren werden in ihre effizientesten Verwendungsbereiche gelenkt, der technische Fortschritt wird schneller durchgesetzt.

Über die **Formen** der Privatisierung soll an dieser Stelle nicht diskutiert werden. Denkbar ist eine Privatisierung mit bestimmten Regulierungen (Kontrahierungszwang usw.) und mit bestimmten Finanzierungsformen (teilweise öffentliche und private Finanzierung). Eine nur formale Verselbständigung öffentlicher Einrichtungen (z.B. rechtliche Umwandlung eines Krankenhauses in eine kommunale GmbH) ohne eine Veränderung der wettbewerblichen Rahmenbedingungen kann nicht als Privatisierung in dem hier verstandenen Sinne betrachtet werden.

5.4 Wettbewerbspolitik in der Europäischen Union

5.4.1 Übersicht und Rechtsgrundlagen

Das Wettbewerbsrecht der Europäischen Union stimmt in den wettbewerbspolitischen Intentionen mit dem deutschen GWB weitgehend überein, bezieht sich aber gemäß seiner Zweckbestimmung auf den **zwischenstaatlichen** Handel im Europäischen Binnenmarkt, betrifft also stets mindestens zwei nationale Märkte.

Die **Zielsetzung** der europäischen Wettbewerbspolitik ergibt sich aus Art. 3 Ziff. g und Art. 3a, 2 des durch den Maastrichter Vertrag vom 7. Februar 1992 geänderten Vertrags zur Gründung der Europäischen Gemeinschaft (EGV). Danach soll die **Gemeinschaft** „ein System, das den Wettbewerb innerhalb des Binnenmarkts vor Verfälschungen schützt", errichten (Art. 3 Ziff. g EGV), und die „allgemeine Wirtschaftspolitik" der Mitgliedstaaten „in der Gemeinschaft" soll den Grundsatz „einer offenen Marktwirtschaft mit freiem Wettbewerb unterstützen" (Art. 3a, 2 EGV). Nach diesen ordnungspolitischen Festlegungen soll die Europäische Union eine **offene Marktwirtschaft mit freiem Wettbewerb** sein, in der der Wettbewerb die nationalen Märkte integrieren und wirtschaftliche Freiheit und optimale ökonomische Ergebnisse realisieren soll.

Das **europäische Wettbewerbsrecht** geht gesetzestechnisch allerdings anders vor als das deutsche: Im EG-Vertrag werden in den Art. 85 ff. lediglich die Grundsätze der Wettbewerbspolitik generalklauselartig festgelegt. Diese wurden durch Verordnungen der Europäischen Kommission und durch die laufende Rechtsprechung des Europäischen Gerichtshofs ergänzt und präzisiert. Ursprünglich sahen die Römischen Verträge des Jahres 1957 nur ein Verbot „wettbewerbshindernder Vereinbarungen oder Beschlüsse", d.h. ein **Kartellverbot, ein Verbot abgestimmter Verhaltensweisen** (Art. 85 EGV) und ein Verbot des „**Mißbrauchs einer den Markt beherrschenden Stellung**" (Art. 86 EGV) vor. Man glaubte, auch für die **Fusionskontrolle** mit Art. 85 und Art. 86 EGV eine ausreichende Rechtsgrundlage zu besitzen. Im Jahr 1987 entschied der Europäische Gerichtshof, daß auf Unternehmenszusammenschlüsse zwar neben Art. 86 auch Art. 85 EGV angewendet werden könne, aber nur, wenn eine Fusion bereits vollzogen sei und von ihr wettbewerbsbeschränkende Wirkungen ausgingen. (Weindl 1993, S. 302 f.) Nach diesem Urteil war eine **vorbeugende** Fusionskontrolle innerhalb des bestehenden Rechtes nicht möglich. Daraufhin erarbeitete die Kommission aufgrund der Generalermächtigung nach Art. 235 EGV die Fusionskontrollverordnung (FKVO), die - vom Rat der EU am 21. 12. 1989 einstimmig verabschiedet - am 21. 9. 1990 in Kraft getreten ist, und die nun die alleinige Rechtsgrundlage für die Fusionskontrolle im Europäischen Binnenmarkt darstellt.

Das Wettbewerbsrecht der Europäischen Union bezieht sich - bis auf einige Ausnahmen, wie beispielsweise die Landwirtschaft - auf **alle** Wirtschaftsbereiche, kennt also anders als das deutsche GWB keine sektoralen Ausnahmebereiche. Es bezieht sich allerdings nur auf „den Handel zwischen Mitgliedstaaten" (Art. 85,1 u. 86,1 EGV), für Wettbewerbsbeschränkungen auf nationalen Märkten ist die nationale Wettbewerbspolitik zuständig. Der Begriff der „Zwischenstaatlichkeit" wird vom Europäischen Gerichtshof sehr weit ausgelegt. Das gemeinschaftliche Wettbewerbsrecht hat grundsätzlich vor dem nationalen den Vorrang, insbesondere sollen die Mitgliedstaaten die europäische Wettbewerbspolitik nicht durch nationale Gegenmaßnahmen konterkarieren.

Die europäische Wettbewerbspolitik wendet sich gegen

- Kartelle und abgestimmte Verhaltensweisen,
- den Mißbrauch von Marktmacht durch marktbeherrschende Unternehmen,
- marktbeherrschende Unternehmenszusammenschlüsse,

soweit sie den zwischenstaatlichen Handel im Europäischen Binnenmarkt betreffen.

5.4.2 Wettbewerbspolitische Instrumente

5.4.2.1 Kartellverbot und Verbot abgestimmter Verhaltensweisen

Art. 85,1 EGV enthält als verbindliches Gemeinschaftsrecht ein allgemeines Kartellverbot und das Verbot abgestimmter Verhaltensweisen, die den Wettbewerb entweder in horizontaler oder in vertikaler Richtung beschränken:

> „Mit dem gemeinsamen Markt unvereinbar und verboten sind alle Vereinbarungen zwischen Unternehmen, Beschlüsse von Unternehmensvereinigungen und aufeinander abgestimmte Verhaltensweisen, welche den Handel zwischen Mitgliedstaaten zu beeinträchtigen geeignet sind und eine Verhinderung, Einschränkung oder Verfälschung des Wettbewerbs innerhalb des Gemeinsamen Marktes bezwecken oder bewirken, ..."

Dieses weit gefaßte Kartellverbot ist an zwei **Bedingungen** geknüpft:

- Die **Zwischenstaatlichkeitsklausel**, d.h. es sind nur förmliche oder nicht förmliche Vereinbarungen verboten, die „den Handel zwischen Mitgliedstaaten" betreffen;
- Die **Wirkungsklausel**, d.h. die Vereinbarungen sind erst verboten, wenn sie den Wettbewerb innerhalb des gemeinsamen Marktes **spürbar** verhindern, einschränken oder beeinträchtigen.

Das Kriterium der „Spürbarkeit" kann dem Wortlaut des Art. 85,1 nicht entnommen werden, es wurde später durch die Verwaltungspraxis und die Rechtsprechung entwickelt. (Weindl 1993, S. 299) Art. 85,1 EGV enthält weiterhin eine Reihe von Beispielsfällen (Preisfestsetzungen, Produktions-, Absatz- und Investitionskontrolle, Marktaufteilung, Preisdiskriminierung usw.), die auf jeden Fall verboten und nach Art. 85,2 EGV nichtig sind.

Auf der anderen Seite können Vereinbarungen zwischen Unternehmen oder Beschlüsse von Unternehmensvereinigungen und aufeinander abgestimmte Verhaltensweisen vom europäischen Kartellverbot **freigestellt** werden, wenn die folgenden **Bedingungen** erfüllt sind:

1. Die Vereinbarung fördert den technischen oder wirtschaftlichen Fortschritt;
2. die Vereinbarung dient der Verbesserung der Warenerzeugung oder -verteilung, und die Verbraucher werden an dem dadurch entstehenden Gewinn angemessen beteiligt;
3. die Vereinbarung enthält nur Wettbewerbsbeschränkungen, die für die Erreichung dieser Ziele unerläßlich sind;
4. die Vereinbarung eröffnet nicht die Möglichkeit, für einen wesentlichen Teil der betroffenen Waren den Wettbewerb auszuschalten.

Es wird deutlich, daß durch diese Bestimmungen der Ermessenspielraum der Kommission und des Europäischen Gerichtshofes für die Freistellung vom Kartellverbot sehr weit gesteckt worden ist. Man unterscheidet **Einzelfreistellungen**, die jeweils bei der Kommission beantragt werden müssen, und **Gruppenfreistellungen**, für die der Europäische Rat zuständig ist. Gruppenfreistellungen werden auf dem Verordnungswege erteilt, sie sollen bestimmte Vertragsarten, wie z.B. Alleinvertriebsverträge, Patentlizenzverträge, Spezialisierungs-, Forschungs- und Entwicklungsvorhaben von den kartellrechtswidrigen Verträgen pauschal abgrenzen.

Darüber hinaus hat die Kommission im Jahr 1986 für das Kartellverbot eine „Bagatelleklausel" beschlossen. Danach fallen Vereinbarungen von Unternehmen dann nicht unter das Kartellverbot, wenn

- der Marktanteil der beteiligten Unternehmen im Gemeinsamen Binnenmarkt nicht größer als 5 Prozent ist und
- der jährliche Gesamtumsatz dieser Unternehmen zusammen 200 Mio. ECU nicht überschreitet.

Vereinbarungen, die unter das Verbot des Art. 85,1 EGV fallen, sind von Anfang an nichtig. Stellen die Vertragspartner das rechtswidrige wettbewerbsbeschränkende Verhalten nicht ab, kann die Kommission Geldbußen bis zu einer Mio. ECU oder bis zu 10 Prozent des Jahresumsatzes der beteiligten Unternehmen festsetzen.

5.4.2.2 Verbot des Mißbrauchs einer marktbeherrschenden Stellung

Anders als das deutsche Wettbewerbsrecht, das das Bundeskartellamt nur ermächtigt, eine Mißbrauchs**aufsicht** über marktbeherrschende Unternehmen auszuüben, spricht das Europäische Wettbewerbsrecht im Art. 86 EGV von einem Mißbrauchs**verbot** als unmittelbar geltendes und bindendes Gemeinschaftsrecht:

> „Mit dem Gemeinsamen Markt unvereinbar und verboten ist die mißbräuchliche Ausnutzung einer beherrschenden Stellung auf dem Gemeinsamen Markt oder auf einem wesentlichen Teil desselben durch ein oder mehrere Unternehmen, soweit dies dazu führen kann, den Handel zwischen Mitgliedstaaten zu beeinträchtigen."

Auch der Art. 86,1 EGV ist zunächst eine Generalklausel, die an **drei Bedingungen** geknüpft ist, die durch die spätere Verwaltungs- und Rechtsprechungspraxis entwickelt worden sind:

1. Das oder die Unternehmen müssen eine **marktbeherrschende Stellung** innehaben. Nach der Rechtsprechung des Europäischen Gerichtshofes müssen die Unternehmen eine Marktstellung besitzen, die sie in die Lage versetzt, einen wirksamen Wettbewerb zu verhindern und sich gegenüber Abnehmern und Lieferanten unabhängig (m.a.W. dominant) verhalten zu können. Zur Beurteilung prüft der Europäische Gerichtshof die Marktanteile, die Wettbewerbssituation und das Marktverhalten, allerdings hat er noch keine objektiven Normen entwickelt.

2. Die marktbeherrschende Stellung muß **auf dem Gemeinsamen Markt oder einem wesentlichen Teil desselben** bestehen: Die räumliche Abgrenzung des relevanten Marktes wird relativ großzügig vorgenommen. Als wesentlicher Teil des Gemeinsamen Marktes können mehrere Mitgliedstaaten in Frage kommen, aber auch der Markt eines einzelnen, besonders eines kleinen Mitgliedslandes kann gemeint sein.

3. Die auf dem Gemeinsamen Markt beherrschende Stellung muß **mißbräuchlich ausgenutzt** werden: Die in Art. 86 EGV aufgeführten Beispiele für Marktmachtmißbrauch füllen den Mißbrauchstatbestand bei weitem nicht aus. Der Europäische Gerichtshof hat eine Formel entwickelt, nach der für eine mißbräuchliche Ausnutzung einer marktbeherrschenden Stellung folgende Kriterien herangezogen werden: Das Unternehmen muß eine marktbeherrschende Stellung auf einem Markt haben, auf dem der Wettbewerb durch die Anwesenheit dieses Unternehmens bereits geschwächt ist, und es muß Mittel einsetzen, die „von den Mitteln eines normalen Produkt- und Dienstleistungswettbewerbs auf der Grundlage der Leistungen der Marktbürger abweichen". (Europäischer Gerichtshof nach Rittner 1993, S. 407) Diese Definition erscheint deswegen problematisch, weil es den „normalen" Wettbewerb nicht gibt; der Europäische Gerichtshof müßte also, um zu einem Urteil zu gelangen, zunächst feststellen, was „normaler Wettbewerb" sein soll.

Bisher hat der Europäische Gerichtshof nur wenige Mißbrauchsfälle - und diese nicht grundsätzlich - entschieden.

5.4.2.3 Vorbeugende Fusionskontrolle

Mit der Europäischen Fusionskontroll-Verordnung (FKVO) vom 21. 12. 1989 hat der Rat der Europäischen Union ein eigenes Rechtsinstrument für die vorbeugende Fusionskontrolle geschaffen. Danach sind Unternehmenszusammenschlüsse von „gemeinschaftsweiter Bedeutung", durch die auf dem Gemeinsamen Markt oder wesentlichen Teilen desselben eine marktbeherrschende Stellung entsteht oder verstärkt wird, mit dem Gemeinsamen Markt als unvereinbar zu erklären (Art. 1 FKVO).

Unter **Zusammenschluß** versteht man nach europäischem Recht sowohl die vollständige Fusion von Unternehmen als auch den Erwerb der unmittelbaren oder mittelbaren rechtlichen oder unternehmerischen Kontrolle über andere Unternehmen oder Unternehmensteile. Ein Zusammenschluß von **gemeinschaftsweiter Bedeutung** liegt vor, wenn

- die an der Fusion beteiligten Unternehmen zusammen weltweit einen Umsatz von mehr als 5 Mrd. ECU aufweisen,
- mindestens zwei an der Fusion beteiligte Unternehmen jeweils einen größeren Umsatz von 250 Mio. ECU haben und
- zwei beteiligte Unternehmen jeweils weniger als zwei Drittel ihres Umsatzes in ein und demselben Mitgliedsland erzielen.

Jedes Fusionsvorhaben von gemeinschaftsweiter Bedeutung muß innerhalb einer Woche nach dem Vertragsschluß, der Veröffentlichung des Kauf- oder Tauschangebotes oder des Erwerbs einer die Kontrolle begründenden Beteiligung bei der Europäischen Kommission angemeldet werden. Der Zusammenschluß darf grundsätzlich noch nicht vollzogen sein. Innerhalb von drei Wochen nach der Anmeldung muß die Kommission entscheiden, ob sie den Fusionsfall aufgreifen und die Fusion zunächst aussetzen will.

Wenn die Kommission entscheidet, das Prüfverfahren nach Art. 6 FKVO einzuleiten, muß sie innerhalb von vier Monaten entscheiden, ob die Fusion mit dem Gemeinsamen Markt vereinbar ist. Dies ist nicht der Fall, wenn durch den Zusammenschluß eine **marktbeherrschende Stellung entsteht oder verstärkt wird,** so daß der Wettbewerb im Gemeinsamen Markt oder wesentlichen Teilen desselben erheblich behindert würde. Für diese Prognoseentscheidung werden eine Vielzahl von Kriterien herangezogen, so berücksichtigt die Kommission z.B. (Art. 2,1 FKVO)

- die **Marktstruktur** aller innerhalb oder außerhalb der Gemeinschaft ansässigen Unternehmen,
- die Marktstellung (**Marktanteile**), die wirtschaftliche Macht und die **Finanzkraft** der am Zusammenschluß beteiligten Unternehmen,
- ihren Zugang zu den Absatz- und Beschaffungsmärkten, die **Marktzutrittsschranken**,
- die **Wahlmöglichkeiten** der Lieferanten und Abnehmer,
- die Entwicklung des Angebots und der Nachfrage auf den jeweiligen Märkten (**Marktphasen**),
- die **Interessen der Zwischen- und Endverbraucher,**
- die Entwicklung des technischen und wirtschaftlichen Fortschritts.

Gelangt die Kommission zu der Entscheidung, daß der angemeldete Zusammenschluß **nicht** unter die Verordnung fällt, oder erhebt sie keine Bedenken, teilt sie dies den beteiligten Unternehmen und den zuständigen Behörden der Mitgliedstaaten mit. Gelangt die Kommission zu der Entscheidung, daß die Kriterien des Art. 1 FKVO **erfüllt** sind, kann sie die Fusion untersagen, bei Nichtbefolgung stehen ihr entsprechende Sanktionsmittel zur Verfügung. Ein Fusionsvorhaben kann auch mit Auflagen genehmigt werden.

Mit der Einführung der europäischen Fusionskontrolle mußte auch das Verhältnis der europäischen Behörde zu den **nationalen Wettbewerbsbehörden** geregelt werden. Zunächst gilt folgender **Grundsatz**:

- Fällt ein Fusionsvorhaben unter die FKVO, handelt es sich also um einen Zusammenschluß von **gemeinschaftsweiter** Bedeutung, dann darf nationales Wettbewerbsrecht nicht angewendet werden. In allen anderen Fällen sind die nationalen Behörden zuständig.

Von diesem Grundsatz gibt es **Ausnahmen**:

- Die Kommission **kann** einen angemeldeten Zusammenschluß auch an eine nationale Behörde verweisen. Ein Mitgliedstaat kann - allerdings nur über eine erfolgreiche Klage beim Europäischen Gerichtshof - die Kommission zwingen, ein Fusionsverfahren zu eröffnen, wenn es unter die Kriterien der Verordnung fällt.

- Ein Mitgliedstaat kann nach Art. 9 FKVO bei der Kommission beantragen, daß ein Zusammenschluß, der unter die Verordnung fällt, dennoch an eine **nationale** Wettbewerbsbehörde verwiesen wird, wenn auf dem Hoheitsgebiet dieses Staates ein „gesonderter Markt" vorhanden ist, auf dem die Fusion eine marktbeherrschende Stellung begründet oder verstärkt (sog. „Deutsche Klausel").

Institutionell ist die europäische **Wettbewerbsbehörde**, die „Generaldirektion für Wettbewerb" in die riesige Administration der EU-Kommission integriert. Dies ist aus wettbewerbspolitischer Sicht sehr bedenklich, wenn man auf der einen Seite feststellt, daß die rechtlichen Grundlagen für die europäische Wettbewerbspolitik nun relativ zufriedenstellend entwickelt worden sind, auf der anderen Seite noch keine eigenständige Institution, z.B. ein europäisches Kartellamt, geschaffen wurde, die diese Wettbewerbspolitik konsequent nach außen vertritt. Die jetzige Konstruktion kann nicht zufriedenstellen, weil es nicht auszuschließen ist, daß unter dem Dach der EU-Kommission eine Vielzahl von wirtschafts- und sozialpolitischen Interessen den Erfordernissen einer konsequenten europäischen Wettbewerbspolitik entgegenstehen können.

5.5 Zur Wirksamkeit der Wettbewerbspolitik

Obwohl die gesetzlichen Grundlagen für die Wettbewerbspolitik in Deutschland und in der Europäischen Union seit ihrer Verankerung im Jahr 1957 immer wieder durch Novellierungen und Grundsatzurteile präzisiert, verschärft und aktualisiert worden sind, muß man feststellen, daß die Unternehmenskonzentration weiter fortschreitet, der Mißbrauch von Marktmacht nicht unterbunden werden konnte, sondern zugenommen hat, Kollusionen an der Tagesordnung sind. Dem Ziel eines freien und funktionsfähigen Wettbewerb ist man im Prinzip kaum oder gar nicht näher gekommen.

Deshalb stellt sich die Frage, ob das Ziel der Wettbewerbspolitik, der freie und funktionsfähige marktwirtschaftliche Wettbewerbsprozeß mit der gegenwärtigen Konzeption und den verschiedenen Strategien überhaupt erreicht werden kann. Die gegenwärtige **Wettbewerbspolitik** ist durch eine dreifache Strategie zu kennzeichnen: Einmal sollen bestimmte wettbewerbsbeschränkende Verhaltensweisen durch Verbote verhindert werden, zum anderen sollen wettbewerbsgefährdende Marktstrukturen wie enge Oligopole und Angebotsmonopole verhindert werden, d.h. als politisch präferierte Marktform gilt das „weite Oligopol"; darüber hinaus unterliegen marktbeherrschende Unternehmen bei vermachteten Marktstrukturen einer besonderen Mißbrauchsaufsicht.

Dabei stützt sich die Wettbewerbspolitik auf Gesetze und Verordnungen, die wettbewerbsbeschränkende Verhaltensweisen und wettbewerbsgefährdende Marktstrukturen **positiv** definieren. Das setzt voraus, daß der Gesetzgeber alle nur denkbaren Möglichkeiten und Formen der Wettbewerbsbeschränkung **vorher** kennen müßte, um sie gesetzestechnisch konkret definieren zu können; dies setzt weiterhin voraus, daß der Gesetzgeber die Marktformen bestimmen könnte, in denen die Wettbewerbsintensität besonders hoch bzw. besonders niedrig ist.

Die Erfahrung lehrt, daß der Gesetzgeber nicht über die erforderliche Voraussicht und Weitsicht verfügt: Der unternehmerische Erfindungsgeist, neue Formen der Wettbewerbsbeschränkungen zu erfinden, ist immer größer gewesen als die Phantasie des Gesetzgebers, sich diese vorher vorstellen zu können. Deswegen mußte das GWB seit dem Jahr 1957 schon fünfmal novelliert werden; eine sechste GWB-Novelle wird diskutiert. (Bunte 1994, S. 21 ff.) Im übrigen verändern sich Wettbewerbsprozesse und Wettbewerbsstrukturen angesichts des technischen Fortschritts, des strukturellen Wandels und der Globalisierung der Märkte - übrigens Ergebnisse der marktwirtschaftlichen Wettbewerbsprozesse - so rasch, daß der Gesetzgeber und die darauf basierende Rechtssprechung eigentlich immer den Realitäten hinterherlaufen muß.

Die Erfahrung zeigt auch, daß die Entscheidungprozesse der Behörden und Gerichte im Hinblick auf das große wettbewerbspolitische Ziel länger dauern und ihre Ergebnisse umso unbefriedigender ausfallen, je komplizierter die Gesetze selbst sind. Durch die Novellierungen ist das GWB immer komplizierter und undurchsichtiger geworden, weil eben bisher versucht wurde, wettbewerbsbeschränkende Tatbestände und wettbewerbsverhindernde Marktstrukturen positiv zu definieren. Die bisherige Strategie des Gesetzgebers überfordert die Wettbewerbsbehörden, die Wettbewerbsgerichte und ihn selbst.

Die derzeitig praktizierte Wettbewerbspolitik läßt zu viele Ausnahmen zu. Problematisch sind die wettbewerbspolitischen **Ausnahmebereiche** des GWB, die wichtige, ja lebenswichtige Wirtschaftsbereiche darstellen. (Emmerich 1989, S. 363 ff.) Warum das Kartellverbot z.B. nicht für Verkehrsunternehmen, landwirtschaftliche Erzeugergemeinschaften, Versorgungsunternehmen, die Kreditinstitute und Versicherungsunternehmen gilt, ist wettbewerbstheoretisch ebenso wenig zu erklären wie die Tatsache, daß die Vorschriften über marktbeherrschende Unternehmen nicht für die gesamte Energiewirtschaft angewendet werden können. Im übrigen wurde bereits dargestellt, daß der Bundesminister für Wirtschaft bei Kartellen nach den §§ 2 bis 7 GWB und bei Fusionen von Großunternehmen eine Erlaubnis erteilen kann, wenn er meint, dies aus gesamtwirtschaftlichen Gründen oder aus Interesse am Gemeinwohl rechtfertigen zu können.

Der bisher in Deutschland und in der Europäischen Union praktizierten Wettbewerbspolitik fehlen ein einheitliches Leitbild, eine wettbewerbstheoretisch fundierte Konzeption, eindeutige Aufgreifkriterien, eine zwingende Strategie und eine konsequente und fachlich kompetente unabhängige Entscheidungsstruktur. Die Frage ist, ob diese Voraussetzungen für die marktwirtschaftliche Wettbewerbspolitik überhaupt zu schaffen sind.

Wie eine effiziente Wettbewerbspolitik aussehen könnte, wird angesichts dieser Schwierigkeiten kontrovers diskutiert. Die Meinungen gehen so weit, daß in Frage gestellt wird, ob eine staatliche Politik gegen Wettbewerbsbeschränkungen **überhaupt notwendig** sei. Die Vertreter der Chicago-School, der österreichischen Schule (HAYEK) und der neoliberalen Konzeption der Wettbewerbsfreiheit (HOPPMANN) sind der Ansicht, daß in Marktwirtschaften, deren Märkte zudem immer globaler werden, der Wettbewerb überhaupt nicht gefährdet sei: Wenn alle Marktzutrittsbeschränkungen und staatlichen Marktregulierungen konsequent abgebaut würden, sei immer eine ausreichende Zahl potentieller Wettbewerber vorhanden. Im übrigen mißtrauen diese Vertreter generell der staatlichen Machtausübung, deren Mißbrauch in jeder Form staatlicher Wirtschaftspolitik latent angelegt sei.

Andere Autoren (Herdzina 1988, Bartling 1993, Schmidt 1993) sind von der Notwendigkeit der staatlichen Wettbewerbspolitik überzeugt, kritisieren jedoch die bisherige Praxis. Eine erfolgreichere wettbewerbspolitische Strategie könnte man z. B. in einem sehr allgemein gehaltenen Per-se-Verbot wettbewerbsbeschränkenden Verhaltens erblicken, u.U. sogar in der Form einer wettbewerbspolitischen Generalklausel, wie sie HOPPMANN vorgeschlagen hat. Ein Per-se-Verbot richtet sich gegen wettbewerbsbeschränkendes Verhalten und die unangemessene Ausübung von Marktmacht an sich, ohne die besonderen Marktumstände zu berücksichtigen. Dies kann allerdings zur Folge haben, daß auch wettbewerbsbeschränkende Verhaltensweisen, die Wettbewerb erst ermöglichen oder intensivieren (z.B. durch Kooperation kleiner und mittlerer Unternehmen), verboten würden. Deswegen muß der wettbewerbspolitische Entscheidungsträger auch die **besonderen Marktumstände im Einzelfall** würdigen, um wettbewerbliche Prozesse von wettbewerblichem Parallelverhalten unterscheiden zu können. (Bartling 1993, S. 27)

Eine Wettbewerbspolitik, die auf bestimmte wettbewerbsintensive Marktstrukturen zielt (z.B. weites Oligopol), muß aus mehreren Gründen scheitern. Erstens müßte der Gesetzgeber die Marktformen mit der höchsten Wettbewerbsintensität kennen. Dies erscheint unmöglich, weil der dynamische Wettbewerbsprozeß auch dazu führt, daß sich Marktstrukturen verändern, aber auch dazu, daß sich die Wettbewerbsintensität innerhalb einer bestimmten Marktstruktur mit zunehmendem Alter des Produktes verändert. Im übrigen muß mit BARTLING gefragt werden, warum nach dem GWB und der Europäischen Fusionskontrollverordnung Unternehmenszusammenschlüsse „bis zur Grenze der Marktbeherrschung ... zugelassen werden, so daß durch das geringste interne Unternehmenswachstum die Schwelle zur Marktbeherrschung erreicht oder überschritten ist, und somit nichtwettbewerbliche Marktstrukturen vorliegen“. (Bartling 1993, S. 27)

Wenn man sich theoretisch darauf festlegt, daß ein allgemeines Per-se-Verbot wettbewerbsbeschränkender Verhaltensweisen und die unangemessene Ausübung von Marktmacht unter der besonderen Berücksichtigung der Marktverhältnisse im

Einzelfall die erfolgsversprechendere wettbewerbspolitische Strategie zu sein verspricht, muß man auch die wettbewerbspolitischen **Entscheidungsstrukturen** überdenken.

Als Vorbild könnten die Entscheidungsstrukturen in der **Geldpolitik** dienen. Eine stabile Währung ist für eine Marktwirtschaft eine ebenso wichtige ordnungspolitische Voraussetzung wie der freie funktionsfähige Wettbewerbsprozeß. Die Erfahrung aus unserer Geschichte lehrt nun, daß immer dann, wenn das Zentralbanksystem der politischen Macht unterstellt war, das Ziel der Geldpolitik, die Geldwertstabilität, gefährdet wurde, ja, zweimal in diesem Jahrhundert zur Vernichtung der Geldvermögen, zum Zusammenbruch der Währung führte. Der empirische Beweis kann auch für die heutigen Zentralbanksysteme der verschiedenen Volkswirtschaften erbracht werden: Je unabhängiger das Zentralbanksystem von der Regierung des Landes ist, umso geringer sind die Inflationsraten im langfristigen Durchschnitt. Die Unabhängigkeit der wirtschaftspolitischen Entscheidungsinstanz erscheint somit als eine wichtige Voraussetzung für das ordnungspolitische Ziel der Geldwertstabilität, weil andere politische Interessen dieses Ziel ausschließlich gefährden.

Es wäre demnach zu diskutieren, ob eine unabhängige Entscheidungsinstanz, wie sie z.B. in der Form des Zentralbankrates der Deutschen Bundesbank oder des Europäischen Systems der Zentralbanken im Rahmen der Europäischen Union für die Geldpolitik institutionalisiert wurden, auch für die Wettbewerbspolitik denkbar ist. EUCKEN sieht in einem **unabhängigen „Monopolaufsichtsamt“** eine ebenso wichtige Institution wie im Verfassungsgericht, dem obersten Gerichtshof eines Staates:

> „Die Monopolaufsicht sollte also einem staatlichen Monopolaufsichtsamt übertragen werden. Um es den stets gefährlichen ... Einflüssen der Interessenten zu entziehen, sollte es ein unabhängiges Amt sein, das nur dem Gesetz unterworfen ist. Es darf also nicht etwa eine Abteilung des Wirtschaftsministeriums werden, die weit stärker dem Druck der Interessenten ausgeliefert ist. ... Im Bilde des modernen, industriellen Staates hat diese große Figur des Monopolamts zu erscheinen. Ohne sie ist die Wettbewerbsordnung und mit ihr der moderne Rechtsstaat bedroht. Das Monopolamt ist ebenso unentbehrlich wie der Oberste Gerichtshof.“ (Eucken 1990, S. 294)

Im JOSTEN-Entwurf für das Gesetz gegen Wettbewerbsbeschränkungen war ein unabhängiges staatliches Monopolamt im Euckenschen Sinne vorgesehen. Denkbar wäre heute, daß eine **unabhängige Monopolkommission** als autonomes Entscheidungsgremium über die Fälle von wettbewerbsbeschränkenden Verhaltensweisen und die unangemessene Ausübung von Marktmacht letztinstanzlich zu entscheiden hätte. Im Laufe der Entscheidungspraxis könnten Rechtsgrundsätze entwickelt werden, die als Rahmenbedingungen für marktwirtschaftliches Wettbewerbsverhalten zu gelten hätten. Die unabhängige Monopolkommission müßte sowohl auf der europäischen als auch auf der nationalen Ebene eingerichtet werden.

Die Mitglieder des Zentralbankrates werden von den Regierungen für eine bestimmte Amtszeit eingesetzt, können aber nicht abberufen werden. Die Entscheidungen des Zentralbankrates unterliegen keiner parlamentarischen oder juristischen Kontrolle. Der Zentralbankrat gilt als die „letzte geldpolitische Instanz". Ob man auch die autonome Monopolkommission als „letzte wettbewerbspolitische Instanz" einsetzen könnte, ist wegen der möglichen Sanktionen, die sie gegen einzelne Rechtssubjekte verhängen können müßte, rechtspolitisch sicherlich umstritten. Aber vom **wettbewerbspolitischen** Standpunkt aus kann man durchaus die Frage stellen, ob die Senate der ordentlichen Gerichtsbarkeit wettbewerbspolitische Probleme besser analysieren und beurteilen können als die Spezialisten der Monopolkommission. Denkbar wäre für solche Fälle eine juristische Überprüfung des Verfahrens auf der Grundlage von Normen, die von der unabhängigen Monopolkommission aufgestellt worden sind.

Schließlich sollte die allgemeine Wirtschafts- und Finanzpolitik dem ordnungspolitischen Ziel des freien und funktionsfähigen Wettbewerbs stärker verpflichtet werden. Dies kann nicht durch gesetzlichen Zwang erreicht werden, sondern nur durch politisches Problembewußtsein und durch den politischen Willen. Wenn das wirtschaftspolitische Primärziel der „Sicherung der ordnungspolitischen Grundentscheidung" wirklich realisiert werden soll, genügt eine **Politik gegen Wettbewerbsbeschränkungen** nicht; die Soziale Marktwirtschaft kann auf Dauer nur mit einer **Politik für einen freien funktionsfähigen Wettbewerb** erhalten werden. Deswegen verbessert jeder Schritt zur Öffnung von Märkten, jede Deregulierungsmaßnahme, jeder Abbau von staatlichen Bürokratien und jede Form von Privatisierung öffentlicher Unternehmen und öffentlicher Leistungen die Bedingungen für den freien funktionsfähigen Wettbewerb.

Literaturverzeichnis

Aberle, Gerd (1992): Wettbewerbstheorie und Wettbewerbspolitik, 2. Aufl., Stuttgart, Berlin, Köln 1992.

Ahrns, Hans-Jürgen und Feser, Hans-Dieter (1985): Wirtschaftspolitik. Problemorientierte Einführung, München, Wien 1985.

Albach, Horst (1981): Finanzkraft und Marktbeherrschung, Tübingen 1981.

Arndt, Helmut (1952): Schöpferischer Wettbewerb und klassenlose Gesellschaft, Berlin 1952.

Arndt, Helmut (Hrsg.) (1971): Die Konzentration in der Wirtschaft, Schriften des Vereins für Socialpolitik, N. F. Bd. 20/I, 2 Bde., Berlin 1960; 2. Aufl., Berlin 1971.

Arndt, Helmut (1971 a): Ökonomische Theorie der Macht, in: Helmut Arndt (Hrsg.): Die Konzentration in der Wirtschaft, Schriften des Vereins für Socialpolitik, N. F. Bd. 20/I, Berlin 1960; 2. Aufl., Bd. 1, Berlin 1971, S. 99 - 136.

Arndt, Helmut (1971 b): Wettbewerbsprozesse, horizontale Konzentration und wirtschaftliche Entwicklung, in: Helmut Arndt (Hrsg.): Die Konzentration in der Wirtschaft, Schriften des Vereins für Socialpolitik, N. F. Bd. 20/I, Berlin 1960; 2. Aufl., Bd. 1, Berlin 1971, S. 185 - 199.

Arndt, Helmut (1974): Wirtschaftliche Macht. Tatsachen und Theorien, München 1974.

Arndt, Helmut (1975): Wettbewerb der Nachahmer und schöpferischer Wettbewerb, in: Klaus Herdzina (Hrsg.): Wettbewerbstheorie, Köln 1975, S. 246 - 268.

Arndt, Helmut (1976): Kapitalismus, Sozialismus, Konzentration und Konkurrenz, Tübingen 1976.

Arndt, Helmut (1979): Irrwege der Politischen Ökonomie, München 1979.

Arndt, Helmut und Ollenburg, Günter (1971): Begriff und Arten der Konzentration, in: Helmut Arndt (Hrsg.): Die Konzentration in der Wirtschaft, Schriften des Vereins für Socialpolitik, N. F. Bd. 20/I, Berlin 1960; 2. Aufl., Bd. 1, Berlin 1971, S. 3 - 39.

Backhaus, K. und Piltz, K. (Hrsg.) (1989): Strategische Allianzen, Sonderheft Nr. 27 der Zeitschrift für betriebswirtschaftliche Forschung, 1989.

Badaracco, J. L. (1991): Strategische Allianzen, Wien 1991.

Bain, Joe S. (1970): Funktionsfähiger Wettbewerb im Oligopol: Theoretische Überlegungen und einige empirische Beweise, in: Jürgen Poeche (Bearb.): Das Konzept der "Workable Competition" in der angelsächsischen Literatur, FIW-Dokumentation, H. 1, Köln, Berlin, Bonn, München 1970, S. 33 - 46.

Barnikel, Hans-Heinrich (1972): Kartelle in Deutschland. Entwicklung, theoretische Ansätze und rechtliche Regelungen, in: Hans-Heinrich Barnikel (Hrsg.): Theorie und Praxis der Kartelle, Darmstadt 1972, S. 1 - 64.

Barnikel, Hans-Heinrich (Hrsg.) (1972 a): Theorie und Praxis der Kartelle, Darmstadt 1972.

Barnikel, Hans-Heinrich (1975): Probleme der wirtschaftlichen Konzentration, Darmstadt 1975.

Bartling, Hartwig (1980): Leitbilder der Wettbewerbspolitik, München 1980.

Bartling, Hartwig (1981): Wettbewerbspolitik auf strukturell vermachteten Märkten, in: Zukunftsprobleme der Sozialen Marktwirtschaft. Schriften des Vereins für Socialpolitik, N. F. Bd. 116, Berlin 1981.

Bartling, Hartwig (1983): Wettbewerbliche Ausnahmebereiche, Rechtfertigung und Identifizierung, in: Manfred Feldsieper und Richard Groß (Hrsg.): Wirtschaftspolitik in weltoffener Wirtschaft, Berlin 1983, S. 325 - 346.

Bartling, Hartwig (1993): Schlußfolgerungen aus Entwicklungstendenzen der Wettbewerbstheorie für die Wettbewerbspolitik, in: Wirtschaft und Wettbewerb, Jg. 43 (1993), H. 1, S. 16 - 30.

Bartram, Dirk (1979): Zur Problematik der „Ministererlaubnis“ (§ 24 Abs. 3 GWB), in: Wirtschaft und Wettbewerb, 29. Jg. (1979), H. 6, S. 372 - 384.

Baum, Clemens und Möller, Hans-Hermann (1976): Die Messung der Unternehmenskonzentration und ihre statistischen Voraussetzungen in der Bundesrepublik Deutschland, Meisenheim a.d. Glan 1976.

Baum, Herbert und Wenzel, Rolf (1987/88): Konzentration und Leistungsfähigkeit. Ergebnisse zur Chicago-These für deutsche Industrien, in: List Forum, Bd. 14 (1987/88), H. 6, S. 333 - 344.

Benisch, Werner (1981): Kooperationserleichterungen und Wettbewerb, in: Helmut Cox,Uwe Jens und Kurt Markert (Hrsg.): Handbuch des Wettbewerbs, München 1981, S. 399 - 419.

Berg, Hartmut (1985): Internationale Wettbewerbsfähigkeit und nationale Zusammenschlußkontrolle, Köln 1985.

Berg, Hartmut (1985 a): Strategisches Management und funktionsfähiger Wettbewerb, in: Wirtschaft und Wettbewerb, Jg. 39 (1989), H. 12, S. 969 - 981.

Berg, Hartmut (1992): Wettbewerbspolitik, in: Vahlens Kompedium der Wirtschaftstheorie und Wirtschaftspolitik, 5. Aufl., Bd. 2, München 1992, S. 239 - 300.

Besters, Hans (1986): Neoliberalismus, in: Roland Vaubel und Hans D. Barbier (Hrsg.): Handbuch der Marktwirtschaft, Pfullingen 1986, S. 107 - 122.

Bittlingmayer, G. (1987): Die wettbewerbspolitischen Vorstellungen der Chicago-School, Wirtschaft und Wettbewerb, Jg. 37 (1987), H. 9, S. 709 -718.

Blum, Reinhard (1969): Soziale Marktwirtschaft. Wirtschaftspolitik zwischen Neoliberalismus und Ordoliberalismus, Tübingen 1969.

Böbel, Ingo (1984): Wettbewerb und Industriestruktur, Industrial Organization. Forschung im Überblick, Berlin, Heidelberg, New York, Tokio 1984.

Böbel, Ingo (1987/88): Marktmacht versus Effizienz: Ein wirtschaftspolitisches Dilemma?, in: List-Forum, Bd. 14 (1987/88), H. 1, S. 40 - 56.

Bombach, G., Gahlen, B. und Ott, E. (Hrsg.) (1976): Probleme der Wettbewerbstheorie und -politik, Tübingen 1976.

Borchardt, K. und Fikentscher, W. (1957): Wettbewerb, Wettbewerbsbeschränkungen, Marktbeherrschung, Stuttgart 1957.

Borchardt, Knut (Hrsg.) (1985): Europäische Wirtschaftsgeschichte, Bd. 4: Die Entwicklung der industriellen Gesellschaften, Stuttgart, New York 1985.

Borchert, Manfred und Grosseketteler, Heinz (1985): Preis- und Wettbewerbstheorie, Stuttgart, Berlin, Köln, Mainz 1985.

Borchert, Manfred, Fehl, Ulrich und Oberender, Peter (Hrsg.) (1987): Markt und Wettbewerb. Festschrift für Ernst Heuß zum 65. Geburtstag, Bern, Stuttgart 1987.

Bork, R. H. (1978): The antitrust paradox: A policy at war with itself, New York 1978.

Brandt, Karl (1971): Konzentration und wirtschaftliches Wachstum, in: Helmut Arndt (Hrsg.): Die Konzentration in der Wirtschaft, Schriften des Vereins für Socialpolitik, N. F. Bd. 20/I, Berlin 1960; 2. Aufl., Bd. 1, Berlin 1971, S. 253 - 300.

Brandt, Karl (1992/93): Geschichte der deutschen Volkswirtschaftslehre,
Bd. 1: Von der Scholastik bis zur klassischen Nationalölkonomie, Freiburg i. Br. 1992,
Bd. 2: Vom Historismus bis zur Neoklassik, Freiburg 1993.

Brandt, Karl (1994): Gleichgewichtsökonomische und prozeßtheoretische Ansatzpunkte zur Markterklärung in der deutschen klassischen Nationalökonomie, in: Wernhard Möschel, Manfred E. Streit und Ulrich Witt (Hrsg.): Marktwirtschaft und Rechtsordnung. Festschrift zum 70. Geburtstag von Prof. Dr. Erich Hoppmann, Baden-Baden 1994, S. 41 - 54.

Bühner, Rolf (1989): Die fusionskontrollrechtliche Bedeutung der Finanzkraft, in: Wirtschaft und Wettbewerb, Jg. 39 (1989), H. 4, S. 277 - 284.

Bundeskartellamt (Hrsg.): Tätigkeitsberichte, seit 1979 zweijährig.

Bundesministerium für Wirtschaft (Hrsg.) (1975): Wettbewerbsverzerrungen. Beispielkatalog des Bundeswirtschaftsministeriums, Sonderdruck aus: Wettbewerb in Recht und Praxis, H. 1 (1975), S. 24 - 32.

Bundesministerium für Wirtschaft (Hrsg.) (1976): Kooperationsfibel. Zwischenbetriebliche Zusammenarbeit im Rahmen des Gesetzes gegen Wettbewerbsbeschränkungen, Bonn 1976.

Bundesministerium für Wirtschaft (Hrsg.) (1992): Erfahrungsbericht über Ministererlaubnis-Verfahren bei Firmen-Fusionen. BMWi-Dokumentation Nr. 323, o.J. (1992).

Bunte, Hermann-Josef (1994): Ein Votum für eine 6. GWB-Novelle. Gründe, Leitlinien, Vorschläge für Einzelregelungen, in: Wirtschaft und Wettbewerb, Jg. 44 (1994), H. 1, S. 1 - 21.

Cassel, D., Gutmann, G. und Thieme, H. J. (Hrsg.) (1972): 25 Jahre Marktwirtschaft in der Bundesrepublik Deutschland. Konzeption und Wirklichkeit, Stuttgart 1972.

Cezanne, Wolfgang (1993): Allgemeine Volkswirtschaftslehre, München, Wien 1993.

Clapham, Ronald (1977): Von der Preistheorie zur Wettbewerbstheorie, in: WISU, 6. Jg. (1977), H. 3, S. 115 - 125.

Clapham, Ronald (1981): Das wettbewerbspolitische Konzept der Wettbewerbsfreiheit, in: Helmut Cox, Uwe Jens und Kurt Markert (Hrsg.): Handbuch des Wettbewerbs. Wettbewerbstheorie, Wettbewerbspolitik, Wettbewerbsrecht, München 1981, S. 129 - 148.

Clark, John M. (1961): Competition as a Dynamic Process, Washington D. C. 1961.

Clark, John M. (1970): Wettbewerb: Statische Leitbilder und dynamische Aspekte, in: Jürgen Poeche (Bearb.): Das Konzept der "Workable Competition" in der angelsächsischen Literatur, FIW-Dokumentation, H. 1, Köln, Berlin, Bonn, München 1970, S. 47 - 61.

Clark, John M. (1975): Toward a Concept of Workable Competition, in deutscher Übersetzung in: Klaus Herdzina (Hrsg.): Wettbewerbstheorie, Köln 1975, S. 143 - 160.

Clark, John M. (1975 a): Competition and the Objectives of Government Policy, in: E. H. Chamberlin (Hrsg.): Monopoly and Competition and their Regulations, London 1954, S. 324 - 328; in Auszügen in deutscher Übersetzung als: Wettbewerb und die Ziele der Wirtschaftspolitik: Wettbewerb als dynamischer Prozeß, in: Klaus Herdzina (Hrsg.): Wettbewerbstheorie, Köln 1975, S. 269 - 274.

Commerzbank AG (Hrsg.) (1994): Wer gehört zu wem. Beteiligungsverhältnisse in Deutschland, 18. Aufl., Frankfurt am Main 1994.

Cox, Helmut (1981): Kartelle. Strukturanalyse, Wettbewerbswirkungen und wettbewerbspolitische Beurteilung, in: Helmut Cox, Uwe Jens und Kurt Markert (Hrsg.): Handbuch des Wettbewerbs, München 1981, S. 225 - 269.

Cox, Helmut, Jens, Uwe und Markert, Kurt (Hrsg.) (1981): Handbuch des Wettbewerbs. Wettbewerbstheorie, Wettbewerbspolitik, Wettbewerbsrecht, München 1981.

Donges, Juergen (1989): Deregulierung als ordnungspolitische Aufgabe im EG-Binnenmarkt, in: List Forum, Bd. 15 (1989), H. 3, S. 257 - 275.

Dunn, Malcolm H. (1994): Neue Industriepolitik oder Stärkung der Marktkräfte? Einige wettbewerbs- und innovationstheoretische Anmerkungen zur gegenwärtig geführten Diskussion, unveröffentl. Manuskript TH Darmstadt 1994.

Ehlermann, C. D. (1991): Die europäische Fusionskontrolle. Erste Erfahrungen, in: Wirtschaft und Wettbewerb, Jg. 41 (1991), H. 7/8, S. 535 - 545.

Ehlermann, C. D. (1992): Der Beitrag der Wettbewerbspolitik zum Europäischen Binnenmarkt, in: Wirtschaft und Wettbewerb, Jg. 42 (1992), H. 1, S. 5 - 20.

Eickhoff, Norbert (1986): Theorien des Markt- und Wettbewerbsversagens, in: Wirtschaftsdienst, 66 (1986), H. IX, S. 468 - 476.

Emmerich, Volker (1976): Wettbewerbsrecht, 2. Aufl., München 1976.

Emmerich, Volker (1987): Die Problematik der Ausnahmebereiche im GWB, in: Herbert Helmrich (Hrsg.) (1987): Wettbewerbspolitik und Wettbewerbsrecht. Zur Diskussion um die Novellierung des GWB, Köln u.a.1987, S. 237 - 250.

Emmerich, Volker (1988): Kartellrecht, 5. Aufl., München 1988.

Emmerich, Volker (1989): Die Ausnahmebereiche in dem Regierungsentwurf der fünften GWB-Novelle, in: Wirtschaft und Wettbewerb, Jg. 39 (1989), H. 5, S. 363 - 376.

Engels, Wolfram (1991): Freiburger Imperativ, in: Wirtschaftswoche, Nr. 4 v. 18.1.1991, S. 110.

Enke, Harald (1972): Kartelltheorie. Begriff, Standort und Entwicklung, Tübingen 1972.

Erhard, Ludwig (1981): Das Programm der Wirtschaftsreform (1948), in: Wolfgang Stützel, Christian Watrin, Hans Willgerodt und Karl Hohmann (Hrsg.): Grundtexte zur Sozialen Marktwirtschaft. Zeugnisse aus zweihundert Jahren ordnungspolitischer Diskussion, Stuttgart, New York 1981, S. 39 - 42.

Erhard, Ludwig (1990): Wohlstand für alle. Aktualisierte Neuauflage, bearb. von Wolfram Langer, 4. Aufl., Düsseldorf 1990.

Eucken, Walter (1949): Die Wettbewerbsordnung und ihre Verwirklichung, Ordo, Bd. 2 (1949), S. 1 ff.

Eucken, Walter (1965): Die Grundlagen der Nationalökonomie, 8. Aufl., Berlin 1965.

Eucken, Walter (1990): Grundsätze der Wirtschaftspolitik, 6. Aufl., hrsg. v. Edith Eucken und K. Paul Hensel, Tübingen 1990.

Europäische Gemeinschaften, Kommission (Hrsg.) (1989): Die Wettbewerbspolitik im europäischen Binnenmarkt, zweite Ausgabe, Europäische Dokumentation 1/1989.

Fetscher, Iring (1973): Der Marxismus. Seine Geschichte in Dokumenten. Philosophie, Ideologie, Ökonomie, Soziologie, Politik, 2. Aufl., München 1973.

Franke, J. (1985): Messung der wirtschaftlichen Konzentration, in: WISU, Jg. 14 (1985), H. 4, S. 207 - 214.

Fuest, Winfried und Kroker, Rolf (1981): Privatisierung öffentlicher Aufgaben, Beiträge zur Wirtschafts- und Sozialpolitik, hrsg. v. Institut der deutschen Wirtschaft, Nr. 89, Köln 1981.

Fusfeld, D. R. (1975): Geschichte und Aktualität ökonomischer Theorien. Vom Merkantilismus bis zur Gegenwart, Frankfurt, New York 1975.

Galbraith, John Kenneth (1992): Baisse. Ein Professor mit Vermögen. Roman, Frankfurt am Main 1992.

Giersch, Herbert (1960): Allgemeine Wirtschaftspolitik, Erster Band: Grundlagen, Wiesbaden 1960.

Gotthold, Jürgen (1975): Macht und Wettbewerb in der Wirtschaft, Köln 1975.

Groger, Thomas und Janicke, Thomas (1992): Weiterentwicklungen des Europäischen Wettbewerbsrechts, in: Wirtschaft und Wettbewerb, Jg. 42 (1992), H. 12, S. 991 - 1005.

Gröner, Helmut (1981): Wettbewerbliche Ausnahmebereiche im GWB: Das Beispiel der Elektrizitätsversorgung, in: Helmut Cox, Uwe Jens und Kurt Markert (Hrsg.): Handbuch des Wettbewerbs, München 1981, S. 421 - 455.

Günther, Eberhard (1975): Kartelle, in: Handwörterbuch der Betriebswirtschaft, 4. Aufl., Stuttgart 1975, Sp. 2134 - 2144.

Günther, Eberhard (1975 a): Die geistigen Grundlagen des sogenannten Josten-Entwurfs, in: Heinz Sauermann und Ernst-Joachim Mestmäcker (Hrsg.): Wirtschaftsordnung und Staatsverfassung. Festschrift für Franz Böhm zum 80. Geburtstag, Tübingen 1975, S. 183 - 204.

Gutmann, Gernot (1972): Individuelle Freiheit, Macht und Wirtschaftslenkung. Zur neoliberalen Konzeption einer marktwirtschaftlichen Ordnung, in: D. Cassel, G. Gutmann und H. J. Thieme (Hrsg.): 25 Jahre Marktwirtschaft in der Bundesrepublik Deutschland. Konzeption und Wirklichkeit, Stuttgart 1972, S. 3 -17.

Gutzler, H., Herion, W. und Kaiser, J. H. (Hrsg.) (1976): Wettbewerb im Wandel. Eberhard Günther zum 65. Geburtstag, Baden-Baden 1976.

Hamm, Walter (1978): Staatsaufsicht über wettbewerbspolitische Ausnahmebereiche als Ursache ökonomischer Fehlentwicklungen, in: Ordo, Bd. 29 (1978), S. 156 - 172.

Hansen, Knud (1991): Zur Aktualität des "Freiburger Imperativs", in: Wirtschaft und Wettbewerb, Jg. 41 (1991), H. 4, S. 287 - 290.

Hayek, Friedrich A. v. (1967): Grundsätze einer liberaleren Gesellschaftsordnung, in: Ordo, Bd. 18 (1967), S. 11 - 33.

Hayek, Friedrich A. v. (1969): Der Wettbewerb als Entdeckungsverfahren, in: Freiburger Studien, Gesammelte Aufsätze von F. A. v. Hayek, Tübingen 1969, S. 249 - 265; zuerst in: Kieler Vorträge, N.F., H. 56, Kiel 1968.

Hayek, Friedrich A. v. (1971): Die Verfassung der Freiheit, Tübingen 1971.

Hefermehl, Wolfgang (1992): Einführung, in: Wettbewerbsrecht und Kartellrecht, Gesetzessammlung, 15. Aufl., München 1992, S. 9 - 43.

Helmrich, Herbert (Hrsg.) (1987): Wettbewerbspolitik und Wettbewerbsrecht. Zur Diskussion um die Novellierung des GWB, Köln, Berlin, Bonn, München 1987.

Henning, Friedrich-Wilhelm: Wirtschafts- und Sozialgeschichte Deutschlands,
Bd. 1: Das vorindustrialisierte Deutschland 800 bis 1800, 4. Aufl., Paderborn, München, Zürich 1985;
Bd. 2: Die Industrialisierung in Deutschland 1800 bis 1914, 4. Aufl., Paderborn 1978;
Bd. 3: Das industrialisierte Deutschland 1914 bis 1990, 7. Aufl., Paderborn 1991.

Herdzina, Klaus (Hrsg.) (1975): Wettbewerbstheorie, Köln 1975.

Herdzina, Klaus (1988): Möglichkeiten und Grenzen einer wirtschaftstheoretischen Fundierung der Wettbewerbspolitik, Vorträge und Aufsätze aus dem Walter-Eucken-Institut, Bd. 116, Tübingen 1988.

Herdzina, Klaus (1991): Wettbewerbspolitik, 3. Aufl., Stuttgart 1991.

Heuss, Ernst (1965): Allgemeine Markttheorie, Tübingen 1965.

Heuss, Ernst (1968): Die Wettbewerbs- und Wachstumsproblematik des Oligopols, in: Hans Karl Schneider (Hrsg.): Grundlagen der Wettbewerbspolitik. Schriften des Vereins für Socialpolitik, N.F., Bd. 48, Berlin 1968, S. 50 - 70.

Hillebrand, Konrad A. (1992): Elementare Mikroökonomik, München, Wien 1992.

Hoppmann, Erich (1966): Das Konzept der optimalen Wettbewerbsintensität. Rivalität oder Freiheit des Wettbewerbs: Zum Problem eines wettbewerbspolitisch adäquaten Ansatzes der Wettbewerbstheorie, in: Jahrbücher für Nationalökonomie und Statistik, Bd. 179 (1966), S. 286 - 323.

Hoppmann, Erich (1966 a): Preismeldestellen und Wettbewerb, in: Wirtschaft und Wettbewerb, Jg. 16 (1966), H. 2, S. 97 - 121.

Hoppmann, Erich (1967): Wettbewerb als Norm der Wettbewerbspolitik, in: Ordo, Bd. 18 (1967), S. 77 - 94.

Hoppmann, Erich (1968): Zum Problem einer wirtschaftspolitisch praktikablen Definition des Wettbewerbs, in: Hans K. Schneider (Hrsg.): Grundlagen der Wettbewerbspolitik. Schriften des Vereins für Socialpolitik, N. F. Bd. 48, Berlin 1968, S. 9 - 49.

Hoppmann, Erich (1972): Fusionskontrolle, Tübingen 1972.

Hoppmann, Erich (1973): Zur ökonomischen Begründung von Ausnahmebereichen. Zugleich eine Bemerkung zum Diskussionsbeitrag von M. Tolksdorf "Hoppmanns neoklassische Wettbewerbstheorie als Grundlage der Wettbewerbspolitik", in: Jahrbücher für Nationalökonomie und Statistik, Bd. 187 (1973), S. 161- 169.

Hoppmann, Erich (1977): Marktmacht und Wettbewerb. Beurteilungskriterien und Lösungsmöglichkeiten, Tübingen 1977.

Hoppmann, Erich (Hrsg.) (1988): Wirtschaftsordnung und Wettbewerb, Baden-Baden 1988.

Hoppmann, Erich (1992): Freiheit, Marktwirtschaft und ökonomische Effizienz, in: List Forum, Bd. 18 (1992), H. 2, S. 97 - 111.

Horn, Manfred, Knieps, Günter und Müller, Jürgen (1988): Deregulierungsmaßnahmen in den USA: Schlußfolgerungen für die Bundesrepublik Deutschland. Gutachten des Deutschen Instituts für Wirtschaftsforschung, Berlin, im Auftrage des Bundesministers für Wirtschaft, Baden-Baden 1988.

Hunt, E. K., Sherman, Howard und Sherman, J. (1993): Volkswirtschaftslehre. Einführung aus traditioneller und kritischer Sicht, Bd. 1: Mikroökonomie, Frankfurt, New York 1993.

Immenga, U. (1972): Die wettbewerblichen Ausnahmebereiche als Gegenstand staatlicher und privater Martkregelungen, ein ordnungspolitisches Problem, in: D. Cassel, G. Gutmann und H. J. Thieme (Hrsg.): 25 Jahre Marktwirtschaft in der Bundesrepublik Deutschland. Konzeption und Wirklichkeit, Stuttgart 1972, S. 148 - 161.

Immenga, Ulrich (1987): Zusammenschlüsse zwischen Großunternehmen als Gegenstand des Rechts der Wettbewerbsbeschränkungen, in: Herbert Helmrich (Hrsg.) (1987): Wettbewerbspolitik und Wettbewerbsrecht. Zur Diskussion um die Novellierung des GWB, Köln u.a.1987, S. 185 - 198.

Immenga, U. und Mestmäcker, E.-J. (1992): Gesetz gegen Wettbewerbsbeschränkungen. Kommentar, 2. Aufl., München 1992.

Immler, Hans (1985): Natur in der ökonomischen Theorie. Teil 1: Vorklassik - Klassik - Marx, Teil 2: Naturherrschaft als ökonomische Theorie - Die Physiokraten, Opladen 1985.

Issing, Otmar (Hrsg.) (1988): Geschichte der Nationalökonomie, 2. Aufl., München 1988.

Jäckering, Werner (1977): Die politischen Auseinandersetzungen um die Novellierung des Gesetzes gegen Wettbewerbsbeschränkungen (GWB), Berlin 1977.

Jens, Uwe (1981): Möglichkeiten und Grenzen rationaler Wettbewerbspolitik in Demokratien, in: Helmut Cox, Uwe Jens und Kurt Markert (Hrsg.): Handbuch des Wettbewerbs, München 1981, S. 169 - 192.

Jüttner-Kramny, Lioba (1982): Das Phänomen "Nachfragemacht", in: Wirtschaft und Wettbewerb, Jg. 32 (1982), H. 4, S. 278 - 288.

Kajüter, Peter (1994): Internationale strategische Allianzen im europäischen Finanzsektor, in: Die Bank, Nr. 4 (1994), S. 196 - 201.

Kallfass, Hermann H. (1980): Die Chicago-School. Eine Skizze des "neuen amerikanischen Ansatzes für die Wettbewerbspolitik", in: Wirtschaft und Wettbewerb, Jg. 30 (1980), H. 9, S. 596 - 601.

Kantzenbach, Erhard (1967): Die Funktionsfähigkeit des Wettbewerbs, 2. Aufl., Göttingen 1967.

Kantzenbach, Erhard (1967 a): Das Konzept der optimalen Wettbewerbsintensität. Eine Erwiderung auf den gleichnamigen Besprechungsaufsatz von Erich Hoppmann, in: Jahrbücher für Nationalökonomie und Statistik, Bd. 181 (1967), S. 193 - 241.

Kantzenbach, Erhard (1971): Konzentration als Problem der Konkurrenzwirtschaft, in: Helmut Arndt (Hrsg.): Die Konzentration in der Wirtschaft, Schriften des Vereins für Socialpolitik, N. F. Bd. 20/I, Berlin 1960; 2. Aufl., Bd. 1, Berlin 1971, S. 159 - 183.

Kantzenbach, Erhard (1994): Unternehmenskonzentration und Wettbewerb, in: Wirtschaft und Wettbewerb, Jg. 44 (1994), H. 4, S. 294 - 302.

Kantzenbach, Erhard und Kallfass, Hermanh H. (1981): Das Konzept des funktionsfähigen Wettbewerbs - Workable Competition -, in: Helmut Cox, Uwe Jens und Kurt Markert (Hrsg.): Handbuch des Wettbewerbs, München 1981, S. 103 - 127.

Kartte, Wolfgang (1969): Ein neues Leitbild für die Wettbewerbspolitik, FIW-Schriften, H. 49, Köln, Berlin, Bonn, München 1969.

Kartte, Wolfgang und Holtschneider, Rainer (1981): Konzeptionelle Ansätze und Anwendungsprinzipien im Gesetz gegen Wettbewerbsbeschränkungen. Zur Geschichte des GWB, in: Helmut Cox, Uwe Jens und Kurt Markert (Hrsg.): Handbuch des Wettbewerbs, München 1981, S. 193 - 224.

Kartte, Wolfgang (1987): Unternehmensgröße und internationale Wettbewerbsfähigkeit, in: Herbert Helmrich (Hrsg.) (1987): Wettbewerbspolitik und Wettbewerbsrecht. Zur Diskussion um die Novellierung des GWB, Köln u.a.1987, S. 199 - 207.

Kaufer, Erich (1967): Die Bestimmung von Marktmacht, Bern, Stuttgart 1967.

Kaufer, Erich (1967 a): Das Konzept der optimalen Wettbewerbsintensität. Eine Replik, in: Jahrbücher für Nationalökonomie und Statistik, Bd. 181 (1967), S. 242 - 250.

Kaufer, Erich (1967 b): Kantzenbachs Konzept des funktionsfähigen Wettbewerbs, in: Jahrbücher für Nationalökonomie und Statistik, Bd. 179 (1967), S. 481 - 492.

Kaufer, Erich (1977): Konzentration und Fusionskontrolle, Tübingen 1977.

Kaufer, Erich (1980): Industrieökonomik. Eine Einführung in die Wettbewerbstheorie, München 1980.

Kaufer, Erich (1981): Theorie der öffentlichen Regulierung, München 1981.

Kellerer, Hans und Schaich, Eberhard (1971): Statistische Probleme der Erfassung von Konzentrationsphänomenen, in: Helmut Arndt (Hrsg.): Die Konzentration in der Wirtschaft, Schriften des Vereins für Socialpolitik, N. F. Bd. 20/I, Berlin 1960; 2. Aufl., Bd. 1, Berlin 1971, S. 41 - 74.

Keynes, John Maynard (1936): Allgemeine Theorie der Beschäftigung, des Zinses und des Geldes, München, Leipzig 1936.

Körner, Heiko (1977): Theoretische Grundlagen der Wirtschaftspolitik, Köln 1977.

Krakowski, M. (Hrsg.) (1988): Regulierung in der Bundesrepublik Deutschland. Die Ausnahmebereiche des Gesetzes gegen Wettbewerbsbeschränkungen, Hamburg 1988.

Kroker, Rolf (1985): Deregulierung und Entbürokratisierung, Beiträge zur Wirtschafts- und Sozialpolitik, hrsg. v. Institut der deutschen Wirtschaft, Nr. 130, Köln 1985.

Kruse, Jörn (1989): Ordnungstheoretische Grundlagen der Deregulierung, in: Hellmuth St. Seidenfuß (Hrsg.): Deregulierung - eine Herausforderung an die Wirtschafts- und Sozialpolitik in der Marktwirtschaft, Schriften des Vereins für Socialpolitik, N. F. Bd. 184, Berlin 1989, S. 9 - 35.

Kühn, Klaus-Dieter (1978): Abgestimmtes und sogenanntes bewußtes Parallelverhalten auf Oligopolmärkten, Zürich, Frankfurt 1978.

Kurz, Heinz D. (Hrsg.) (1991): Adam Smith (1723 - 1790). Ein Leben und seine Wirkungsgeschichte, Marburg 1991.

Kurz, Rudi und Rall, Lothar (1983): Behinderungsmißbrauch: Probleme einer ordnungskonformen Konkretisierung, Tübingen 1983.

Lambsdorf, Otto Graf (1987): Kein verordneter Wettbewerb. Deregulierung statt weiterer Regulierung im Kartellrecht, in: Herbert Helmrich (Hrsg.): Wettbewerbspolitik und Wettbewerbsrecht. Zur Diskussion um die Novellierung des GWB, Köln, Berlin, Bonn, München1987, S. 59 - 72.

Langfeld, Enno (1986): Wettbewerbsordnung, in: Roland Vaubel und Hans D. Barbier (Hrsg.): Handbuch der Marktwirtschaft, Pfullingen 1986, S. 206 - 217.

Läufer, Thomas (Bearb.) (1992): Europäische Gemeinschaft - Europäische Union. Die Vertragstexte von Maastricht, Bonn 1992.

Lenel, Hans Otto (1972): Kontrolle des Entstehens und Mißbrauchs wirtschaftlicher Macht, in: D. Cassel, G. Gutmann und H. J. Thieme (Hrsg.): 25 Jahre Marktwirtschaft in der Bundesrepublik Deutschland. Konzeption und Wirklichkeit, Stuttgart 1972, S. 77 - 92.

Lenel, Hans Otto (1975): Walter Euckens ordnungspolitische Konzeption, die wirtschaftspolitische Lehre in der Bundesrepublik Deutschland und die Wettbewerbstheorie von heute, in: Ordo, Bd. 26 (1975), S. 22 - 78.

Lenel, Hans Otto (1988): Konzentration, in: Handwörterbuch der Wirtschaftswissenschaften, Bd. 4, Stuttgart, New York, Tübingen, Göttingen, Zürich 1988, S. 540 - 565.

Lutz, Friedrich A. (1956): Bemerkungen zum Monopolproblem, in: Ordo, Bd. 8 (1956), S. 19 - 43.

Marfels, Christian (1977): Erfassung und Darstellung industrieller Konzentration. Statistische Grundlagen und Möglichkeiten, Baden-Baden 1977.

Markert, Kurt, (1981): Die Mißbrauchsaufsicht über marktbeherrschende Unternehmen, in: Helmut Cox, Uwe Jens und Kurt Markert (Hrsg.): Handbuch des Wettbewerbs, München 1981, S. 297 - 329.

Marx, Karl (1956): Das Kapital, Bd. I, in: Karl Marx/Friedrich Engels: Werke, Bd. 23, Berlin 1956.

Mestmäcker, Ernst-Joachim (1984): Der verwaltete Wettbewerb, Tübingen 1984.

Molitor, Bruno (1985/86): Reformbedarf in der Wettbewerbspolitik, in: List Forum, Bd. 13 (1985/86), H. 6, S. 346 - 370.

Monopolkommission (1976): Hauptgutachten I (1973/1975): Mehr Wettbewerb ist möglich, Baden-Baden 1976, 2. Aufl. 1977.

Monopolkommission (1978): Hauptgutachten II /1976/1977: Fortschreitende Konzentration bei Großunternehmen, Baden-Baden 1978.

Monopolkommission (1980): Hauptgutachten III (1978/1979: Fusionskontrolle bleibt vorrangig, Baden-Baden 1980.

Monopolkommission (1982): Hauptgutachten IV (1980/1981): Fortschritte bei der Konzentrationserfassung, Baden-Baden 1982.

Monopolkommission (1984): Hauptgutachten V (1982/1983): Ökonomische Kriterien für die Rechtsanwendung, Baden-Baden 1984.

Monopolkommission (1986): Hauptgutachten VI (1984/1985): Gesamtwirtschaftliche Chancen und Risiken wachsender Unternehmensgrößen, Baden-Baden 1986.

Monopolkommission (1988): Hauptgutachten VII (1986/1987): Die Wettbewerbsordnung erweitern, Baden-Baden 1988.

Monopolkommission (1990): Hauptgutachten VIII (1988/1989): Wettbewerbspolitik vor neuen Herausforderungen, Baden-Baden 1990.

Monopolkommission, (1992): Hauptgutachten IX (1990/1991): Wettbewerbspolitik oder Industriepolitik, Baden-Baden 1992.

Monopolkommission (1975 a): Sondergutachten 1: Anwendung und Möglichkeiten der Mißbrauchsaufsicht über marktbeherrschende Unternehmen seit Inkrafttreten der Kartellgesetznovelle, Baden-Baden 1975.

Monopolkommission (1975 b): Sondergutachten 2: Wettbewerbliche und strukturelle Aspekte einer Zusammenfassung von Unternehmen im Energiebereich (VEBA/Gelsenberg), Baden-Baden 1975.

Monopolkommission (1975): Sondergutachten 3: Zusammenschlußvorhaben der Kaiser Aluminium & Chemical Corporation, der Preussag AG und der Vereinigte Industrie-Unternehmungen, Baden-Baden 1975.

Monopolkommission (1977): Sondergutachten 4: Zusammenschluß der Deutsche Babcock AG mit der Artos-Gruppe, Baden-Baden 1977.

Monopolkommission (1977): Sondergutachten 5: Zur Entwicklung der Fusionskontrolle, Baden-Baden 1977.

Monopolkommission (1977 a): Sondergutachten 6: Zusammenschluß der Thyssen Industrie AG mit der Hüller Hille GmbH, Baden-Baden 1977.

Monopolkommission (1977 b): Sondergutachten 7: Mißbräuche der Nachfragemacht und Möglichkeiten zu ihrer Kontrolle im Rahmen des Gesetzes gegen Wettbewerbsbeschränkungen, Baden-Baden 1977.

Monopolkommission (1979): Sondergutachten 8: Zusammenschlußvorhaben der Deutschen BP AG und der VEBA AG, Baden-Baden 1979.

Monopolkommission (1981): Sondergutachten 9: Die Rolle der Deutschen Bundespost im Fernmeldewesen, Baden-Baden 1981.

Monopolkommission (1982): Sondergutachten 10: Zusammenschluß der IBH Holding AG mit der WIBAU AG, Baden-Baden 1982.

Monopolkommission (1981 a): Sondergutachten 11: Wettbewerbsprobleme bei der Einführung von privatem Hörfunk und Fernsehen, Baden-Baden 1981.

Monopolkommission (1981 b): Sondergutachten 12: Zusammenschluß der Burda Verwaltungs KG mit der Axel Springer GmbH/Axel Springer Gesellschaft für Publizistik GmbH & Co., Baden-Baden 1982.

Monopolkommission (1983): Sondergutachten 13: Zur Neuordnung der Stahlindustrie, Baden-Baden 1983.

Monopolkommission (1985): Sondergutachten 14: Die Konzentration im Lebensmittelhandel, Baden-Baden 1985.

Monopolkommission (1986): Sondergutachten 15: Zusammenschluß der Klöckner-Werke AG mit der Seitz Enzinger Noll Maschinenbau AG, Baden-Baden 1986.

Monopolkommission (1986 a): Sondergutachten 16: Zusammenschlußvorhaben der Vereinigte Elektrizitätswerke Westfalen AG mit der Société Nouvelle Sidéchar S.A. (Ruhrkohle AG), Baden-Baden 1986

Monopolkommission (1989): Sondergutachten 17: Konzeption einer europäischen Fusionskontrolle, Baden-Baden 1989.

Monopolkommission (1989 a): Sondergutachten 18: Zusammenschlußvorhaben der Daimler-Benz AG mit der Messerschmitt-Bölkow-Blohm GmbH, Baden-Baden 1989.

Monopolkommission (1989 b): Sondergutachten 19: Zusammenschlußvorhaben der MAN Aktiengesellschaft und der Gebrüder Sulzer Aktiengesellschaft, Baden-Baden 1989.

Monopolkommission (1991): Sondergutachten 20: Zur Neuordnung der Telekommunikation, Baden-Baden 1991.

Monopolkommission (1991 a): Sondergutachten 21: Die Mißbrauchsaufsicht über Gas- und Fernwärmeunternehmen, Baden-Baden 1991.

Monopolkommission (1992): Sondergutachten 22: Zusammenschlußvorhaben der BayWa Aktiengesellschaft und der WLZ Raiffeisen Aktiengesellschaft, Baden-Baden 1992.

Möschel, Wernhard (1974): Der Oligopolmißbrauch im Recht der Wettbewerbsbeschränkungen. Eine vergleichende Untersuchung zum Recht der USA, Großbritanniens, der EWG und der Bundesrepublik Deutschland, Tübingen 1974.

Möschel, Wernhard (1978): Pressekonzentration und Wettbewerbsgesetz, Tübingen 1978,

Möschel, Wernhard (1981): Zur wettbewerbspolitischen Begründbarkeit von Ausnahmebereichen, in: Ordo, Bd. 32 (1981), S. 85 - 102.

Möschel, Wernhard (1983): Recht der Wettbewerbsbeschränkungen, Köln, Berlin, Bonn, München 1983.

Möschel, Wernhard (1987): 30 Jahre Kartellgesetz - erneuter Prüfungs- und Handlungsbedarf?, in: Herbert Helmrich (Hrsg.): Wettbewerbspolitik und Wettbewerbsrecht. Zur Diskussion um die Novellierung des GWB, Köln, Berlin, Bonn, München 1987, S. 3 - 18.

Möschel, Wernhard, Streit, Manfred E. und Witt, Ulrich (Hrsg.) (1994): Marktwirtschaft und Rechtsordnung. Festschrift zum 70. Geburtstag von Prof. Dr. Erich Hoppmann, Baden-Baden 1994.

Müller, Udo (1975): Wettbewerb, Unternehmenskonzentration und Innovation, Göttingen 1975.

Müller, Udo und Pöhlmann, Hartmut (1977): Allgemeine Volkswirtschaftslehre. Einführung und Mikroökonomik, Wiesbaden 1977.

Müller-Armack, Alfred (1956): Soziale Marktwirtschaft, in: Handwörterbuch der Sozialwissenschaften, Bd. 9, Stuttgart, Tübingen, Göttingen 1956, S. 390 - 392.

Müller-Armack, Alfred (1981): Die Wirtschaftsordnung, sozial gesehen, in: Wolfgang Stützel, Christian Watrin, Hans Willgerodt und Karl Hohmann (Hrsg.): Grundtexte zur Sozialen Marktwirtschaft. Zeugnisse aus zweihundert Jahren ordnungspolitischer Diskussion, Stuttgart, New York 1981, S. 19 - 34.

Nagel, Bernhard (1981): Fusion und Fusionskontrolle, in: Helmut Cox, Uwe Jens und Kurt Markert (Hrsg.): Handbuch des Wettbewerbs, München 1981, S. 331 - 365.

Neumann, Carl Wolfgang (1982): Historische Entwicklung und heutiger Stand der Wettbewerbstheorie. Kritische Bestandsaufnahme zum Disput zwischen "funktionsfähigem Wettbewerb" und "neuklassischem/freiem Wettbewerb" um ein angemessenes Wettbewerbskonzept, einschließlich der dogmenhistorischen Wurzeln, Königstein/Ts. 1982.

Niehans, J. (1954): Das ökonomische Problem des technischen Fortschritts, in: Schweizerische Zeitschrift für Volkswirtschaft und Statistik, 90. Jg. 1954, S. 145 ff.

Obermann, Stefan (1992): Deregulierung und dynamischer Wettbewerb. Das Beispiel des US-Luftverkehrsmarktes, in: List Forum, Bd. 18 (1992), H. 1, S. 67 - 84.

Olten, Rainer (1982): Die Entwicklung von Wettbewerbstheorie und Wettbewerbspolitik in Deutschland. Instrumentalistischer oder systemtheoretischer Ansatz der Wettbewerbspolitik, Diskussionsschriften des Fachbereichs Wirtschaftswissenschaften der Gesamthochschule - Universität - Kassel Nr. 6, Kassel 1982.

Olten, Rainer (1990): Karl Murhard. Gelehrter und liberaler Nationalökonom in Kassel. Leben und Werk. Ein Beitrag zur Wirkungsgeschichte der klassischen Nationalökonomie im Übergang zur Industriegesellschaft in Kurhessen, Kassel 1990.

Olten, Rainer (1993): Soziale Marktwirtschaft in den 90er Jahren. Anspruch und Realität, Sonderdruck, Kassel 1993.

Ott, Alfred E. und Winkel, Harald (1985): Geschichte der theoretischen Volkswirtschaftslehre. Grundriß der Sozialwissenschaft, hrsg. v. Harald Jürgensen, Bd. 31, Göttingen 1985.

Piesch, Walter und Schmidt, Ingo (1983): Die Verwendbarkeit von Konzentrationsmaßen in der Europäischen Wettbewerbspolitik, Brüssel, Luxemburg 1983.

Poeche, Jürgen (1970): Workable Competition als wettbewerbspolitisches Leitbild, in: Jürgen Poeche (Bearb.): Das Konzept der "Workable Competition" in der angelsächsischen Literatur, FIW-Dokumentation, H. 1, Köln, Berlin, Bonn, München 1970, S. 9 - 32.

Poeche, Jürgen (Bearb.) (1970 a): Das Konzept der "Workable Competition" in der angelsächsischen Literatur, FIW-Dokumentation, H. 1, Köln, Berlin, Bonn, München 1970

Posner, R. A. (1976): Antitrust law: An Economic perspective, Chicago 1976.

Prosi, G. (1994): Wettbewerb. Das Prinzip Freiheit und das Prinzip Verantwortung, in: Wernhard Möschel, Manfred E. Streit und Ulrich Witt (Hrsg.): Marktwirtschaft und Rechtsordnung. Festschrift zum 70. Geburtstag von Prof. Dr. Erich Hoppmann, Baden-Baden 1994, S. 127 - 142.

Recktenwald, Horst Claus (1988): Die Klassik der ökonomischen Wissenschaft, in: Geschichte der Nationalökonomie, hrsg. v. Otmar Issing, 2. Aufl., München 1988, S. 49 - 72.

Reuter, Ute Karin (1967): Erfahrungen mit staatlicher Kartellpolitik in Deutschland von 1900 bis 1964, Zürich 1967.

Rittner, Fritz (1993): Wettbewerbs- und Kartellrecht. Eine systmatische Darstellung für Studium und Praxis, 4. Aufl., Heidelberg 1993.

Robert, Rüdiger (1976): Konzentrationspolitik in der Bundesrepublik. Das Beispiel der Entstehung des GWB, Berlin 1976.

Röpke, Wilhelm (1961): Die Lehre von der Wirtschaft, 9. Aufl., Erlenbach-Zürich, Stuttgart 1961.

Sartorius von Waltershausen, A. (1923): Deutsche Wirtschaftsgeschichte 1815 - 1914, 2. Aufl., Jena 1923.

Sauter, Alfred (1987): Mißbrauch von Nachfragemacht und Behinderung unterlegener Wettbewerber. Ungelöste Probleme, in: Herbert Helmrich (Hrsg.): Wettbewerbspolitik und Wettbewerbsrecht. Zur Diskussion um die Novellierung des GWB, Köln, Berlin, Bonn, München 1987, S. 107 - 105.

Schlecht, Otto (1987): Ein neuer Ordnungsrahmen für dynamischen Wettbewerb?, in: Herbert Helmrich (Hrsg.): Wettbewerbspolitik und Wettbewerbsrecht. Zur Diskussion um die Novellierung des GWB, Köln, Berlin, Bonn, München 1987, S. 35 - 48.

Schmidt, Ingo (1965): Relevanter Markt, Marktbeherrschung und Mißbrauch in §§ 22 GWB und Art. 86 EWGV, in: Wirtschaft und Wettbewerb, 15. Jg. (1965), S. 453 - 494.

Schmidt, Ingo (1973): US-amerikanische und deutsche Wettbewerbspolitik gegenüber Marktmacht, Berlin 1973.

Schmidt, Ingo (1981): Wettbewerbspolitik in den USA, in: Helmut Cox, Uwe Jens und Kurt Markert (Hrsg.): Handbuch des Wettbewerbs, München 1981, S. 533 - 556.

Schmidt, Ingo (1993): Wettbewerbspolitik und Kartellrecht, 4. Aufl., Stuttgart, Jena, New York 1993.

Schmidt, Ingo und Rittaler, Jan B. (1986): Chicago School of Antitrust Analysis. Ökonomische Analyse des Wettbewerbsrechts, in: WiSt, Jg. 15 (1986), H. 6, S. 283 - 290.

Schmidt, Ingo und Rittaler, Jan B. (1987): Marktphasen und Wettbewerb, in: WiSt, Jg. 16 (1987), H. 12, S. 597 - 602.

Schmidt, Ingo und Röhrich, Marianne (1992): Zielkonflikte zwischen dem Erhalt kompetiver Marktstrukturen und der Realisierung von Effizienzsteigerungen durch externes Unternehmenswachstum, in: WiSt, Jg. 21 (1992), H. 4, S. 179 - 184.

Schmidt, Karl-Heinz (1979): Wirtschaftspolitik. Eine problemorientierte Einführung, Stuttgart, Berlin, Köln, Mainz 1979.

Schmidtchen, D. (1988): Fehlurteile über das Konzept der Wettbewerbsfreiheit, in: Ordo, Bd. 39 (1988), S. 111 - 135.

Schmidtchen, D. (1994): Antitrust zwischen Marktmachtphobie und Effizienzeuphorie: Alte Theorien - neue Ansätze, in: Wernhard Möschel, Manfred E. Streit und Ulrich Witt (Hrsg.): Marktwirtschaft und Rechtsordnung. Festschrift zum 70. Geburtstag von Prof. Dr. Erich Hoppmann, Baden-Baden 1994, S. 143 ff.

Schnabel, Claus (1990): Privatisierung und Deregulierung in Großbritannien, in: List Forum, Bd. 16 (1990), H. 2, S. 148 - 166.

Schneider, Friedrich und Hofreither, Markus F. (1990): Privatisierung und Deregulierung öffentlicher Unternehmen in westeuropäischen Ländern. Erste Erfahrungen und Analysen, Wien 1990.

Schneider, Hans K. (Hrsg.) (1968): Grundlagen der Wettbewerbspolitik. Schriften des Vereins für Socialpolitik, N.F., Bd. 48, Berlin 1968.

Schüller, Alfred (1986): Die institutionellen Voraussetzungen einer marktwirtschaftlichen Ordnung, in: Roland Vaubel und Hans D. Barbier (Hrsg.): Handbuch der Marktwirtschaft, Pfullingen 1986, S. 34 - 44.

Schumpeter, Joseph A. (1952): Theorie der wirtschaftlichen Entwicklung, 5. Aufl., Berlin 1952.

Schumpeter, Joseph A. (1965): Geschichte der ökonomischen Analyse, 2 Bde., Göttingen 1965.

Schumpeter, Joseph A. (1975): Der Prozeß der schöpferischen Zerstörung, in: Klaus Herdzina (Hrsg.): Wettbewerbstheorie, Köln 1975, S. 118 - 123.

Schumpeter, Joseph A. (1975 a): Kapitalismus, Sozialismus und Demokratie, 4. Aufl., München 1975.

Schuster, Helmut (1977): Wettbewerbspolitik, München 1977.

Schwarz, Gerhard (Hrsg.) (1988): Wo Regeln bremsen ... . Deregulierung und Privatisierung im Vormarsch, Zürich 1988.

Seidenfuß, Hellmuth St. (Hrsg.) (1989): Deregulierung - eine Herausforderung an die Wirtschafts- und Sozialpolitik in der Marktwirtschaft, Schriften des Vereins für Socialpolitik, N. F. Bd. 184, Berlin 1989.

Smith, Adam (1913): Der Reichtum der Nationen, 2 Bde., übersetzt v. Max Stirner, Leipzig o.J. (1913).

Stackelberg, Heinrich von (1934): Marktform und Gleichgewicht, Wien 1934.

Starbatty, Joachim (1986): Klassischer Liberalismus, in: Roland Vaubel und Hans D. Barbier (Hrsg.): Handbuch der Marktwirtschaft, Pfullingen 1986, S. 82 - 89.

Starbatty, Joachim (Hrsg.) (1989): Klassiker des ökonomischen Denkens. Erster Band: Von Platon bis John Stuart Mill; Zweiter Band: Von Karl Marx bis John Maynard Keynes, München 1989.

Stavenhagen, Gerhard (1969): Geschichte der Wirtschaftstheorie, 4. Aufl., Göttingen 1969.

Stigler, G. J. (1968): The organisation of industry, Homewood, Illinois, 1968.

Stobbe, Alfred (1991): Mikroökonomik, 2. Aufl., Berlin, Wien 1991.

Streißler, Erich und Watrin, Christian (Hrsg.) (1980): Zur Theorie marktwirtschaftlicher Ordnungen, Tübingen 1980.

Stützel, Wolfgang, Watrin, Christian, Willgerodt, Hans und Hohmann, Karl (Hrsg.) (1981): Grundtexte zur Sozialen Marktwirtschaft. Zeugnisse aus zweihundert Jahren ordnungspolitischer Diskussion, Stuttgart, New York 1981.

Tolksdorf, Michael (1969): Hoppmanns neoklassische Wettbewerbstheorie als Grundlage der Wettbewerbspolitik, in: Jahrbücher für Nationalökonomie und Statistik, Bd. 183 (1969), S. 61 - 72.

Tolksdorf, Michael (1973): Zur ökonomischen Begründung von Ausnahmebereichen. Bemerkungen zu E. Hoppmanns Erwiderungen, in: Jahrbücher für Nationalökonomie und Statistik, Bd. 187 (1973), S. 543 - 549.

Ulmer, Peter und Wiedemann, Gerhard (1981): Das Verbot abgestimmter Verhaltensweisen, in: Helmut Cox, Uwe Jens und Kurt Markert (Hrsg.): Handbuch des Wettbewerbs, München 1981, S. 271 - 295.

Vaubel, Roland und Barbier, Hans D. (Hrsg.) (1986): Handbuch der Marktwirtschaft, Pfullingen 1986.

Vogel, Otto (Hrsg.) (1988): Deregulierung und Privatisierung, Köln 1988.

Watrin, Ch. (1994): Die Gesellschaft freier Menschen. Bemerkungen zu Erich Hoppmanns Arbeiten über Freiheit und marktwirtschaftliche Ordnung, in: Wernhard Möschel, Manfred E. Streit und Ulrich Witt (Hrsg.): Marktwirtschaft und Rechtsordnung. Festschrift zum 70. Geburtstag von Prof. Dr. Erich Hoppmann, Baden-Baden 1994, S. 211 - 223.

Weber; Max (1964): Wirtschaft und Gesellschaft, 1. Halbband, Köln, Berlin 1964.

Weindl, Josef (1993): Europäische Gemeinschaft. Institutionelles System, Binnenmarkt sowie Wirtschafts- und Währungsunion auf der Grundlage des Maastrichter Vertrages, München, Wien 1993.

Weise, Peter, Brandes, Wolfgang, Eger, Thomas und Kraft, Manfred (1991): Neue Mikroökonomie, 2. Aufl., Heidelberg 1991.

Weizsäcker, Carl Christian von (1988): Deregulierung und Privatisierung als Ziel und Instrument der Ordnungspolitik, in: Otto Vogel (Hrsg.): Deregulierung und Privatisierung, Köln 1988, S. 11 - 20.

Weizsäcker, Carl Christian von (1988): Deregulierung als Antwort auf Staatsversagen. Optimale Versorgung der Konsumenten durch offene Märkte, in: Gerhard Schwarz (Hrsg.): Wo Regeln bremsen ... . Deregulierung und Privatisierung im Vormarsch, Zürich 1988, S. 18 - 24.

Werner, Patricia (1994): Aktionärsrechte: Auf Trab bringen. Angelsächsische Großinvestoren blasen zum Angriff auf die Vetternwirtschaft von Kreditinstituten, Versicherungsunternehmen und Industriekonzernen, in: Wirtschaftswoche, 48. Jg., Nr. 6 v. 04. 02. 1994.

Wiegandt, Klaus (1987): Die Konzentration im Lebensmitteleinzelhandel, in: Herbert Helmrich (Hrsg.) (1987): Wettbewerbspolitik und Wettbewerbsrecht. Zur Diskussion um die Novellierung des GWB, Köln u.a.1987, S. 119 - 133.

Willeke, Franz-Ulrich (1975): Marktbeherrschung und Mißbrauch von Marktmacht, in: Wirtschaft und Wettbewerb, Jg. 23 (1975), H. 9, S. 533 - 549.

Willeke, Franz-Ulrich (1980): Wettbewerbspolitik, Tübingen 1980.

Windsperger, J. (1986): Wettbewerb als dynamischer Prozeß, in: Ordo, Bd. 37 (1986), S. 125 - 140.

Zimmerman, L. J. (1961): Geschichte der theoretischen Volkswirtschaftslehre, 2. Aufl., Köln 1961.

Zimmermann, Horst und Henke, Klaus-Dirk (1990): Finanzwissenschaft. Eine Einführung in die Lehre von der öffentlichen Finanzwirtschaft, 6. Aufl., München 1990.

Zolnhöfer, Werner (1968): Wettbewerbspolitik im Oligopol. Erfahrungen der amerikanischen Antitrustpolitik, Basel, Tübingen 1968.

Stichwortverzeichnis

www.ingramcontent.com/pod-product-compliance
Lightning Source LLC
LaVergne TN
LVHW042240300926
849161LV00003B/412

9783486247336